KB218340

참여와 명상, 그 하나됨을 위한 여정

참여와 명상,
그 하나됨을 위한 여정

저자_이정배, 송용민, 박태식, 최일범, 정은해, 미산, 김종욱, 이공현

운주사

머리말

최현민(씨튼연구원 원장)

인간의 역사를 들여다보면 시대를 막론하고 빛과 어둠이 늘 공존해 왔다. 세상사만 그런 건 아니고 종교사를 보아도 마찬가지다. 어느 종교든 그 내부를 들여다보면 명암이 뒤범벅된 상태임을 쉽게 감지할 수 있다. 종교공동체의 그런 모습이 때론 절망스럽기도 하지만 다른 한편 그 때문에 종교사 역시 인류 역사의 한 부분임을 확인하는 계기가 되기도 한다. 여기서 하나 놀라운 것은 그러한 역사의 질곡 속에서도 어느새 질서를 되찾아가는 게 역사가 아닌가 하는 생각이 들기도 한다. 그렇게 회복되어 가는 과정을 들여다보면 그 중심에 민초들이 있었음을 새삼 깨닫게 된다. 2016년 촛불집회에서 경험했듯이 말이다.

재작년 겨울 우리는 깊은 어둠의 나락으로 빠져들어 가는 듯한 경험을 했다. 그러나 그 절망을 뚫는 작은 빛들이 여기저기서 비추어지기 시작했다. 바로 광화문 광장에 모인 시민들이 든 촛불이 그것이다. 누가 강요하지도 않았건만 1,700만 민중은 손에 손에 촛불 하나씩을 들고 그곳에 모였다. 누가 말했던가. 바람이 불면 촛불은 곧 꺼질 거라고. 그렇게 꺼져버릴 것만 같았던 촛불이 하나둘 모여 권좌에 앉아 있던 이들을 몰아냈다.

『화엄경』에 일체유심조一切唯心造라는 말이 나온다. 일체 모든 건 마음에서 비롯된다는 것이다. 한 개인의 힘은 취약하고 미미해도 그러한 개인들이 모이면 세상을 바꿀 수도 있음을 우리는 그 광장에서 체험했다. 그곳에 모였던 이들은 자신의 신앙과 종교가 달랐을지라도 짓밟힌 민주의의와 정의를 회복하고자 하는 마음은 같았다. 종교적 차이를 넘어 모든 종교가 궁극적으로 지향하는 정의와 평화를 위해 그들은 하나가 된 것이다.

사실 광장의 체험은 그 어떤 종교적 경험보다 더 신선함을 주었다. 나는 종교라는 울타리를 넘어 그 어떤 종교적 실천 이상의 에너지를 분출해낼 수 있음을 교회나 사찰이 아닌 광장에서 보았다. 무엇이 그 광장에서의 체험을 가능케 했을까? 나는 프란치스코 교황의 회칙 『복음의 기쁨』에서 그 해답을 찾는다. 그 회칙 안에 「시간은 공간보다 위대하다」는 항이 있는데, 거기에 다음과 같은 구절이 나온다.

> 공간을 우선시한다는 것은 자신을 내세우는 권력의 공간들을 고정하고 모든 것을 현재에 가두어 두려고 하는 무모한 시도를 의미합니다. 이는 과정을 고착시켜 진전을 가로막는 것입니다. 시간을 우선시한다는 것은 공간들을 장악하기보다는 진전의 과정들을 시작하는 것에 더 관심을 갖는다는 의미입니다. …… 시간은 공간을 지배하고 쉬지 않고 확장하여 결코 퇴행할 수 없는 사슬을 이루도록 엮어줍니다. 우리에게 필요한 것은 사회 안에서 새로운 진전의 과정들을 만들어내고 그 과정들이 중요한 역사적 사건들 안에서 열매 맺도록 다른 사람들과 함께하는 활동들을 우선시하는

것입니다.(223항)

2016년 광화문 광장의 촛불집회는 한국 역사를 '공간' 안에 가둔 권력을 쥐고 살아가는 이들을 몰아내고 '시간'의 위대함으로 나아가고자 하는 역사의 현장이었다. 시민들의 힘을 우습게 본 권력자들은 그 촛불의 힘에 의해 서서히 무너지고 말았다. 그 역사의 중심에 1,700만 시민들이 있었지만 그건 다만 1,700만 명이라는 숫자 때문만은 아니었다. 한국의 역사 속에서 숱하게 진실을 왜곡했던 그 수많은 사건들 속에서 진실을 몸으로 말해 온 그 취약한 사람들의 혼이 함께 했기 때문이다.

지나온 한국사에서 역사의 전환이 일어나는 그 중심에 늘 민초들이 있었음을 우리는 기억한다. 1919년 기미독립운동에서부터 1960년 4·19혁명을 거쳐 1980년 5월 광주항쟁, 1987년의 6월 민주항쟁이 바로 그것이다.

이러한 일련의 성찰이 올해 강좌를 '참여와 명상'이라는 주제로 마련하는 계기가 되었다. 다시 묻는다. 종교인으로 산다는 것이 무엇을 의미하는지를 말이다. 사실 어느 종교를 막론하고 그 종교가 궁극적으로 지향하는 바는 '정의와 평화'이다. 그러나 암울했던 우리나라의 현실 속에서 종교인들은 어떻게 살아왔던가? 혹 역사의 '시간'을 외면하고 자신들의 '공간'에 갇혀 살아오고 있는 것은 아닌지 묻게 된다. 실재를 외면하고 자신의 '생각'에 갇혀 자신만의 구원을 추구하며 살아오지는 않았는가? 한국종교는 개인의 구원만이 아니라 사회적 구원을 위해 얼마나 힘써 왔던가? 이 물음 앞에서 나는 종교의 두 축이라고 할 수 있는 명상과 참여에 대해 다시금 성찰해 볼 필요성을 느낀다.

참여와 명상 그 어느 하나를 빼고 종교의 역할에 대해 말하기는 어렵다. 참여와 명상은 종교의 양면과도 같다. 어느 종교든지 각 종교가 제시하는 명상이나 기도를 통해 그 종교가 궁극적으로 지향하는 가치를 살아간다. 그런 점에서 명상이나 기도는 우리가 제대로 세상에 참여하며 사는지를 성찰하고, 또 그렇게 살 에너지를 끌어올리는 펌프의 역할을 한다고 말할 수 있겠다. 이처럼 명상이 우리에게 세상을 살아갈 에너지를 제공해 준다면, 참여는 자신의 신앙을 세상 속에서 실천하며 살아가는 삶이라 할 수 있겠다. 그런 의미에서 명상이 자기 닦음이나 자기 수행에만 머문다면 그건 진정한 의미의 명상일 수 없으리라. 명상의 진가는 삶을 통한 구체적인 현실에서 실천을 통해 드러나야 한다. 그런 점에서 각 종교가 궁극적으로 지향하는 바는 세상의 정의와 평화 구현으로 모아질 수밖에 없다.

현대 기독교 신학자 본회퍼는 "교회는 다만 차바퀴 아래 있는 희생자들에게 붕대를 감아 주는 것만이 아니라 미친 사람이 몰고 있는 자동차의 바퀴를 멈추게 해야 한다"라고 말한 바 있다. 그는 1940~43년에 이러한 신학적 바탕 아래 나치에 대항하여 정치적으로 투쟁했다. 이전까지 세상과 교회를 구별 짓고 '세상'보다는 '교회'의 신학적 문제에 더 치중했던 본회퍼는 교회와 세상을 대립되거나 모순된 것으로 이해하기보다 '교회의 세상성'을 강조했다. 교회는 세상을 향하여 나가야 하며, 타인을 위하여 고난을 당하는 교회가 되어야 함을 주장했다.

프란치스코 교황께서도 '(교회)공간' 안에 머물러 있는 우리의 시선을 '시간', 곧 인간의 역사 속으로 방향을 전환하라고 말씀하신 바 있다. 우리는 자칫 자신의 생각에 빠져 실재를 잊고 사는 경향이 있다. 이러한 우리들에게 교황은 '실재는 (우리의) 생각보다 중요하다'는 가르침을 남기셨다.[1] 교회에서 실재를 조작해선 안 되며 실재의 현장에서 그 문제를 이해하고 연구해야 한다. 이를 위해 생각을 실재로부터 분리시켜선 안 된다는 것이다.

> "삶의 현장을 떠나 관념적으로 구원을 말할 때 우리는 영지주의에 빠지고 만다. …… 다시 말해 말씀과 실재를 일치시키지 못한다면 모래 위에 집을 짓는 것과 같다. 생각의 세계에만 머물러 있을 때 우리는 활력도 결실도 없는 자기중심주의에 빠져버리고 만다."[2]

실재가 우리의 생각보다 훨씬 더 중요하다는 교황의 가르침을 다시금 곱씹어보며 이번 강좌의 내용을 간략히 소개하고자 한다.

3월 강좌에서 이정배 교수님은 '고독, 상상, 저항'이라는 주제로 그리스도교의 관점에서 이 시대가 나아가야 할 사회적 영성에 대해

---

1 "생각과 실재 사이에 양극의 긴장이 존재합니다. 실재는 그냥 있지만 생각은 다듬어집니다. 생각이 실재에서 동떨어지지 않으려면 그 둘 사이에 지속적 대화가 있어야 합니다. 말만 내세우는 세계 이미지나 궤변의 세계에서 살아가는 것은 위험합니다. 그래서 '실재가 생각보다 더 중요하다'는 원칙이 필요합니다. 이는 실재를 가리는 온갖 수단들을 거부하라고 요구합니다. 곧 현실과 동떨어진 목표, 반역사적 근본주의, 선의가 없는 도덕주의 지혜가 없는 지성주의 등이 그것입니다."(『복음의 기쁨』, 231항)

2 홍기선, 『복음의 기쁨 해설』, 기쁜소식, 2016, p.233.

말한다. '고독, 상상, 저항'을 '명상과 참여'의 관점에서 바라본다면 고독과 상상은 명상에, 저항은 참여에 해당되겠다. (그리스도교에서는 명상보다 기도라는 표현을 주로 쓴다.)

기도의 관점에서 볼 때 고독은 신앙이나 믿음에 해당되고, 상상은 그 믿음에 바탕을 둔 경전 읽기를 통해 자신을 읽어내는 과정에 해당한다고 이 교수는 말한다. 이런 점에서 그리스도인은 그저 '성경을 읽는 자'라기보다 '성경에 의해 자신의 삶을 읽히게' 됨을 체험하는 이들이라 할 수 있겠다. 여기에 저항의 의미를 덧붙인다면, 지금껏 전통 속에서 성경을 해석해 온 틀, 곧 전통적인 성경 해석에 대해 의심해 보는 것이다. 고착화된 성경 해석은 시대의 변화를 읽어내지 못하고 과거의 틀로 현재를 이해하는 왜곡된 해석을 할 위험이 다분히 있기에 그렇다.

이런 점에서 이 교수는 이 시대의 불행은 상상력의 결핍과 부재, 그리고 그의 부패에 있다고 말한다. 상상력이 부재할 때 우리는 꿈을 꾸지 않게 되고, 꿈을 꾸지 않을 때 우리는 점점 더 자신을 상실해 가고 만다. 자신을 상실해간다는 것은 결국 자신의 본래성을 상실해 가는 것과 맥을 같이 한다. 그렇다면 우리는 어떻게 자신의 본래성을 회복할 수 있을까?

이 교수는 자신이 몸담고 있는 종교의 경전을 통한 상상력(창조력)을 회복함을 통해 가능하다고 본다. 이런 점에서 그리스도인에게 있어 경전(성경)은 상상력의 보고이자 원천이며 하느님의 형상이 상상력과 만나는 지점이라 할 수 있겠다. 기도(명상)로써 세상을 변화시켜 가는 힘을 키워내야 함을 강조한다.

이 교수는 기도(명상)는 우리가 세상의 논리가 아니라 하느님의 논리, 곧 하느님의 의義로 살아가기 위한 힘을 키워내기 위해 필요하다고 말하면서, 여기서 하느님의 의에 대한 예로써 복음서에 나오는 포도밭의 비유를 들고 있다. 이 비유에 나오는 일꾼들은 처음 온 자나 나중 온 자나 똑같은 삯을 받는다. 이 세상의 논리, 곧 현대 자본주의의 논리로는 도저히 용납할 수 없는 이것이 바로 하느님의 의義의 논리인 것이다. 이처럼 하느님의 셈법은 세상의 셈법과 차별화된다. 하느님의 셈이 가능해지려면 기도나 명상을 통해 하느님의 마음을 배워야 한다. 다시 말해 명상과 기도를 통해 키워낸 내적 에너지 없이는 하느님의 의를 구현할 사회 참여는 불가능하다.

이 교수는 고독과 상상, 곧 기도가 세상을 바꾸는 (참여의) 힘이 되지 못할 때 종교는 세상에 존재할 이유가 없다고까지 말한다. 이는 기도(명상)란 자기 구원을 위한 것이라기보다 우리가 세상 안으로 더 깊이 참여하며 살아가도록 우리를 이끌어주는 길이라는 의미겠다.

송용민 신부님은 가톨릭적 입장에서 기도와 사회 참여의 상관관계를 말한다. 그는 가톨릭의 오랜 영적 수행 전통은 그 바탕이 예수의 복음적 요청에 있음을 강조한다. "너희 아버지께서 자비하신 것처럼 너희도 자비로운 사람이 되어라"(루카 6,36), "하늘의 너희 아버지께서 완전하신 것처럼 너희도 완전한 사람이 되어야 한다."(마태 5, 48) 이 요청에 따라 가톨릭에서는 성경 말씀을 묵상하는 전통인 '렉시오 디비나lectio divina'라는 '거룩한 말씀 읽기' 수행법이 전해 내려오고 있다. 이는 하느님 말씀을 묵상하는 영적 수행 방식으로, 자신의 삶이 성경이 되는 수행의 여정이라 할 수 있다. 그런 점에서 렉시오 디비나는 '말씀의 자기 복제의 여정'이라고 부르기도 한다.

가톨릭 기도 전통에는 성경묵상 외에 관상기도(Contemplation)가 있다. 관상기도는 종래 수도자들만이 가능한 기도로 여겨져 왔다. 그러나 현대에 들어 향심기도(Centering Prayer)라 하여 관상기도로 들어가는 구체적인 기도 방법들이 제시되면서 평신도들도 관상기도를 배워 익히고 있다.

이러한 가톨릭교회의 영적 수행 전통은 초세기 사막교부들로부터 시작한 은수생활과 수도원에서 공동체를 이루고 엄격한 규칙과 고행을 통해 내적 감각을 정화하고 수행하는 수도 전통을 통해 이어져 왔다. 이러한 기도 전통은 무엇보다도 예수의 기도 수행에 기반한 것이며, 이것은 복음이 지닌 사회적 차원을 실천하는 원천이 되어 왔다고 볼 수 있다.

송 신부는 이러한 가톨릭 수행 전통을 사회 참여로 연결시킬 수 있는 신학적 바탕으로 요한 밥티스트 메츠(Johan Batipst Metz, 1928~)의 신학적 방법론을 들고 있다. 메츠는 세상에서 만나는 가난하고 고통받고 소외된 이들과 이들과의 실천적 연대야말로 하느님의 현존을 체험하는 삶의 자리라고 본다. 이와 같이 삶의 현장을 하느님의 구원이 선포되는 자리로 본다는 것은 역사 자체를 하느님 계시의 현장으로 봄을 의미한다. 메츠는 예수에 대한 기억을 '위험한 기억'이라고까지 하는데, 그것은 그분의 삶과 가르침을 받아들일 때 존재론적으로 위기에 빠질 수밖에 없기 때문이다. 안주하고 타협하며 살아가는 존재는 예수에 대한 기억으로 인해 저항을 느끼게 된다. 이 위험한 기억을 주체적으로 받아들인다면 주체적 기억이 나를 새롭게 받아들이는 출발점이 될 것이다. 그러나 여기에는 희생이 요구된다. 예수에 대한 기억이 나의 주체적 기억이 된다는 것은 나도 예수가 걸은 그 길을 가겠다는 실천을 수반함을 의미한다. 이런 점에서 메츠의 신학은 하느님에 대한 명상이나 묵상이 내면의 영혼으로 빠지지 않고 왜 실천으로 이어질 수밖에 없는지를 잘 설명해 주고 있다.

송 신부는 현대 가톨릭교회의 사제들이 사회적 불의와 적폐에 맞서 거리로 나서서 외치며, 가난하고 힘없고 목소리를 낼 수 없는 약자의 편에 서서 그들의 인권과 자유, 정의와 평화를 외치는 것은 바로 역사의 현장이 곧 하느님 나라가 실현되는 현실이어야 한다는 메츠의 실천 우위 사상에 토대를 두고 있음을 강조한다.

성공회 박태식 신부님은 가톨릭 사회 영성가인 에드위나 게이틀리 Edwina Gateley의 영성을 소개한다. 사막에서 하느님을 체험한 에드위나는 자신의 체험을 통해 그리스도교에서 말하는 하느님 사랑과 인간 사랑이 둘이 아님을 말하고자 한다. 여기서 하느님 사랑과 이웃 사랑은 예수가 남긴 사랑의 이중계명으로 마치 동전의 양면과도 같다. 곧 하느님 사랑이 곧 이웃 사랑이고 이웃 사랑이 곧 하느님 사랑이라는 의미는 내가 사람들을 대할 때 하느님처럼 상대해야 하며, 그 범위의 기준이 바로 나 자신이 되어야 한다는 것이다. 이를 예수께서는 "네 이웃을 네 자신처럼"이라고 가르쳤다.

박 신부는 에드위나 게이틀리의 사막 체험이 바로 이 사실을 잘 보여주고 있다고 말한다. 에드워드는 아무도 아는 이가 없는 사막 한 가운데에서 위기에 처했을 때 사막의 한 여인을 만난다. 그리고 그녀에게서 차 한 잔을 대접받았다. 언어도 통하지 않고 자신과 문화적으로 전혀 다른 여인이 사막 한 가운데에서 절망에 빠져 있던 자신의 곤경을 즉시 알아차리고 자신에게 차를 대접한 것이다. 에드위나는 생전 처음 보는 자신에게 차 한 잔을 건넨 사막의 여인을 통해 하느님 사랑을 체험했다고 고백한다. 곧 그녀는 이웃 사랑을 통해서 하느님 사랑을 체험한 것이다.

"그때의 차 한 잔은 당시 자신에게 필요한 가장 절실한 것이었고, 이를 통해 그녀는 그토록 그리던 하느님을 만났다. 곧 나그네 되고 헐벗고 병든 자신에게 건넨 차 한 잔은 바로 하느님에게 건네는 차 한 잔이었던 것이다."

에드위나는 이러한 사막에서의 체험이 자신에게 사회 참여의 삶을 살도록 이끄는 원동력이 되었다고 고백한다.[3] 그녀는 그 체험에서 인간을 사랑하는 것이 바로 하느님을 사랑하는 길임을 깨달은 것이다. 그래서 그녀는 인간을 사랑하는 길로 보다 더 깊이 들어서게 되었다. 그것이 바로 하느님을 사랑하는 길임을 확신했기에 말이다.

유교적 관점에서 최일범 교수님은 "역학의 관점에서 본 우리나라의 문제와 해법"이라는 주제로 명상과 참여 문제를 다루었다. 최 교수는 『사피엔스』의 저자 유발 하라리가 인간의 감정을 뇌의 운동 작용 세포들 간의 상호자극과 반응에 의한다는 것으로 본 점에 대해 유감을

---

3 에드위나 게이틀리는 영국 랭커스터에서 태어나 주로 미국에서 활동한 평신도 선교사이다. 1969년, 자원 선교사 운동(VMM: Volunteer Missionary Movement)을 조직하여 자신도 아프리카, 파푸아뉴기니 등지에서 선교 활동을 펼쳤다. 성매매 여성을 위한 쉼터인 '창조의 집' 설립자이기도 하다. 최근 저서로는 자신의 영적 여정을 담은 In God's Womb(Orbis 2009)과 로버트 렌츠의 이콘을 곁들인 Christ in the Margins(Orbis 2009)가 있다. (http://off.aladin.co.kr/author)

표했다. 그것은 유발 하라리와는 달리, 유교적 관점에서는 인간의 본성을 감정으로 설명하고 있기 때문이다. 유교에서는 인간의 본성을 사단四端이라고 하는데 이는 구체적으로 측은히 여기는(惻隱) 감정, 부끄러운(羞惡) 감정, 양보하는(辭讓) 감정, 옳고 그름을 분간하는(是非) 감정을 말한다. 이처럼 감정적 차원에서 인간의 본성을 바라보는 유교의 본령은 수기치인修己治人에 있다. 수기修己가 자기를 닦는 수양(명상)의 측면이라면, 치인治人은 먼저 집안을 바로잡고 나라를 잘 다스려 천하를 평정케 하는 것으로 참여에 해당한다고 볼 수 있다.

같은 유교의 관점에서 정은해 교수님은 수기와 관련하여 유교의 수양론은 마음을 보존하고 본성을 함양함에 있음을 강조한다. 본래 마음은 선하며 그 선한 마음을 보존하기 위해 수시로 반성하고 살펴야 한다(存心養性)는 것이다. 이렇듯 마음의 내적 성찰을 통해 선한 마음을 보존하고 선한 본성을 함양하는 것이 유교 수양론의 핵심이라 할 수 있다.[4]

그런데 인간의 감정을 인간의 본성으로 볼 때 이는 시시때때로 변화하는 인간의 감정을 의미하지는 않으리라. 그래서 유학에서는 사단칠정四端七情이라 하여 인간의 본래성인 사단과 변화하는 감정인

4 유교에서 말하는 인간의 본성은 그리스도교에서의 하느님의 모상, 곧 이마고 데이(Imago Dei)와 유사하다. 다시 말해 유교에서 인간의 본성을 사단으로 보는 것과 그리스도교에서 인간이 '하느님의 모상'대로 창조되었다는 점은 서로 상통하는 바가 있다. 이런 관점에서 사단은 하느님이 우리에게 부여한 본성이라 볼 수 있는 것이다. 이는 최일범 교수가 유학에선 하느님을 인간의 마음속에 간직하고 있다고 말한 점에서도 확인할 수 있다.

칠정을 구분하고 있으며, 변화무쌍한 칠정을 조절하기 위해 수양론을 강조해 왔다.

이처럼 칠정을 다스리고자 자기를 닦는 수기와 더불어 현실 속에서 천天으로부터 부여받은 사명을 살아가는 치인治人의 측면은 유교 전통의 두 축이라 할 수 있다. 천으로부터 받은 사명이란 현실 속에서 자신이 참여해야 할 바(가깝게는 가족으로부터 출발하여 사회에로 확장해 나아가면서)를 행하는 데 있다고 할 수 있겠다.

최일범 교수는 유학의 사회 참여를 역학의 관점에서 설명하고 있다. "하늘이 우리에게 명한 것이 우리의 본성이요 그 본성을 따름이 도道다. 그리고 인간은 본성은 감정으로 드러난다"는 것이다. 다시 말해 역학의 관점에서 볼 때 "도는 본성을 따름이며, 감성은 본성의 드러남"이라는 것이다.

최 교수는 "역易은 변역變易이니, 때에 따라 변역하되 도를 따른다(易, 變易也, 隨時變易以從道也)"라는 북송 유학자인 정이천의 말에 주목한다. 여기서 도는 형이상자形而上者요 하늘을 의미한다. 바로 그 도가 때에 따라 변역한다는 것은 도가 일방적으로 때를 드러내는데, 때가 아니면 도가 자신을 드러낼 수 없는 것이다. 그런 점에서 도와 때는 서로 의지하는 연기緣起 관계에 있다고 할 수 있다.

최 교수는 때에 따라 도를 드러냄이 유학에서 지향하는 삶의 모습이라는 점에서 그리스도교와 차이가 있다고 본다. 곧 그리스도교는 이 세상(현실)을 그저 지나쳐가는 플랫폼으로 본다는 것이다. 곧 유교에서는 종착지보다 현실의 삶을 그대로 하느님의 역사로 보는 데 반해 그리스도교는 종착지를 현재의 삶보다 중시한다는 것이다. 이와 관련하여 프란치스코 교황께서 치빌타 카콜릭카와 한 인터뷰에서 하신 말씀을 소개한다.

> "하느님은 시간 속에서 역사적 계시를 통해 자신을 드러내신다. 시간은 역사의 과정들을 진행시키고 역사의 무대는 그걸 투명하게 보여준다. 하느님은 시간 속에 자리하시며 진행 중인 시대의 과정 속에 존재하신다."[5]

그리스도교 역시 현실의 역사를 있는 그대로 하느님의 역사로 보고 있을 뿐 아니라 하느님이 인간의 시간 (때) 속에서 자신을 드러내신다는 점을 말해주고 있다. (이 부분은 종합 토론에서 상세히 다루고 있으니 참조하기 바란다.)

그럼 불교의 입장에서 명상과 참여의 상관관계에 대해 살펴보자. 초기부터 출세간도와 세간도라는 양분화된 삶의 양식을 고수해 온 불교는 불멸 후 서기 1세기가 지나면서 출가자들이 자신의 깨달음만을 추구한다는 비판의 소리가 나오기 시작했다. 그 비판의 중심에 섰던 이들은 세존께서 깨친 무상보리의 도는 궁극적으로 자비심으로 일체중생을 구제함에서 성취된다고 주장하면서 대승불교를 내세웠다. 이들은 종래의 출가자들을 소승이라 불렀고, 스스로를 대승이라 부르며 중생제도의 서원을 세워 육도(六度: 육바라밀)를 실천하는 보살도를 강조해 왔다.

---

5 홍기선, 『복음의 기쁨 해설』, 기쁜소식, 2016, p.196.

그 후 대승불교에서는 상구보리上求菩提 하화중생下化衆生이라고 하여 자기완성과 중생제도가 둘이 아님을 표명했다. 이처럼 깨달음과 중생제도, 곧 지혜와 자비를 불이不二의 관계로 본 대승불교에서 우리는 불교의 사회 참여에 대한 교리적 근거를 찾을 수 있다. 이는 곧 불가에서 깨달음의 궁극성이 다름 아닌 자비행에 있음을 의미한다. 이러한 가르침은 십우도의 마지막 제10도圖인 입전수수立廛垂手에서 잘 드러난다. 그러나 여기서 십우도의 마지막에 자비행이 나온다고 해서 (깨달은 후 자비 실천이라는) 지혜와 자비를 선후관계로 보아선 안 될 것이다. 미산 스님 역시 지혜와 자비는 동시관계로 보아야 함을 강조하고 있다.

한국불교도 대승불교 전통을 지녀왔다. 그러나 대승적 보살정신보다 출가자 중심으로 깨달음을 지나치게 강조해 왔다는 비판이 불교계 안팎에서 끊임없이 있어 왔다. 한국불교계는 이러한 비판의 소리에 귀 기울이고 깨달음에로 치우친 측면을 자비행 실천과의 균형을 이루기 위해 새롭게 쇄신될 수 있기를 희망해본다. 미산 스님도 깨달음과 자비가 균형을 잃은 한국불교의 상황을 지적하면서 그 문제의식 속에서 대승불교의 본래성불 사상을 바탕으로 명상과 자비행을 하나로 묶는 하트스마일 자비명상법을 계발했다.

하트스마일명상[6]은 모든 존재들이 이미 온전하다는 대승불교의 교리를 대전제로 삼고 있다. 이미 온전하기 때문에 그 온전함이 드러나기만 하면 된다는 것이다. 그런데 현실 안에서 그 온전함이 잘 드러나지

6 영미권에서는 Heart-Smile Training(HST)로 알려지고 있음.

않는 것은 몸과 마음으로 생각을 끊임없이 만들어내기 때문이다. 즉 감정의 노예가 되거나, 눈·귀·코·혀 등 몸에서 접촉해서 들어오는 정보들에 의해 이리저리로 끌려 다니는 까닭이다. 결국 생각들로 인해 우리의 본래성이 가려져 있기 때문에 불교명상에서 이 본래성을 회복하는 것이 관건이다. 이런 점에서 스마일 명상법은 이미 온전한 본래성을 드러내는 수행이라 할 수 있다.

미산 스님은 하트스마일명상의 행법을 구체적으로 소개하고 있다. 주요 행법인 온전함의 명상과 다섯 가지 보조 행법이 그것이다. 현재 스님은 자비의 행법이 사회적 실천으로 이어지도록 구체적인 행법을 계발 중이며 이를 위한 본격적인 연구도 진행 중에 있다.

이렇듯 미산 스님이 자비 명상을 통해 한국불교계의 수행법에 새 바람을 일으키고자 한다면, 김종욱 교수님은 뇌과학적 입장에서 불교 명상과 사회 참여의 상관관계에 대해 언급한다. 그는 공감과 자비가 각각 뇌에서 반응하는 부위가 서로 다르다는 뇌과학적 연구에 주목한다. 다시 말해 뇌과학에서 말하는 공감과 자비는 같은 감정이 아니라는 것이다. 이 사실은 타인을 이해하고 공감한다고 해서 그것이 자비의 실천으로 직접 연결되는 것은 아님을 의미한다.

김 교수는 이를 뇌의 가소성과 연관시켜 설명한다. 뇌는 일생동안 그 구조를 계속 수정해 나가며, 경험과 훈련을 통해 심장과 신장과 간보다 더 많이 변화하도록 만들어진 체계라는 것이다. 뇌가 지닌 이런 특성을 뇌의 가소성이라고 하는데, 이는 결국 경험과 훈련에 의해 뇌를 변화시킬 수 있음을 의미한다. 이처럼 뇌는 가소성을 갖고 있기에 명상과 같은 새로운 경험을 통해 충분히 뇌의 기능적 구성을 변화시킬 수 있다는 것이다. 자비심과 같은 특정한 마음상태를 지속적으로 훈련하면 그 마음과 관련한 뇌의 구조가 바뀔 수 있다는 것이 최근 뇌과학자들에 의해 밝혀졌다. 다시 말해 명상을 통해 자비를 느끼는 뇌 부위를 활성화시켜 줄 수 있다는 것이다. 이처럼 자비를 느끼는 뇌 부위를 활성화시키는 데 도움을 주는 불교의 명상법 중 특히 티벳의 자비 명상법을 통해 실제적으로 그 변화를 보여주고 있다. 티벳의 명상가인 마티유 리카르Matthieu Ricard 스님은 자비 명상을 했을 때 자비심을 나타내는 감마파가 많이 나왔음이 뇌파검사를 통해 입증된 바 있다.

김 교수는 '평상심이 도(平常心是道)'라는 불가에서의 가르침도 명상수행을 통해 선승들의 뇌가 그렇게 구조화된 것으로 해석할 수 있다고 본다. 뇌과학을 통해 명상수행이 뇌 구조에 변화를 일으킨다는 임상적인 실험은 계속 진행 중에 있다. 좌측 전전두피질은 행복, 기쁨, 낙천과 같은 긍정적인 감정과 관련이 있고, 우측 전전두피질은 불행, 고민, 긴장, 불안과 같은 부정적인 감정과 관련이 있는데, 명상을 하면 좌측이 강화되면서 우측을 압도한다는 것이다. 또 명상을 장기간 하면 우뇌보다 좌뇌가 발달해 행복함과 안정감을 느낄 수 있다는 것이 보고된 바 있다. 이상에서 살펴보았듯이 불교의 자비 명상을 통해 자비를 느끼는 뇌 부위가 활성화된다면 우리는 이를 어떻게 구체적으로 우리의 실생활에 보급할 수 있을지 고민하고 실천해 보아야 하지 않을까 생각한다.

마지막으로 원불교의 입장에서 이공현 교무님은 유무념有無念 공부법을 통해 '원불교의 명상법인 마음공부와 사회 참여'에 대해 강의해 주셨다. 먼저 유무념 공부는 온전(정신수양)한 생각(사리연구)으로 취사(작업취사)를 체크하는 공부라 할 수 있다. 정신수양이란 온전한 참 마음을 회복하기 위한 수양으로, 여기서 먼저 전제되는 것은 순수한 마음을 믿는 것이다. 자신의 본래성이 순수함을 믿는 데에서 이뤄지는 정신수양은 사리연구를 위해서 반드시 필요하기 때문이다. 그것은 정신수양이 없으면 온전한 인격을 갖추는 데 있어 모든 것이 흔들리기 때문이다. 사리연구를 통해 바르게 안다는 것은, 아는 것에 멈추는 것이 아니라 실생활에서 잘 풀어쓰기 위함에 있다. 이러한 마음공부를 위해 원불교에서는 구체적으로 해야 할 것과 하지 말아야 할 것을 조목별로 정하여 실천하는 것을 권장한다. 이렇듯 원불교에서는 삼학三學 공부를 통해 명상과 사회 참여의 균형 있는 삶을 지향하고 있다.

이상에서 간략하게나마 올해 강좌에 대해 살펴보았다. 이 고찰을 통해 각 종교는 명상(혹은 기도)에서 그 형태상 차이가 있기는 하나, 명상이 각 종교의 중심을 차지한다는 사실과 그 명상이나 수행 기도의 열매는 사랑과 자비 실천을 통해 드러나야 한다는 점에서 일치함을 알 수 있다. 다시 말해 어느 종단이든 사랑과 자비 실천은 각 종교가 궁극적으로 지향하는 바임에 틀림없다. 이런 점에서 종교인들의 실제 삶에서 그 열매가 드러나지 않는다면 우리는 그들의 명상이나 기도가 제대로 되었는지 의심할 수밖에 없다.

한국에는 종교 인구가 전 인구의 46%를 차지한다.[7] 한국 인구의

7 2017년 12월 28일 한국기독교목회자협의회(한목협)가 지앤컴리서치에 의뢰해 만 19세 이상 성인 남녀 5천 명을 대상으로 조사한 결과(95% 신뢰수준에 표본오차

절반에 해당되는 종교인들은 현대 한국사회가 지닌 사회적 문제에 대해 얼마나 적극적으로 참여하며 살아가고 있는가? 우리가 이 질문에 긍정적으로 답하지 못한다면 우리는 그 원인이 어디에 있는지를 다시금 성찰할 필요가 있지 않을까 싶다. 그리고 그 원인은 명상과 사회 참여를 이원화시켜 온 면과 무관하지 않으리라 본다. 이런 점에서 오늘날 종교계는 명상과 사회 참여 문제를 다시금 숙고해 볼 필요가 있지 않나 생각한다. 이 책은 이러한 문제의식을 갖고 각 종교별로 명상과 참여의 상관관계를 되짚어 본 결과물이라 하겠다.

이 지면을 빌려 그간 강의해 주신 모든 분들께 깊은 감사를 드리며, 이 책의 출판을 허락해 주신 김시열 사장님과 운주사 편집담당 선생님들께도 고마운 마음을 전한다.

는 ±1.23%)에 따르면, 종교 인구는 전체의 46.6%로 5년 전(55.1%)에 8.5%포인트 낮아졌다. http://v.media.daum.net/v/20171228191656347?f=o

*이 책은 2017년 3월부터 12월까지 '씨튼 영성센터'에서 진행한 시민강좌를 정리하여 엮은 것입니다. 따라서 현재의 시점과 맞지 않는 표현들이 있으나 당시의 현장감을 살리기 위해 그대로 실었습니다. - 편집자

고독, 상상, 그리고 저항

–사회적 영성으로 종교를 말하다:

종교개혁 3대 원리의 메타 크리틱을 중심하여

이정배 목사(현장顯藏아카데미)

2017년 올 한 해는 국가적으로도 종교적으로도 참으로 중요한 한 해가 될 것입니다. 촛불민심과 함께 시작되었으니 이미 그 징조와 기미가 드러나고 있습니다. 우선 대선이라는 하는 중차대한 국가적 과제가 있겠습니다. 아울러 개신교에 국한된 경우이겠으나 종교개혁 500주년이 되는 해이기에 우리들 속의 적폐를 생각할 때가 되었습니다. 주지하듯 500년 전 종교개혁은 중세로부터 근대로의 이행과정에서 정치적, 교육적인 차원에서 큰 변화를 가져왔습니다. 따라서 종교가 개혁되면 세상도 같이 개혁될 수 있다는 전례를 남겼습니다. 종교개혁 500년을 맞는 2017년에 우리는 신/구교를 막론한 종교개혁을 통하여 정권교체만이 아니라 대한민국을 제대로 바꿀 수 있기를 소망합니다.

말씀드렸듯이 종교개혁이 꼭 개신교의 전유물만은 아닐 것입니다. 지금은 신/구교의 범주를 넘어 종교 자체의 개혁이 이 땅 종교들의 당면과제가 되었습니다. 그런 의미에서 교황께서 방한 중 전했던 말씀이 참으로 중요합니다. 그것은 바로 "교회가 먼저 복음화되지 않으면 세상이 복음화되는 것은 어렵다"는 말씀입니다. 여기서 복음은 개별 종교들이 지닌 본질과 같은 것이라 광의로 여겨도 좋겠습니다. 지금껏 우리는 당연히 교회가 복음을 가지고 있다고 생각했습니다. 교회가 곧 복음이고 복음이 곧 교회이기에 교회 밖에 구원 없다고 말해 온 것입니다. 하지만 교황께서는 교회와 복음을 하나로 여기지 않았습니다. 현상은 현상일 뿐 결코 그것이 본질일 수 없다고 본 것입니다. 그래서 교회 내에 그 본질인 복음이 없으면 세상의 복음화는 이룰 수 없다고 말씀했습니다. 모든 종교들이 그 본질을 잃고 있기에 세상이 종교를 거부한다는 아픈 지적입니다

이에 덧붙여 교황께서는 교회의 복음화를 어렵게 만드는 사람들로 성직자들을 언급했습니다. 성직자들, 종교를 대표하는 직업 종교인들의 탐욕을 지적하신 것입니다. 김수환 추기경의 말씀이 떠오릅니다. 그는 성직자를 쓰레기통에 비유하였습니다. "성직자란 쓰레기통 같은 존재들인 바, 자신을 거듭 비워내지 않으면 악취가 나는 존재"란 것입니다. 따라서 교회개혁, 종교개혁을 위해서 해당 종교 성직자들의 자기변화가 급선무라 하겠습니다. 그러나 어찌 성직자들만의 문제이겠습니까? 신앙을 지닌 종교인들 모두의 문제일 것입니다. 좋은 나무가 좋은 열매를 맺는다는 성서의 말씀도 동일한 뜻을 지니고 있습니다. 좋은 개인이 좋은 사회를 만들 수 있습니다. 따라서 저는 개인과 사회를 아우르는 사회적 영성의 차원에서 종교개혁을 말하고 싶습니다. 단지 개신교 내부의 종교개혁 500년 역사를 논하는 것이 아니라,

천주교, 불교, 유교 등을 막론하고 시대가 요청하는 종교개혁의 과제를 어찌 실현시킬 수 있을까를 고민해 보고 싶습니다. 본 강좌의 주제인 "참여와 명상"이란 것도 실상 사람을 달리 만들기 위한 방편이라 해도 좋겠습니다. 사람이 달라져야 제도도 달라지며 사회를 변혁시킬 수 있을 것입니다. 이런 과정 전체를 일컬어 저는 사회적 영성이라 일컫고 싶습니다. 자기 종교의 수련인 '명상'이 세상을 바꾸는(참여) 힘이 되지 못한다면 그 종교는 세상에 존재할 이유를 잃을 것입니다.

작년 12월 대림절 예배를 준비하면서 저는 교회가 밝히는 대림절의 촛불과 광화문 광장에서 뭇사람이 들었던 촛불이 정말 다른 촛불일까를 많이 생각해 봤습니다. 광장의 촛불이 예수님을 기다리며 점화한 우리들 교회의 촛불과 다를 수 없다는 결론입니다. 제가 최근에 낸 책 제목 "광장과 교회는 둘이 아니다(不二)"가 이를 적시합니다. 광장의 촛불이 바라는 열망과 교회가 기다리는 바람이 결코 다를 수 없을 것입니다. 하지만 광장 다른 편에서는 촛불을 끄고자 태극기가 펄럭이고 있었습니다. 태극기, 그것은 민족의 상징이자 민족주의의 심벌이겠지요. 기독교는 민족주의 그 이상의 가치를 지녔으나 그와 완전히 결별하기도 어렵습니다. 민족주의는 입속의 뜨거운 감자처럼 우리들 자산이면서 극복할 과제입니다. 하지만 태극기 옆(밑)에 성조기가 달려 있고 성조기 옆에 이스라엘기가 휘날리고 있으니 민족주의가 사대주의에 얹혀 있는 모양새가 되었습니다. 기독교인들이 태극기를 들었고, 성조기를 매달았으며, 이스라엘기까지 손에 쥐었다는 것은 왜곡된 민족주의, 정신적 사대주의를 뜻합니다. 성조기와 이스라엘기와 결합된 태극기가 삼일독립운동을 할 때 들었던 태극기와 동일할 수 없습니다. 하지만 촛불집회에서는 세월호 리본을 태극기에 매달았습니다. 세월호 리본과 만난 태극기야말로 민족주의를 극복한 모습입니다. 태극기와 노란 리본의 결합이 바로 태극기의 좁은 의미, 협소한 민족주의를 넘어선 정신적 실상입니다. 그래서 촛불은 이전과는 다른 대한민국을 만들 수 있는 힘이 되었습니다. 약자와 어려운 사람들의 곁에 서고자 서로들 노력한 결과입니다. 그렇기에 태극기에 세월호 리본을 매단 촛불집회는 대림절 촛불을 밝히는 우리들 심정과 너무도 닮았습니다. 광장에서 외쳤던 우리들 구호가 제게는 곧 기도였습니다.

오늘 제가 이 강좌를 위해 내건 주제는 고독, 저항, 상상이라는 말입니다. "고독하라, 저항하라, 그리고 상상하라"는 제목으로 얼마 전 한 권의 책도 출판했습니다. 이 세 개념이 기독교를 비롯한 일체 종교를 개혁하는 동력이라 믿은 탓입니다. 저는 이 세 개념이 종교개혁자들이 사용했던 3개의 오직(sola) 교리, 즉 믿음, 은총, 성서를 대신할 수 있다고 생각합니다. 고독, 저항, 상(환)상이란 말을 잠시 풀어 설명해 보겠습니다. 우선 고독이란 신앙, 즉 믿음이란 말을 인문학적으로 표현한 것입니다. 저항은 하느님의 은총을 뜻하는 종교적 언어를 인문학적으로, 시대적인 차원에서 풀어쓴 말입니다. 다음으로 상상은, 성서를 상상의 보고寶庫로 여길 때 가능한 말입니다. 화석화된 텍스트가 아니라 새로움을 촉발시키는 말씀이란 뜻이겠지요. 삶을 재단하는 틀이 아니라 영감과 상상력의 원천이란 말입니다. 주지하듯 믿음, 은총, 성서라는 말은 기독교인들에게 굉장히 중요한 말입니다. 이것들 없이는 기독교인으로 살아갈 수 없을 만큼 아주 중요하지요.

이런 개신교 신학원리를 인문학적으로 풀어낸 것이 바로 고독, 저항, 상상입니다.

여기서 또 하나 중요한 개념 쌍을 말해야 할 것입니다. 앞서 우리는 믿음-은총-성서를 고독-저항-상상의 개념 쌍과 병렬적으로 생각해 보았습니다. 이에 더해 다른 개념 쌍을 명시하여 연루시키면 좋겠습니다. 주지하듯 어느 종교든 자기 종교를 옳게 이해하기 위해선 세 가지 눈(觀)이 필요합니다. 기독교인들은 기독교를 이해할 때, 불교인은 불교를 이해할 때, 의당 유교인들 역시 자기 종교인 유교를 이해할 때 저마다 3개의 눈이 떠져야만 합니다. 이들 세 눈을 뜬 사람들만이 이웃 종교들과 대화할 수 있고 평화를 만드는 삶을 살 수 있습니다. 이들 셋을 일컬어 믿음의 눈, 의심의 눈, 그리고 자기 발견의 눈이라 하겠습니다. 여기서 이런 3개의 눈(觀)는 고독(믿음), 저항(은총), 상상(성서)과 짝을 이룰 수 있습니다.

말했듯이 첫 번째 눈은 신앙의 눈, 믿음의 눈입니다. 우리들 모두는 종교에 대해 객관적인 거리를 유지한 채 자기 종교와 관계하는 사람들이 아닙니다. 자신의 종교에 삶을 던졌고 그에 귀의하며 살고 있다 하겠습니다. 성직자든 아니든 간에 말이죠. 그렇기에 우리 모두는 믿음의 눈을 갖고 신앙생활을 하는 존재들입니다. 문학적인 시선이나 무신론적 시각으로 신앙을 바라보는 게 아니라 믿음의 눈으로 경전을 읽고 있습니다. 다르게 말하자면 “내가 성서를 읽는 것 같으나 성서가 내 삶을 읽는다”고 고백하는 사람들입니다. 성서가 내 삶을 읽고, 우리가 어떻게 살아야 할지를 알려 줍니다. 성서와 이런 식의 관계를 일컬어 우리는 믿음의 눈, 신앙의 해석학이라 일컫습니다.

하지만 믿음의 눈만 가지고는 부족합니다. 익히 경험하듯 신/구교를 막론하고 교회는 오로지 믿음의 눈만을 강조하고 강요합니다. 다소 심하게 말하면 그래야 성도들을 복종시킬 수 있고 딴생각하지 않게 할 수 있다고 생각합니다. 하지만 그래서는 안 된다는 게 제 생각입니다. 믿음의 눈과 함께 자기 전통(경전)에 대한 의심의 눈도 있어야만 합니다. 수많은 합리적 물음을 포기하는 종교가 돼서는 안 된다는 것이지요. 성서뿐 아니라 그에 근거한 수많은 전통(교리)들은 시대의 산물이기에 비非복음적 요소들이 수없이 많습니다. 근원은 샘물처럼 맑으나 우리들 전통은 흙탕물처럼 변했습니다. 이에 대해 의심의 눈으로 바라보는 것은 너무도 당연합니다. 의심 그 자체를 위해서가 아니라 그 속에서 하느님의 말씀을 찾기 위해서입니다. 성서에 대해 무수한 비평의 잣대를 들이대는 것도 이런 이유에서입니다. 이를 저는 자기 전통에 대한 저항이라 일컫습니다. 엘리자베스 피오렌자의 『In Memory of her』라는 유명한 책이 있습니다. 그녀는 아주 유명한 미국의 카톨릭 여성신학자입니다. 여기서 '그녀'는 누구를 말하는 것이겠습니까? 한마디로 말하면 성서에 수없이 나오는 여성들일 것입니다. 불행히도 성서 속 수많은 여인들이 우리들 전통 안에서 잊혔습니다. 결코 망각될 존재가 아님에도 말입니다. 그렇기에 여성의 시각으로 성서와 전통을 의심하는 해석학이 필요합니다. 교회에서 이러한 의심의 눈을 키워주는 것이 좋습니다. 그냥 '신앙'만 가지고 살라고 말할 수 없습니다. 옛날에는 약사가 주는 약을 먹고 아픈 머리가 낳으면 그만이었으나 지금 우리는 약의 성분을 되묻습니다. '제가 간이 안 좋은데 이 두통약을 먹어도 되는가를 묻는 시대가 된 것입니다. 마찬가지로 성서에 쓰여 있다는 이유만으로 절대 진리가 된다거나, 무조건 따를 수는 없는 노릇입니다. 의심의 눈으로 성서에 저항할 필요가 반드시 있습니다. 성서근본주의(문자주의)로는 이 시대를 위한 하느님을 만날 수 없는 탓입니다.

다음으로 '자기 발견의 눈'도 있습니다. 인도 신학자 레이몬드 파니카라는 분의 견해이기도 합니다. 의심의 눈이라고 하는 것이 자기 전통 안에서 자기 전통을 올바르게 깨닫기 위한 과정이라면, 자기 발견의 눈이란 대화 과정을 통해 자기 전통에 없는 것을 이웃 종교 전통에서 찾아 읽는 눈을 일컫습니다. 물과 물고기로 비유되는 세계관과 종교의 관계를 설명하면 이해가 빠를 것입니다. 여기서 세계관은 물이고, 종교는 그 세계관에서 뛰어노는 물고기로 비유할 수 있습니다. 축軸의 종교들이 태동된 세계관들이 저마다 다른 것을 알 수 있습니다. 주지하듯 저마다 몬순형, 사막형, 그리고 목장형 풍토에서 고유한 종교와 문명이 발생했습니다. 인도적 문순 풍토에서는 초월적인 하느님 개념이 나올 수 없습니다. 반대로 사막 풍토의 히브리 종교에서는 업業이나 윤회와 같은 종교적 표상이 성립될 수도 없겠지요. 저마다의 풍토(세계관)에서 종교가 자기 특색을 갖고 성립된 탓에 자기 종교에서 부재한 개념들을 상대 종교에서 찾을 수 있습니다. 이런 차이를 중요하게 바라볼 수 있는 눈을 지닐 때 우리는 이 시대를 위한 풍성한 종교인의 삶을 살아낼 수 있습니다. 이런 생각을 펼친 분이 바로 가톨릭 신학자 R. 파니카 신부였습니다. 종교 대화 속에서 자기 종교에 부재한 것을 발견하여 자기 종교를 더욱 풍요롭게 만드는 것이 인류 미래를 위한 종교의 과제라 했습니다. 결국 자기 발견의 눈이란 상상(화상)과 관련

되는 주제라 할 것입니다. 오래된 미래로서 종교는 인류 미래를 위한 상상력의 보고인 까닭입니다. 이렇듯 신앙의 눈, 의심의 눈, 자기 발견의 눈, 이 세 가지가 함께 있을 때 종교는 자시 본연의 사명을 더 잘 감당할 수 있습니다. 말씀드린 대로 이 세 눈은 믿음-은총-성서의 다른 말이자 인문학적으로는 고독-저항-상상과도 그 뜻을 공유할 수 있습니다. 이런 시각을 갖고 저는 본 강좌를 통해 믿음-은총-성서라는 세 개의 '오직' 교리를 달리 풀어, 당면한 현실 문제를 해결할 길을 찾아볼 것입니다. 먼저 고독-저항-상상을 말하고, 그 빛에서 믿음-은총-성서의 상관성을 풀어내겠습니다.

1. 고독, 저항, 그리고 상상

우선 고독에 대해 생각해 보겠습니다. 이 말은 흔히 외로움과 같게 사용됩니다. 그러나 실상 고독과 외로움은 그 뜻이 상반됩니다. 영어로 고독은 loneness이고, 외로움은 loneliness로 표현되는데 이들이 함축하는 바가 많이 다른 탓입니다. 사람은 누구나 고독할 수밖에 없는 존재입니다. 저마다 자신의 길을 가기에—가지 않는 길을 남겨놓기에—사람은 누구나 고독할 수밖에 없습니다. 길을 걷다가 보면 때로는 자신보다 우월한, 부러워할 만한 사람도 만나고, 어떨 때엔 자기보다 열등하게 느껴지는 사람도 만날 수 있습니다. 그런 경우 우월한 사람을 만나도 초라해지지 않고 못한 이들을 만나도 우쭐하지 않는 감정, 그것이 바로 고독입니다. 만약 열등감을 갖거나, 내가 우월감이 느껴진다면 그것은 고독하지 않은 모습입니다. 자신이 걷는 길에 대한 절대적인 신뢰와 확신이 있기 때문에 고독은 타자에 대해 깊게 열려있는 감정입니다. 고독은 결코 폐쇄적이지 않습니다. 반면에 외로움(loneliness)은 고독과 달리 우월감과 열등감을 시달리며 자신을 닫힌 사람으로 만들어 갑니다. 모든 종교인이 고독할 것 같이 상상되지만 실제로는 외롭다는 것이 정설입니다. 종교인이라 하지만 열린 척하다가도 오히려 닫힌 감정을 가지고 살 때가 참 많다는 것입니다. 종교적 삶을 살면서 고독하지 못하다는 것은 불행한 일입니다. 세상에 대해 열린 감정으로서의 고독은 자기에게 깊어질 때 가능합니다. 그래서 고독은 믿음과 상관된 개념입니다. 깊은 고독 속에서 믿음의 문제가 자리할 수 있습니다. 종교적 삶이 체제 의존적이 되고, 교리를 앞세우는 한 종교와 고독, 즉 믿음은 상관없어집니다. 수도원에 거하면서도 고독할 수 있고 세상 속에 살면서도 외로움을 느낄 수밖에 없는 것이 우리들 실상입니다. 목사나 교회가 구성원들에게 고독을 훈련시키지는 않습니다. 오히려 더욱 외로운 존재로 만들며 욕망덩어리로 타락시킵니다. 기막힌 역설이지만 종교개혁 500년을 맞은 개신교 현실이 이와 같습니다. 고독을 가르치지 못하고 상전과 노예의식을 추동하는 한 교회는 구원 공동체라 말할 수 없습니다. '교회 밖에 구원 없다'고 말하기 전에 과연 '교회에 구원이 있는가?'를 먼저 물어야 할 때입니다.

저항을 말할 차례입니다. 여기서 저항은 일차적으로 자신에 대한 저항일 것이며 나를 구성한 사회에 대한 저항을 뜻합니다. 내 전통에 대한 저항이기도 하고 동시에 전통 밖의 낯선 세계에 대한 항한 저항일 수도 있습니다. 따라서 저항은 흑백 도식에 근거하지 않습니다. 살면서

벽과 경계를 쌓고 동질 영역에 안주합니다. 적과 아군을 만들고, 익숙한 것과 새로운 것에 대한 분별로 두려움도 생겨납니다. 사는 동안 이런 분별들이 수없이 생겨나는 바, 이를 넘어서는 것이 우리들 과제입니다. 갈라티아서 5장 1절의 말씀입니다. "내가 너희를 자유케 했으니 다시는 종의 멍에를 메지 말라." 그렇기에 저항은 만든 틀에 안주하며 길들여진 삶에 대한 항거입니다. 성서의 자유는 이런 저항을 통해서만 가능하겠습니다. 예수가 '하느님 나라'를 말했고 바울이 '하느님 의義'를 말했지요. 이것들이 인문학적 상상력으로 무엇을 뜻하겠습니까? 세상에 살면서 체제에 갇힌(길들여진) 사유밖에 못하는 것이 우리들 실상입니다. 교회체제, 교육체제, 경제체제, 그리고 정치체제 등 무수한 체제들이 있으나 이들 모두는 세상 속 사유의 결과물들입니다. 그러나 하느님의, 그의 나라는 체제 밖 사유로서 이들 틀거지를 뛰어넘는 일, 체제 밖의 사유라 할 것입니다. 그렇기에 예수의 하느님 나라 운동은 체제를 향한 저항이 되었고 체제를 넘는 초월이 되었습니다. 예수의 하느님 나라의 비유 중 겨자씨 비유가 있습니다. 언젠가는 큰 교회가 될 꿈을 꾸면서 작은 교회들이 겨자씨란 말을 사용하여 자신들 교회 이름으로 곧잘 사용하고 있습니다. 그러나 그것으로 비유가 뜻하는 바를 충분히 설명하지 못합니다. 겨자씨가 하느님 나라 비유의 소재가 된 것은 다음 이유가 결정적이었습니다. 빠르게 자란 겨자씨가 그 주변을 거추장스럽고 불편하게 만들기 때문입니다. 여기서 주변이란 예수가 활동하던 로마제국일 것이고, 우리들 사는 자본주의 현실이겠습니다. 당연하게 여겨지는 체제 자체를 불편하게 만드는 운동, 그것이 하느님 나라 운동이자 겨자씨 비유의 본뜻입니다. 세상, 곧 체제를 강조하는 권력은—그것이 종교권력이든 정치권력이든지 간에—체제를 넘어서는 일탈을 죄라 말했고, 그로써 사람들을 틀(율법) 속에 가뒀습니다. 로마 권력과 유대교 종교 전통이 예수 시대 숱한 사람들을 죄인으로 만든 것을 우리는 잘 알고 있습니다. 이 땅의 뭇 정권들이, 아니 교회들 역시 지금도 같은 방식으로 범법자를 양산하는 중입니다. 자본주의가 빚(debt)에 의존해 발전했듯이 종교 역시 죄 없이는 존재할 수 없는 현실이 되었습니다. 누군가는 이를 일컬어 자본주의와 종교 간의 공속共屬관계라 합니다. 하지만 하느님 나라는 체제로부터의 일탈을 죄라 일컫지 않습니다. 오히려 일탈을 추동하며 죄를 지어라 말하는 듯 여겨집니다. 지속적으로 체제 밖의 사유를 추동했고, 체제를 넘어선 삶이 가능하다고 가르쳐 주는 까닭입니다. 이는 은총이라는 말과 연루되는 바, 이것이 지닌 정치적 함의가 적지 않습니다. 이런 저항이 있었기에 우리는 다른 길을 만들어 왔던 것입니다. 이 점에서 광장의 촛불은 하느님 나라 운동을 닮았습니다.

마지막으로 상(환)상을 언급할 순서입니다. 인간이 '하느님의 형상'을 가졌다는 말이 무슨 뜻일까를 생각해 봅시다. 직립하는 우리의 이런 모습이 하느님을 닮은 것이겠습니까? 아니면 사랑, 인격, 책임 등의 말로 이를 온전히 설명할 수 있겠는지요. N. 베르자예프Berdyaev라는 러시아 사상가는 하느님의 형상을 인간이 지닌 상상력으로 이해했습니다. 상상력을 통해 우주도 갔다 오며, 다른 사람의 마음속을 들여다보고, 상상력을 통해 모든 것들을 느끼고 체험할 수 있습니다. 그렇고 보니 상상력만큼 하느님을 닮은 것도 없는 듯합니다. 상상력으로 우리는 하느님이 하시는 모든 것을 다 할 수 있습니다. 하느님의 형상이란 아마도 전혀 새로운 것(체제 밖)을 상상할 수 있는 힘이라 여겨집니다. 하지만 이 시대를 사는 우리는 상상력이 너무도 빈곤합니다. 결핍되었다고 말해도 좋습니다. 시대의 불행은, 물론 민중신학이나 해방신학이 말하는 배고픔의 일이겠으나, 상상력의 부재 나아가 그의 부패라 해도 옳습니다. 이 시대를 사는 우리들, 종교인들의 꿈이 너무 적고 추합니다. 교회 크게 짓는 일이 꿈이 되었고 천국 가고 부자 되는 것에 자신의 삶을 걸고 있으니 말입니다. 일찍이 함석헌은 "하늘의 별은 우리가 손에 잡으려고 있는 게 아니라 쳐다보려고 있는 것인데, 손에 넣을 수 없다고 해서 사람들이 별 보기조차 안 한다"라고 탄식한 바 있습니다. 하늘의 별은 원래 잡을 수 있는 게 아닐 것입니다. 하지만 잡을 수 없다고 해서 그것을 쳐다보지도 않는 것, 상상력의 붕괴, 부패, 부재. 이것이 오늘 우리 시대의 최대 비극입니다. 종교 경전들은 이런 상상력의 보고寶庫입니다. 그 속에 인간을 자극하고 자신을 넘는 길이 간직되어 있습니다. 우리에게 성서는 마땅히 상상력의 원천입니다. 하지만 성서가 곧잘 근본주의, 교리주의로 변질되어 상상력을 고갈, 부패시키는 도구로 오용되기도 합니다. 기독교 진리를 교리로 축소시키고, 틀로, 제도로 기독교를 대신하는 교권주의가 득세하는 실정입니다. 하느님의 형상이 상상력과 만나는 지점이 있다는 것을 교회가 결코 중요하게 여기지 않습니다. 오히려 그것을 부담으로 여길지 모르겠습니다.

이상에서 보았듯 고독, 저항, 상상이라는 말은 이 시대를 위한 중요한 개념입니다. 고독은 자기 자신으로 깊게 들어가는 일로서 하느님 앞에 단독자가 되는 것이고, 그 길을 통해 세상을 옳게 품을 수 있습니다. 신앙은 주관적 상태에 머무는 게 아니라 하느님처럼 세상을 사랑할 수 있는 신비적 사건입니다. 저항은 세상의 틀에 안주하지 않고 체제 밖을 지향하는 삶입니다. 자본주의, 천민자본주의가 모든 것 중 모든 것이 되었습니다. 이에 세뇌되어 비판하면 빨갱이란 소리를 듣습니다. 브라질의 헬더 까마라 주교 이야기가 떠오릅니다. 가난한 사람을 도와줄 때 성자라 칭송하던 사람들이 왜 가난하게 되었는가를 알려주자 주교인 자신을 빨갱이라 배척했다는 것입니다. 이처럼 자본주의가 우리 삶에 너무도 깊게 뿌리 내리고 있습니다. 하지만 인류의 역사를 하루라 치면 자본주의는 11시 59분 47초에 생겨난 이념입니다. 이에 대한 비판이 불허되는 사회이나, 얼마든지 다른 삶의 양식을 말해야 할 때입니다. 지금 '대안적' 삶을 만들어 가는 이들이야말로 이 시대의 하느님 사람들입니다. 교회 안에 머물며 자본주의 욕망을 확대 재생산하는 이들에게 구원은 없습니다. 하느님 나라 운동이 교회 밖에서 일어나는 현실에 교회는 크게 놀라야 마땅합니다. 교회가 주는 물에 뭇 사람이 목말라하지 않는 이유도 여기에 있습니다. 상상력이 부재한 교회가 되었기에 저항할 수 있는 힘도 없고 체제에 순응하고 있습니다. 그러니 이런 교회 안에 과연 복음이 있고 구원이 있는 지가 참으로 의심스럽습니다. 역사적으로 기독교가 로마를 기독교화시켰는가? 아니면 로마가 기독교를 로마화했는가를 생각할 필요가 있습니다. 신학자들과 달리 역사가들은 로마가 기독교를 로마화시켰다는 데 이의가 없습니다. 로마라는 한 정치적 제국에 이데올로기가 필요해서 기독교가 수용되었다는 것이지요. 우리로서는 아픈 지적이고, 한편으로는 과장이 있겠지만, 충분히 일리가 있습니다. 종교개혁의 주체였던 개신교의 경우도 마찬가지입니다. 기독교가 자본주의를 기독교화시키지 못하고 정반대 상황을 초래했던 탓입니다. 자본주의를 잉태한 기독교가 자본의 노예가 된 것입니다. 교회의 존재방식 자체가 완전히 자본주의와 같습니다. 어마어마한 대형교회와 지하 작은 교회가 공존하며, 대기업 사장 봉급 받는 성직자와 4중직을 해야 먹고 사는 이가 있습니다. 택시기사, 퀵 서비스를 하면서 성도를 섬기며 교회를 지키는 이들이 적지 않습니다. 제가 속한 감리교회는 장로교 다음으로 큰 교단인데, 그 중 가장 여유 있다는 서울연회에도 70퍼센트의 교회가 미자립이라 합니다. 이렇듯 현실교회의 존재방식이 완전 자본주의화 되었습니다. 한 건물 안에 교파를 달리한 교회들 서너 개가 입주한 채 경쟁하는 모습도 그렇습니다. 그럼에도 이런 현실에 저항하지 않습니다. 다른 길이 없다고 여기며 이 체제에 순응하는 이들이 다수입니다. 그럴수록 우리는 "교회의 복음화가 없으면 세상의 복음화 없다"는 교황의 말씀에 귀를 기울여야 하겠습니다.

가톨릭교회에도 잘 알려진, JPIC라고 하는 공의회 차원의 개신교들 모임이 1990년 서울에서 개최된 적이 있습니다. JPIC는 Justice, Peace, and Integrity of Creation이란 말의 약자입니다. 주지하듯 JPIC는 아우슈비츠 사건과 함께 20세기 신학을 근본적으로 뒤바꾼 계기가 되었습니다. 경건한 유대인들 6백만 명이 살해당한 사건과 더불어 JPIC의 주제는 신학의 패러다임 자체를 바꿨습니다. 세계 내 산재한 정의, 평화, 생태계 파괴의 문제입니다. 정의는 분배문제의 불균형을 극복하는 일입니다. 아프리카에는 200만 명이 절대 빈곤층에 있다 합니다. 1세계와 3세계 간의 빈부문제의 극대화, 곧 부정의의 문제가 심각한 상태이지요. 평화는 1세계들 간의 핵무기 과다 보유에 관한 것입니다. 늑대들은 싸우다가 힘의 균형이 안 맞아 지겠다 싶으면 자기 목덜미를 들이댄다 합니다. '내가 졌으니 그만하자'는 뜻으로 말입니다. 하지만 지구상에는 핵무기가 지구를 15번이나 망가뜨릴 수 있을 만큼의 양이 있답니다. 핵 강대국이 됨으로서 군사적 우위를 점할 목적으로 이런 결과를 초래한 것입니다. 창조질서의 보전 역시 화급한 주제가 되었습니다. 생태계의 급속한 파괴로 지구 생명 자체가 위험에 처한 것입니다. 대한민국에서 가장 빠르게 기후 붕괴 조짐이 보이고 있다는 것이 정설입니다. JPIC를 발의한 C. 바이제커라는 물리학자는 'JPIC 문제가 해결되지 않고서는 기독교의 구원은 요원하다'고 말했습니다. 우리들 교회 안에서는 구원이 남발되고 하늘나라를 보장하나, 본 사안이 해결되지 않고는 기독교 구원이 멀었다는 것을 기독교 지성인들이 말하고 있습니다.

이런 상황 속에서 어떻게 참여와 명상이라는 두 주제를 함께 생각할 수 있을까요? 아마도 참여를 더 잘하기 위해 명상하는 것이겠지요. 명상만을 위한 명상은 의미가 없지 않겠습니까? 현실참여를 옳게 할 목적으로 명상을 하는 것이겠지요. 명상을 통해서 세상이 더욱 하나라는 확신을 얻을 수 있는 탓입니다. "모두가 자유로울 때까지 누구도 자유로울 수 없다"는 WCC 부산대회의 표제어도 이를 웅변합니다. 이런 점에서 제게는 '광장'과 '교회'는 결코 둘이 아니다(不二)라는 확신이 있습니다. 광장의 촛불과 교회의 촛불이 결코 둘일 수 없습니다. 무조건 같다고 할 수 없지만, 이 둘을 함께 생각할 수 있는 힘이 신앙인들에게 생겨나야 할 것입니다. 이런 이유로 고독, 저항, 상상을 믿음, 은총, 성서의 이야기로 다시 풀어내 보겠습니다.

2. 믿음, 은총, 그리고 성서

종교, 특히 기독교의 경우 가장 중요한 믿음을 이야기할 때 제일 중요하게 여기는 성서, 그 성서 중에 로마서가 으뜸입니다. 믿음에 대한 결정적 단서가 많이 기록된 탓입니다. 많은 사람들이 로마서를 읽다가 은혜를 받고 개종했던 역사도 한몫했습니다. 성 어거스틴이 그랬고, 마틴 루터도 그랬으며, 감리교 창시자 존 웨슬리도 그런 경우였습니다. 하지만 그들 해석이 절대 옳았는가는 토론의 여지가 있습니다. 주지하듯 오늘을 사는 우리가 로마서에 관해 루터나 어거스틴보다 더 많은 지식을 갖고 있는 까닭입니다. 수많은 성서학자들이 로마서에 관한 엄청난 연구결과를 쏟아놓고 있습니다. 최근에는 유럽 철학자들도 바울을 새로운 보편성 의 사상가로 칭송하고 있습니다. 로마서를 읽을 때 가장 중요한 것은 로마서가 쓰여진 정황, 역사적 배경에 관한 이해라 할 것입니다. 로마서는 의당 로마가 지배하는 제국주의 상황에서 쓰였습니다. 그 점을 잊어버리면 로마서가 오독되기 십상입니다. 거대한 제국이 지배하는 시대에 로마서가 쓰였고, 그 세계 속에 교회가 있었으며 교회의 구성원 될 자격이 바로 '그리스도 안의 존재됨

(Sein in Chisto)', 곧 믿음이었습니다. 이런 상황에서 믿음이 무엇이었는가를 논해야 하겠습니다. 주지하듯 믿음은 역서 속에서 전혀 새로운 하느님 의義, 곧 그리스도가 나타났음에 대한 믿음이었습니다. 하느님은 예수 그리스도에 앞서 유대인들에게는 율법을, 이방인들에게 양심을 허락했습니다. 하지만 그 율법과 양심을 갖고 있는 이들은 세상을 옳게 만들지 못했지요. 이런 타락으로 생겨난 것이 가부장제와 노예제로 유지되던 로마라는 제국이었습니다. 유대인들 역시 제국 구조하에서 안주하는 것이 고작이었습니다. 이렇듯 율법과 양심이 무기력해진 제국의 현실 속에 하느님의 새로운 의義가 나타났다는 것이 바울의 확신이었습니다. 하느님의 의가 예수 그리스도를 통해 나타났다는 것입니다. 그렇기에 바울은 하느님 의를 갖고서 로마가 지배하는 제국과는 전혀 다른 세상을 꿈꿨고, 이를 위해 교회를 세웠으며 그 교회에게 서신을 썼던 것입니다. 바울은 하느님의 의로움으로 타락한 세상(제국)의 구원을 위해 우선 유대인과 이방인을 하나로 만들고자 했습니다. 당시 세계 속에서 가장 큰 범주인 이방인과 유대인을 하나로 만드는 것이 가장 큰 과제였습니다. 다음으로는 유대인과 기독교인을 묶는 일이었고, 마지막으로는 이방인 기독교인과 유대인 기독교 신자들 간의 연대였습니다. 이런 세 범주로 바울은 당시 세계를 이해했습니다. 이들을 묶어 로마와는 전혀 다른 세계를 만드는 일이 바울의 꿈이었죠. 이를 위해 그는 인간이 하느님의 의로 덧입혀지기를 바랐고, 그런 존재를 일컬어 '그리스도 안의 존재(sein im christ)'라고 했으며 이 과정을 믿음으로 설명한 것입니다. 즉 바울에게 믿음은 '하느님의의 나타남에 대한 확신'이었습니다.

여기서 핵심은 '그리스도 안의 존재'라는 것의 실상입니다. 로마라는 제국적 삶의 양식과 전혀 다른 삶의 양식을 갖고 사는 존재를 바울은 그리스도인이라 불렀습니다. 제국과는 다른 삶을 살아가는 사람들, 그가 그리스도 안의 존재였던 것입니다. 당연하겠지만, 당시 로마제국은 가부장제와 노예제도를 정당화했습니다. 힘 있는 사람이 힘없는 사람을 노예로 부릴 수 있었습니다. 남자들이 여성들을, 더구나 여성노예인 경우 소유물처럼 다룰 수 있었지요. 가부장제와 노예제는 로마라는 제국을 뒷받침하는 제도였습니다. 이런 정황에서 '그리스도 안의 존재'가 되었다는 믿음은 지금껏 누려왔던 노예제, 당연시했던 가부장제와의 단절을 뜻했습니다. 제국과는 다른 세상을 만들어야 했던 까닭입니다. 하지만 그리스도인이 되었어도 노예가 있으면 편하고, 가부장제를 인정하며 사는 것이 좋았던 사람들이 있었습니다. 제국의 가치관을 떨쳐내는 일이 쉽지 않았던 탓입니다. 그리스도 안의 존재라 믿으면서도 제국의 가치, 지금 우리의 경우 자본주의적 에토스를 갖고 살고 있었던 것입니다.

이 점에서 우리는 종교개혁자들이 생각했던 '오직 믿음'이란 말을 살펴야 합니다. 그간 우리는 루터 이래로 종교개혁자들의 시각에 갇혀 있었습니다. 중세기의 타락한 가톨릭교회를 극복할 목적으로 사용된 신앙관을 타락한 개신교가 반복하고 있기 때문입니다. 개신교 내부에는 어떤 행위 없이 오직 믿음만으로 구원을 받는다는 극단적인 교파도 생겨났습니다. 앞서 말한 제국적 상황에서 로마서는 결코 행위를 결여한 믿음을 말한 적이 없습니다. 행위 없는 믿음이란 존재치 않습니다. 그리스도 안의 존재가 되었다는 것은 이미 제국적 삶의 가치관을 버리겠다는 다짐이기 때문입니다. 따라서 '오직 믿음' 안에는 당연히 행위가 전제됩니다. 행위가 없는 믿음은 단연코 없습니다. 동양식으로 말하자면 사람은 행하는 만큼만 아는 법이란 말입니다. 오로지 로마서는 믿음이 없는 행위가 문제인 것을 수차례 언급합니다. 교회 안에 머물러 있다 하면서도 제국의 가치관을 그대로 따를 경우, 그것이 바로 믿음 없는 행위의 실상입니다. 그래서 예나 지금이나 믿음이 없는 행위가 문제입니다. 자본만능시대에 이르러 우리는 돈으로 성性과 생명도 살 수 있고 천국행도 보장받고 있습니다. 천민자본주의가 지금 우리 시대의 제국이 된 결과입니다. 로마보다도 더욱 무섭고 강력한 제국의 시대에 살고 있는 것입니다. 그리스도 안의 존재, 곧 믿음을 지녔다 하면서 자본주의 욕망에 따라 산다면 그것은 바울이 염려한 대로 믿음 없는 행위의 전형이겠습니다. 우리들 믿음 속에 자본(욕망)을 거스르는 행위가 결여되어 있다면 자신들 스스로 기독교인 됨을 다시 생각할 일입니다. 루터파에 속한 본회퍼 목사는 "예수의 제자(그리스 안의 존재)를 만들지 못하고 교인만 양산하는 기독교는 예수를 한갓 이념이나 영지주의로 만드는 것"이라고 혹독하게 비판했습니다. 이제 종교개혁자들이 말한 '오직 믿음'이 이처럼 오해, 남용되는 일이 없어야 하겠습니다.

이런 맥락에서 믿음을 새롭게 정의해 보겠습니다. 우선 믿음은 하느님의 의義에 대한 아주 치열한 고민일 것입니다. 세상을 전혀 다르게 만들고자 하는 하느님의 뜻이 나타났기 때문입니다. 바울은 예수를 주님(Lord)이라고 불렀습니다. 로마제국 시기 주님이라 불리던 사람은 사실 로마 황제 한 사람뿐이었습니다. 로마 황제에게 해당된 이 명칭을 바울이 예수에게 붙여준 것입니다. 제국의 황제인 그가 주님이 아니라 예수가 새로운 주님이란 고백과 더불어서 말입니다. 여기에는 전혀 다른 세상을 기대하던 바울의 염원이 담겨 있지요. 예수의 하느님 나라가 바울에게서는 하느님 의가 실현된 새로운 세상이었습니다. 이를 위해 세워진 교회는 제국의 입장에서 볼 때 겨자씨와 같은 존재였습니다. 제국에게 교회는 아주 불편한 존재였던 까닭이겠습니다. 그런데 묻습니다. 과연 오늘의 현실에서 자본이란 제국과 교회가 맞서고 있는지요? 우리 교회가 자본주의란 제국에 맞설 힘이 있는지 말입니다. 오히려 자본의 힘에 굴복하며 자본을 주님이라 고백하고 있는 것이 아닐까요? JPIC의 문제가 해결은커녕 확대 재생산되는 현실에서 그리스도교 공동체는 과연 어떤 존재여야 하겠습니까? 다행히도 작은 규모이나 교회 안팎, 수많은 곳에서 새로운 공동체 운동이 일어나고 있습니다. 자본주의를 거슬러 오르려는 힘겨우나 뜻 깊은 대안 운동으로서 말입니다. 러시아 사상가 베르자예프의 말을 인용하겠습니다. "사람은 물질이 없으면 한순간도 살 수 없는 존재입니다. 먹는 것 입는 것 모두가 다 물질인 탓입니다. 하지만 최소한의 물질로 살려고 할 때 최소한의 물질은 물질이 아니라 정신입니다. 그렇기에 사람은 물질로 살아가는 존재가 아니라 정신으로 살아가는 존재여야 하는 바, 이것이 바로 성서가 말하는 '하느님은 빵으로 사는 게 아니라 하느님 말씀으로 산다'는 것의 의미입니다." 이 말대로라면 '단순성'이란 것이 중요합니다. 자본주의를 욕망하는 시대에 최소한의 물질로 산다는 것은 제국의 시대의 노예제, 가부장제를 벗겨내고 그리스도 안의 존재로 살려고 했던 그 당시 그리스도교인들 모습만큼이나 어려운 일입니다. 예컨대 100만 원으로 살던 사람들에게 70만 원 갖고 살아내라는 요구는 힘겹습니다. 그러나 전 인류 차원에서 이런 삶의 양식, 곧 단순성을 최고의 가치로 여기지 않으면 JPIC의 문제를 해결할 수 없습니다. 이방인과 유대인이 하느님 안에서 하나가 되듯이, 교회는 이런 가치를 갖고 세상을 하나로 만들어야 할 책임이 있습니다. 그렇기에 명상과 참여는 양자택일의 문제일 수 없습니다. "오직 믿음"에는 반드시 행위가 동반된 탓입니다. 믿음은 반드시 당대의 지배적인 가치와 맞서 싸우는 개념입니다. 믿음이 없는 행위는 아무리 그럴싸해 보여도 오늘 결국 예수를 주님이라 고백하는 새 세상을 만들 수 없습니다. 주일만 기독교인으로 살고, 나머지 날은 제국을 주님으로 섬기며 살고 있는 우리들 믿음 없는 행위가 세상을 더욱 위태롭게 할 것입니다.

종교사회학자들의 이야기 한 꼭지를 소개하겠습니다. 종교와 사회의 역학관계를 논하는 이들 연구에 따르면 특정 지역에 특정 종교를 믿는 사람들 4명 중 1명 정도의 비율로 존재할 경우, 그 지역은 의당 해당 종교의 문화가 지배적이어야 한다고 말합니다. 예컨대 서울의 강남 지역은 개신교와 가톨릭 신도를 합치면 인구의 40%에 이른다고 하는데, 불행히도 이 지역을 기독교 문화가 대세라 여기는 사람은 아무도 없습니다. 이들 학자들에 따르면 오히려 강남 지역은 향락문화의 특징이 대단히 농후하다고 합니다. 실컷 먹을 곳이 많고 맘껏 때 뺄 수 있는 목욕문화가 넘쳐나며 그것은 반드시 향락문화로 연결되고, 사람은 죄만 짓고 살 수 없기에 실컷 용서받을 곳이 많다는 것입니다. 한마디로 이 지역의 교회는 고작 사람들의 향락문화를 유지 존속시키는 하부구조 역할을 하고 있다는 사실입니다. 기독교적 생명문화를 만들지 못할망정 욕망의 찌꺼기를 치우는 종교가 되었으니 참으로 충격적인 일입니다. 해마다 한 기독교 대학에서 많은 목회자들을 위한 집중연수과정을 운영하고 있습니다. 폐회예배 시간에 대형교회 목사의 설교 중 이런 말이 있었습니다. "목사님들, 교인들에게 윤리적으로 살라는 말 하지 마세요. 윤리적으로 살라 하면 사람이 뺀질뺀질해져서 교회에 헌금을 잘 내지 않습니다. 맘대로 살라고 내버려 두세요. 그러면 자신이 느끼는 용서받을 목적으로 큰 돈 교회에 갖다 바칩니다." 물론 소수 잘못된 목회자의 발언이겠으나, 공식적인 예배에서 선포된다는 사실이 기막히지 않습니까? 이는 기독교만의 문제가 아니라 이 땅 종교들의 실상이기도 합니다.

이렇듯 '오직 믿음'이란 것이 잘못된 자본주의에게 면죄부를 주고 있습니다. 그래서 '오직 믿음'이 새로운 면죄부가 되었다는 말도 회자됩니다. 뭘 믿는지도 모르고 믿으면 된다고, 구원받고 천국 간다고 말하는 값싼 복음이 우리 시대의 화근입니다. 그러나 정말 우리가 믿고 따를 것은 예수를 통해 나타난 하느님의 의義입니다. 그 '의'는 당시의 제국과 달랐고 우리 시대의 자본(주의)에도 낯선 새로운 가치관을 지녔습니다. 그것으로써 양심으로도, 율법으로도 실패한 세상을 다시 만들라 했습니다. 우리 교회는 이 일을 위해 존재합니다. 기독교인들이 교인을 넘어 예수의 제자로 양육되는 곳이 바로 교회인 것입니다. 그렇기에 기독교인들에게 참여와 명상은 고독과 저항처럼 동전의 양면과 같습니다. 믿음 자체가 이미 저항을 포함합니다. 깊은 고독, 곧 하느님 의에 사로잡힘이 세상을 향한 열린 길을 만들고 세상과 소통케 하여 다른 피조물의 아픔을 자기 아픔으로 삼는 세상을 만들 수 있습니다.

이제 '오직 은총'이라는 종교개혁 신학의 두 번째 원리를 생각해 보겠습니다. 은총이란 종교, 특히 기독교를 말함에 있어 대단히 중요한 개념이지요. 제 힘으로 못하는 것을 하늘의 도움으로 이룰 수 있다는 것이기에 종교인들이 제일 사랑하는 개념이기도 합니다. 하지만 기독교의 경우 은총은 항시 인간의 전적 타락이란 말에 기초해서 사용했습니다. 어거스틴 이래로 인간의 전적 타락, 즉 원죄 개념과 동전의 양면처럼 사용된 것이 바로 은총이란 말입니다. 인간 스스로 아무것도 할 수 없고, 하느님의 은총을 통해서만 구원을 받는다는 것이 이 말의 핵심이자 본질이겠습니다. 부언하면 창조 시 허락된 인간의 자유의지가 타락했기에 절대적인 하느님 은총에 의해서만 인간은 자유로울 수 있다고 했습니다. 이런 은총론은 급기야 하느님과 인간 간의 자연적 접촉 가능성을 완전 부정하고 말았습니다. 개신교의 신학원리인 '신앙유비'는 바로 신적 은총과 원죄 간의 대립에 근거한 이론입니다. 인간의 신앙(믿음) 역시 오로지 은총에 의해서만 주어질 수 있다는 것이 정론이지요. 이처럼 '오직 은총' 교리는 원죄설을 전제로 삼고 있습니다. 그러나 저는 이와는 다른 은총론을 말하고 싶습니다. '오직 믿음'에 대한 이해가 달랐듯이 이 또한 달리 해석될 여지가 많은 탓입니다. 그간의 오독과 남용을 막기 위해서라도 다른 이해가 필요합니다.

인간이 하느님 앞에서 죄인이라는 사실과 교리로 확정된 원죄설과는 차이가 있습니다. 누구도 하느님 앞에서 죄인 된 것을 부정치 못할 것입니다. 하지만 그것은 원죄설과는 달라야 합니다. 주지하듯 원죄설을 교리로 확정 지은 사람은 성 어거스틴입니다. 이 교리가 만들어질 때의 상황을 이해하는 것이 좋겠습니다. 처음 어거스틴이 원죄설을 교리로 확증할 당시 로마제국은 천지가 뒤바뀌는 엄청난 역사적 혼동 속에 있었습니다. 일종의 대지진과 같은 사건이 발생했던 것입니다. 어거스틴 시대에 이르기까지 기독교 제국인 로마는 실로 하느님의 나라처럼 여겨질 정도로 강력했습니다. 로마제국이 곧 하느님 나라였고 천년왕국처럼 믿어졌습니다. 하지만 북쪽으로부터 당시 야만족이라 불리던 고트족이 침입하여 하루아침에 이런 로마를 초토화시켜버렸습니다. 한순간에 로마제국이 붕괴된 것입니다. 고트족들이 지배하던 짧은 기간에 수많은 신부, 주교들이 무력에 굴복하여 배교했습니다. 사람들은 정치적으로 로마가 붕괴되고 신학적으로 성직자들이 배교한 상황이 도무지 납득되지 않았습니다. 이후 다시 싸워 고트족을 내쫓고 로마가 평정되었음에도 로마는 결코 옛적 로마로 돌아갈 수 없었습니다. 많은 신앙인들이 배교한 신부, 주교들을 용납할 수 없었던 까닭입니다. 이에 배교한 성직자들을 살해하고 교회를 불사르는 과격한 행동이 벌어졌습니다. 당시 백성들이 겪은 충격은 오늘 우리 시대의 무엇과도 비교할 수 없을 정도로 컸습니다. 이런 혼동을 신학적으로, 정치적으로 해결할 사람이 필요했던 바, 그가 바로 성인으로 불린 어거스틴이었지요.

주지하듯 신학자 어거스틴은 다음 두 교리를 가지고 그 상황을 평정했습니다. 우선은 하느님 나라에 대한 공간적 이해를 달리한 것입니다. 하느님 도성은 현 세계가 아니라 공간적으로 다른 세계에 존재한다고 말한 것입니다. 여기가 아니라 저기, 낯선 공간을 신의 영역이라 했습니다. 이를 위해 어거스틴은 다음으로 인간의 전적 타락, 곧 원죄설을 말했습니다. 태어날 때부터 죄인들이기에 그들이 일군 이 세상이 하느님 나라가 될 수 없다고 본 것입니다. 하느님 앞에서 생물학적으로 죄성罪性을 갖고 태어난다는 원죄설이 바로 그의 작품입니다. 사실 어거스틴 이전의 교부들은 창세기 1~3장을 근거로 인간 자유의지를 찬미하고 긍정했습니다. 이는 유대인들의 성서 해석과도 내용적으로 다르지 않았습니다. 자유의지에 터해 기독교인들은 성적으로 문란한 로마제국을 이겼다고 가르쳤습니다. 자유의지를 갖고 절제하고 금욕하면서 건전한 삶을 살아냈다는 것입니다. 하지만 자유의지를 역설한 이 본문이 어거스틴에 의해서는 완전히 반대로 해석되었습니다. 자유의지가 원죄설로 완전히 탈바꿈된 것입니다. 날 때부터 태생적으로 죄를 지녔기에 하느님 앞에서 고개를 들 수 있는 존재가 아니라고 했습니다. 앞서 말했듯이 이런 왜곡에는 분명한 목적이 있었습니다. 원죄의 인간은 교회 성직자들에 의해 구원받을 존재이지, 그를 심판하고 정죄할 자격이 없다고 가르친 것입니다. 이로써 어거스님은 당시 어려운 신학적, 정치적인 상황을 해결할 수 있었습니다. 이후 지금까지 어거스틴의 원죄설이 신학에 있어 정설로 되었으나 오히려 그것을 성서의 왜곡이라 보아야 옳습니다. 그렇기에 최근 원죄가 아니라 원복(原福, Origonal Blessing)이 성서의 본뜻으로 여기는 신학자도 많아졌습니다. 종교개혁자들 신학 역시 이에 터해 있기에 그들 시각으로부터 자유롭게 될 것을 성서신학자들이 역설합니다.

이처럼 끊임없이 인간의 전적 타락과 원죄론에 근거하여 그와 전적으로 다른 하느님 은총이 말해져 왔습니다. 그러나 말했듯 '원은총' 혹은 '원복'이라는 말을 더 선호하는 신학자도 많습니다. 종래와 같은 원죄보다 원복이 더욱 근원적인 성서적 인간 이해라는 것이지요. 원복이 본질이고 그 일탈로서 원죄를 말해야 한다는 것입니다. 이에 더해 저는 '참여'와 '명상'의 주제를 위해 은총 개념을 조금 더 확장시켜 보고 싶습니다. 은총이 얼마나 현실, 곧 이 세상을 위한 개념인가를 밝히기 위해서입니다. 우선 하느님의 은총은 성서가 말하는 하느님 나라, 즉 하느님의 의라는 것과 다르지 않다고 생각합니다. 하느님의 의, 그것은 한 번도 인간 세상에서 경험하지 못한 전적인 새로움, 체제 밖 사유로서 그것이 우리 앞에 나타났다고 하는 것 자체가 바로 은총인 것입니다. 이렇듯 은총이 하느님의 의라 한다면, 이것은 당대의 로마법과 같은 소위 일체의 세상의 법과 대립된다 하겠습니다. 우리 시대의 실정법과 대척점에 있는 것이 바로 하느님 의로서 은총입니다. 세상의 실정법과 대척점에 있는 개념으로서의 은총, 이것이 바로 바울이 로마서를 통해 말하려 했던 것입니다.

하느님 나라를 비유하는 성서 본문 한두 곳을 예로 들겠습니다. 첫 번째 떠오르는 것이 '포도원의 비유'입니다. 아침에 일하러 온 일꾼, 오후에 온 노동자, 설령 황혼녘에 불려왔더라도 포도원 주인은 똑같은 품삯을 주었다는 것입니다. 이것은 상식으로나 실정법상으로나 있을 수 없고 납득하기 어렵습니다. 하지만 하느님 나라, 곧 그 의는 누구든지 '하루 살 돈이 필요하다'는 데 있었습니다. 하루 생존을 위해서 노동을 팔아 사는 사람에게 일용할 품삯을 나눠주는 것이 하느님 나라의 비유입니다. 이것은 자본이 지배하는 현실에서 실정법상으로 불가능할 것입니다. 특히나 오늘날 같은 자본주의 현실에서는 생각할 수 없는 일이겠습니다. 최저임금 시간당 1만 원도 실정법을 넘어서야 가능하겠습니다. 자본주의는 비정규직 남성 노동력을 요구하더니 급기야 여성들의 값싼 노동력까지 착취하고 있습니다. 나아가 이제는 빚으로 살라며 은행 돈을 쓰라고 추동해 왔습니다. 노동을 팔아 살다가 그도 힘들면 빚을 지고, 그 빚을 갚기 위해 다시 노동할 것을 요구하는 것이 자본주의입니다. 그래서 어떤 사람은 이렇게 말합니다. "종교가 사람들의 죄를 먹고 살 듯, 자본주의는 사람들의 빚을 먹고 산다"고 말입니다. 꼭 맞는 말은 아니지만 그런 측면이 분명 없지 않습니다. 이런 현실 속에서 마지막에 부름 받은 일꾼에게도 똑같은 품삯을 준다는 것은 하느님의 의에 속하는 것으로 그것이 바로 은총입니다. 어떠한 세상의 법도 감당할 수 없는 '체제 밖 사유'가 실현된 까닭입니다.

'잔치의 비유'라 불리는 또 다른 하느님 나라 비유가 있습니다. 잔치를 벌인 주인은 초대한 사람들이 오지 않자 '아무나 오라고', '되갚을 능력이 없는 사람들을 부르라' 하였습니다. 이런 초대는 우리들 세상에선 너무도 낯섭니다. 인과율의 세계 속에서 되로 주고 말로 받고자 하는 우리이기에 갚을 능력이 없는 사람들을 초대해서 잔치를 열고 오히려 그들이 갚을 것을 염려 말라는 것은 실정법상 불가능합니다. 그렇기에 이 역시 체제 밖 사유로서 은총이자 하느님 의義를 드러낸 하느님 나라의 비유이겠지요. 이렇듯 하느님 나라 비유는 세상 실정법으로는 감당할 수 없습니다. 바울이 당시 이런 하느님 의를 갖고 로마법과 맞서 새로운 세상을 만들고자 한 것입니다. 신앙인으로 살면서 실정법과 맞서야 할 경우를 수없이 경험합니다. 예컨대 우리에게 낯선 이주노동자들에 대한 환대는 아마도 실정법을 어기지 않고서는 불가능할 것입니다. '주고받는' 식의 삶의 태도로는 단연코 하느님의 의, 곧 은총을 경험할 수 없습니다.

거의 20년을 외국에서 공부하고 돌아와 청주에서 이주노동자와 살고 있는 한 사람의 경우를 소개합니다. 노동현장에서 팔과 손이 끊어지고 아무 대가도 못 받는 현실을 보고, 공부한 것 접고 지금 이주노동자들을 위해 살고 있는 50대 목사의 이야기입니다. 주지하듯 이런 이주노동자들 대다수는 이 땅에 불법으로 체류하고 있습니다. 취업기한이 끝나면 내보내야 하는 게 실정법상 옳으나, 돈을 더 벌 욕심에 이주자들도 원하고 기업들 역시 값싼 노동력을 얻기 위해 이들 불법체류를 도와주고 있습니다. 이런 사태에서 사고가 나면 이주노동자들은 보호받을 곳이 없습니다. 기업들도 이때는 나 몰라라 하거나 이들의 불법을 행정당국에 폭로해 왔다고 합니다. 이런 상황에서 이 목사는 이주민을 위해 싸워야 했습니다. 하느님 의義의 시각에서 실정법과 맞서 싸워야만 했던 것이지요. 이주노동자 편에 선 목사를 정부 입장에서는 범법자로 여기겠으나, 이들이야말로 하느님 의를 실현하는 은총적 존재라 말해야 옳습니다. 포도원 주인의 환대가 법을 넘어섰듯이 말입니다.

독일 총리 메르켈의 아버지 이야기를 잠시 하겠습니다. 통독 직전 모두가 동에서 서로 넘어올 때 그분이 유일하게 어린 딸을 데리고 서에서 동으로 넘어갔다 합니다. 메르켈 총리는 이런 이유로 동독에서 대학 시절까지 보내야 했습니다. 이렇듯 가난한 동독의 생활을 경험한 탓에 메르켈은 이슬람 난민 수용을 환대의 차원에서 접근하고 있습니다. 심지어 유럽통합의 이념이 깨지더라도 난민, 이민자들을 받아야 한다는 게 그의 소신입니다. 2017년 5월 말 독일 '교회의 날' 행사에서 메르켈의 독일은 이런 확신을 세상에 널리 선포했습니다. 미국을 대신하여 독일과 독일교회가 하느님 의義(환대)를 실현하겠다고 말입니다.

이렇듯 하느님의 의가 이 세상에 나타났다는 것이 은총입니다. 예수의 희생적 죽음도 바로 이런 시각에서 이해해도 좋습니다. 값없이 얻는 은총인 탓입니다. 되갚을 능력이 없어도 되기 때문입니다. 체제 안에서는 늦게 온 사람을 똑같이 환대할 수 없습니다. 그러나 이 체제를 뛰어넘는 체제 밖의 사유, 하느님 나라에서는 그것이 가능합니다. 체제를 넘는 하느님 의가 바로 은총입니다. 예수의 하느님 나라 선포는 체제 밖을 보라는 뜻입니다. 하느님의 의, 곧 하늘 은총을 위해 일하는 사람들은 때로 실정법 차원에서 범법자가 될 수도 있습니다. 수많은 목사님, 신부님들이 범법자가 되어 있습니다. 요즘엔 감옥에 보내지도 않습니다. 오히려 벌금을 매기고 있습니다. 가난한 성직자, 신학생들을 돈으로 꼼짝 못하게 만들기 위해서지요.

말을 줄이겠습니다. 우리는 은총을 원죄의 개념과 상반되게 보는 희랍적 시각을 더 이상 인정할 수 없습니다. 하느님 앞에서 죄인인 것을 부정할 수 없겠으나 시대적 정황에서 하느님의 의가 곧 은총인 것을 수용해야 합니다. 하느님의 의, 하느님의 나라가 우리에게 주어졌다고 하는 것, 비록 그것을 감당하지 못하지만 그런 실재가 있음을 알기 때문에 그 길을 믿고 가는 것입니다. 그 길을 가다보면 실정법과 맞서 범법자가 되는 경우도 있을 것입니다. 그것이 그리스도의 남은 고난에 참여하는 길이겠습니다. 그런 길에 나설 수 있는 용기가 바로 믿음이자 은총입니다. 하느님의 의와 실정법인 로마법은 결코 하나 될 수 없습니다. 그렇기에 당대 기독교인들은 노예들을 해방시켰으며 가부장제 속에서도 여성들의 자유를 인정해 주었던 것입니다. 물론 실정법 체제 안에서 살면 좋은 것도 많습니다. 자기 삶의 안정을 보호받을 수 있습니다. 하지만 주변에는 법만을 따라 살 수 없는 사람들도 많습니다. 기륭전자, 쌍용차 노동자들, 세월호 유족들을 비롯한 수많은 이들이 그들입니다. 세종대왕상에 올라가서 세월호를 인양하라고 외쳤던 감신대 제자들에게도 총 3,500만 원의 벌금이 떨어졌습니다. 약자의 희생을 강요하는 기업, 세월호 참사에 대한 국가권력의 폭압에 맞선 결과입니다. 체제 밖의 현실을 기대하며 실정법과 맞서는 이들에게서 하느님의 의를 찾는 것이 잘못된 것일 수만은 없습니다. 로마서가 제국적인 상황에서 제국과 맞서는 삶의 방식을 그리스도안의 존재라 했다면 하느님 의의 실현을 위한 이들의 애씀이 달리 이해되어야 옳습니다. 하느님의 의, 하느님 나라가 현실 속에 선포되었고 그를 상상할 수 있다는 것이야말로 은총입니다.

이런 류의 신학은 희랍적 사변과 단절된 아우슈비츠 이후以後 신학과 맥을 같이합니다. 히틀러가 독일의 기독교인들을 추동하여 유대인들을 죽였던 것은 역사적 사실입니다. 하지만 아우슈비츠 이후 신학의 첫 번째 명제는 기독교인들이 유대인을 죽인 게 아니라 유대인들을 죽음으로 몰아간 기독교가 완전히 죽었다고 선언했습니다. 이는 영원불멸하여 인간 고통과 무관한 천상의 존재, 곧 희랍적 신관의 몰락을 뜻했습니다. 높은 곳에 계신 지존의 하느님은 아우슈비츠 사건 속에서 완전히 자취를 감췄습니다. 하지만 유대적 사유로 재탄생된 이후의 신학에서 하느님의 의는 신을 말하는 새로운 기준이 되었습니다. 그 하느님은 세상 법과의 충돌을 허용합니다. 우리에게 범법자의 길을 가라고 합니다. 하느님을 죽인 세상을 향해 저항하면서 말입니다. 이런 아우슈비츠 이후 신학은 이 땅, 우리에게 세월호 이후 신학을 요구합니다. 세월호에 냉담했으며 천국신앙으로 도피한 한국 기독교 역시 세월호 참사와 함께 사망선고를 받은 탓입니다.

마지막으로 '오직 성서'를 말할 차례입니다. 앞서 논한 '오직 믿음'이 행위와 불가분 관계에 있듯이, '오직 은총'은 반드시 저항을 동반한 개념이었습니다. 이제 다룰 '오직 성서'는 이런 저항을 가능케 하는 상상 혹은 환상에 해당되겠습니다. 한마디로 성서란 상상력의 보고라 할 것입니다. 성서를 교리적으로, 문자적으로 해석해서는 이런 뜻을 포착할 수 없습니다. 앞서 말씀드렸듯이 성서를 이해할 때에는 신앙의 눈과 의심의 눈과 자기 발견의 눈을 통해서 보아야 합니다. 그럴 경우 비로소 성서가 상상력의 원천이자 보고가 될 수 있습니다. 주지하듯 개시교의 경우 성서를 66권으로 한정했으나, 가톨릭교회는 73권을 성서로 인정합니다. 개신교보다 가톨릭의 경우 하느님 계시의 지평을 넓게 생각한 결과이겠습니다. 사실 제국의 종교가 되기 전 통용되던 성서는 이보다 훨씬 많았고 다양했습니다. 로마제국 하에서 기독교는 하나의 이념체계로 기능해야 함이 필요했고, 이를 위해 정경화 과정이 필요했었지요. 한 정치제도 속에 통일된 종교이념을 만들기 위해 다양한 경전들을 일정 기준(원칙)에 따라 취사선택을 한 것입니다. 저는 이런 과정 자체를 부정적으로만 보지 않습니다. 당시로서는 필요했던 절차였습니다. 하지만 오늘의 시점에서 정경화 과정에서 제외된 문서들을 되찾아 와야만 합니다. 본래적 기독교의 모습을 회복하는 길이자 더 큰 상상력을 얻을 수 있기 때문입니다. 솔직히 말하자면 당시 정경화의 기준은 제국적 기독교를 위한 정경의 순기능 여부였습니다. 가부장적이고 교권적이었으며 일탈을 허용치 않았기에 제외된 문서들이 많았습니다. 여성의 종교성을 강조하는 마리아복음서나 차라리 한 마리 잃은 양이 될 것을 말하는 도마복음서 등이 우선 제외되었습니다. 정경화 과정 이전에 마리아복음서를 경전으로 삼는 공동체는 여타 공동체와 공존할 수 있었습니다. 마리아복음서에서 우리는 교회의 반석이라 일컫는 베드로가 부활의 첫 증인인 마리아에게 예수 말씀을 듣고자 청원하는 모습을 볼 수 있습니다. 마리아를 통해 예수님의 말씀을 귀동냥하려는 것이지요. 제국의 종교가 되기 이전까지 마리아복음서는 결코 이단이 아니었지요. 하지만 가부장적 제국의 종교로서 기독교는 이를 배제했습니다. 도마복음서의 경우도 동일한 운명에 처했습니다. 차라리 한 마리 잃은 양이 되라고 말했던 탓입니다. 제도화된 교회, 화석화된 교리체계로부터 자유로울 것을 도마가 가르친 결과입니다. 획일적인 제국의 시대에 기독교는 이런 다양성, 급진성을 수용할 수 없었습니다. 마가복음서 역시도 정경에서 제외될 뻔했다는 것이 정설입니다. 교회의 제도화 과정에서 핵심이 된 예수 부활 이야기가 원 마가서 안에는 없었던 것입니다. 마가복음 16장 9절 이하의 부활 이야기는 2세기경에 덧붙여졌다고들 말합니다.

이런 우여곡절 끝에 성서는 정경화가 되었습니다. 이런 식이 절대적으로 옳은 것인 아니겠으나 경향성만큼은 부정키 어려울 것입니다. 말했듯이 정경화 과정 역시 필요한 일이었습니다. 하지만 66권의 성서만을 여기 있으면 진리고, 아니면 진리가 아닌 것이 아닙니다. 절대적으로 정경이라 여기는 태도 또한 문제가 많습니다. 토마스 알타이저라는 한 신학자는 이런 말을 남겼습니다. "성서 66권 안에 하느님의 계시가 완전히 있다고 믿는 제사장적 확신이야말로 우리 시대 가장 큰 미신이다." 이런 차원에서 우리는 당시 제외된 문서들의 가치를 다시 복원시켜야 합니다. 팔만대장경을 가진 불교처럼 우리의 경전을 더욱 다양하고 풍요롭게 만들어야 할 것입니다. 더 큰 상상력과 조우할 목적에서입니다. 지금보다 훨씬 다양한 길이 기독교 안에 있었음을 찾아내야만 할 것입니다. 성서에 한두 마디 기록되었다는 이유로 현실을 긍정·부정하는 단순한 문자주의적 태도는 더더욱 지양될 필요가 있습니다. 예컨대 이슬람 문제, 동성애 문제를 다룸에 있어 근본주의적 태도는 독毒이라 하겠습니다. 원복原福을 말한 신학자가 동성애를 종교(성서)가 아닌 과학의 문제로 접근하자고 제안한 것도 유념할 사안입니다.

예수 형제회에 속한 토마스 베리 신부는 역설적으로 다음처럼 말했습니다. "그간 우리 기독교인들이 성서를 너무 많이 보고 읽었으니, 이제 앞으로 한 3년간은 성서를 서고에 놓고 대신 자연만을 바라보자"라고 말입니다. 이런 놀라운 말이 수긍되는 것은 성서의 말씀 때문이겠습니다. 성서는 우리에게 들의 백합과 공중의 새를 보라고 말씀하는 탓입니다. 성서는 우리를 자연으로 초대하나 우리는 쓰여진 문자만을 읽고 있으니, 베리 신부의 말이 틀리지 않습니다. 하느님이 먹이고 입히는 자연의 신비를 보며 하느님을 느끼라 했는데 글만 보고 있으니 우리 모두는 생태맹生態盲들입니다. 그렇기에 베리 신부는 성서를 접고 자연을 보라 했습니다. 자연 속에서 지금도 계속 발생하는 하느님의 계시를 발견하라는 것입니다. 종種의 멸종 속도가 새롭게 생겨나는 속도보다 훨씬 빨라서 그렇지, 종의 생성과정 속에서 계시적 사건은 지금도 계속 일어난다 하겠습니다. 한국서 가장 유명한 천체물리학자의 말을 소개합니다. 그는 지구가 위치한 태양계의 크기를 전 우주에 견줘 다음처럼 비유했습니다. "거대한 지리산 자락에 눈썹 하나 떨어진 정도"로 말입니다. 전 우주가 지리산 자락이라면 지구가 속한 태양계를 눈썹 하나 크기로 본 것입니다. 외계인이 연대신학의 한 주제가 되는 것도 이런 이유에서입니다. 외계인이 있다는 사실을 누구도 부정할 수 없게 된 것입니다. 과학을 통해서도 우리는 우주의 신비를 옳게 충분히 이해할 수 없습니다. 그렇기에 이전보다 더 많이 자연을 살필 일입니다. 물론 과학을 통해서 그리 해야 되겠지요. 자연은 하느님의 또 다른 계시지평입니다. 그래서 과학과의 대화는 신학의 핵심과제라 할 것입니다.

이제 마지막으로 인도 신학자 파니카 신부의 말대로 '자기 발견의 눈'을 가지고 자기 종교에서 없는 것을 이웃 종교들 속에서 발견할 과제가 남았습니다. 상상력의 보고로서 '오직 성서'는 이웃 종교 속에서도 의미를 갖습니다. 앞서 우리는 세계관과 종교의 관계가 물과 물고기 관계라고 했습니다. 물이 달라지면 물고기도 달라지듯이 세계관이 달라지면 종교도 달라집니다. 주지하듯 세계관의 핵심은 바로 자연, 곧 풍토에 있습니다. 풍토에서 종교의 성격이 규정되는 경우가 많지요. 어떤 자연환경에서 사는가에 따라서 인간이 자기를 이해하는 방식도 달라지고 종교 이해도 변하는 탓입니다. 힌두교와 불교는 몬순형 풍토에서 비롯했습니다. 업이나 윤회 관념도 이들 지역의 산물이지요. 사막형 풍토는 히브리적 종교를 잉태했습니다. 생존을 위해 강력한 의지가 필요했던 이 지역 사람들은 초자연적인 초월신이 필요했을 것입니다. 목장형 풍토(희랍)에서는 종교보다는 철학이 발달했지요. 자연을 질서(cosmos)라 여길 정도로 합리성이 인간 자기 이해의 본질이 된 결과입니다. 이후 유럽 문명의 중심이 북서부로 이동되면서 또 다른 종교성이 발달했습니다. 일조량이 부족한 탓에 자기 내면으로 침잠하는 일이 잦았기 때문이지요. 신비주의 전통이 강해진 것도 이런 차원입니다. 히브리적 초월신관이 희랍 토양과 만나 가톨릭 자연신학 전통을 만들었고 이것이 독일식 신비주의와 접하여 개신교 신학의 모태가 되었다는 것이 정설입니다. 물론 종교가 풍토로 인해 결정된다는 풍토결정론을 강조할 필요는 없겠으나 이를 부정할 수도 없는 노릇입니다. 그렇다면 이제 우리는 종교개혁 500년을 맞아 히브리적 종교성이 아시아적 풍토에서 어찌 재구성될 것인 지를 물어야겠습니다. 새로운 기독교의 탄생을 기대하면서 말입니다. 가톨릭 신학과 개신교적 기독교 이후의 신학을 물어야겠습니다. 이를 위해 자기 발견적 해석학(觀)이 필요합니다. 특히 아시아 종교들 속에서 성서에 부재한 새로운 가치를 묻고 찾는 일이 중요해졌습니다. 서구적 기독교로부터 희망을 말하는 것이 이리 버겁다면 이제 아시아적 기독교로부터 평화와 공존을 구할 수도 있습니다. 아시아적 경전들 역시도 '오직 성서'의 지평에서 적극 수용되어 그 뜻이 재발견될 수 있기를 소망합니다.

길 위의 사제들과 수도원의 수행자들

–가톨릭 사회 참여의 두 원리

송용민 신부(인천가톨릭대학교 교수)

1. 가톨릭교회의 사회 참여 배경

모든 종교는 인간 실존의 유한성인 죄와 고통, 죽음을 넘어서 영원성에 대한 희망에 대해 말한다. 종교인이란 이 영원성의 희망이 바로 자신을 포함한 인류와 피조물 전체의 해방, 자유, 평화, 곧 '구원'임을 믿고, 이 희망의 근거이자 만물의 근원인 하느님(神) 혹은 영원한 신비(空, 道)와의 인격적 만남을 통해 참된 자아를 찾을 뿐만 아니라, 시간과 세상 속에서 함께 살아가는 타자(이웃)와 함께 영원을 향한 순례의 여정에 있는 사람을 말한다.

그리스도교는 나자렛 사람 예수의 인격 안에서 신적 구원의 신비가 세상과 역사 안에서 드러났음을 고백하고, 죽음을 넘어서는 영원한 생명을 예수 그리스도의 부활 안에서 찾는 종교이다. 따라서 그리스도인이란 구원의 희망을 나자렛 사람 예수의 가르침과 삶 안에서 찾고, 예수를 그리스도(구원자)로 고백하며, 부활 신앙을 통한 하느님과의 일치를 인류의 궁극적 구원의 길로 고백하는 종교인이다.

가톨릭교회는 제2차 바티칸 공의회(1962~65) 이후 세상과는 차별화된 '완전 사회체'(societas perfecta)라는 고립된 교회상을 버리고, 세상 속의 교회, 세상에 파견된 교회로 정체성을 되찾고 있다. 교회는 삼위일체이신 하느님의 사랑과 구원의 신비를 체험한 신앙인들의 공동체이자, 하느님의 백성으로서 "하느님과 이루는 깊은 결합과 온 인류가 이루는 일치의 표징이자 도구"(교회헌장 1항)로 자신을 이해하고 있으며, 교회는 하느님의 나라와 동일하지는 않지만, 하느님 나라를 온 세상에 선포하도록 파견되었고(마태 28,22 참조) 세상의 빛과 소금(마태 5,13-14)으로서 하느님 백성을 위해 봉사하고 섬기는 교회의 위상을 되찾고 있다.

특별히 가톨릭교회가 공의회 이후 주목하고 있는 점은, 그리스도의 복음이 선포되는 현실세계이며, 이 현실세계가 20세기 이후 다양한 사회적, 문화적, 정치적 패러다임 변화 속에서 이전 세기와는 차원이 다르게 급변하며 다원화되고 있는 현대 세계라는 점을 자각한 것이다. 따라서 현실세계에 대한 이해는 곧바로 복음을 선포해야 하는 교회의 과제이자 의무이며, 교회는 "세상의 징표들을 올바로 읽고, 이를 복음의 빛으로 해석"(사목헌장 4항)해야 하는 본연의 소명을 의식하게 되었다.

최근 한국사회는 근대사의 해묵은 정치적 적폐청산이라는 표어를 내걸고 거짓과 모순, 억압과 폭력의 구조적 문제에 맞서 이념적 해법을 찾기 위해 몸살을 앓고 있다. 한국 근대사의 주역들이 지닌 성공 신화와 이 신화의 뒷면에 가려진 왜곡된 민주주의와 정경유착의 병폐가 언론을 통하여 속속히 밝혀지면서 해묵은 이념논쟁이 다시 불붙고 있다는 인상을 지울 수가 없다. 이런 점에서 작금 한국사회의 정치적, 사회적 혼란과 모순, 양극화에 따른 경제적 불평등의 가중, 하느님의 모상(창세 1, 22 참조)인 인간의 존엄성이 유린되는 사회 현실들은 교회가 결코 외면하거나 무관심의 대상이 아니라, 복음적 가치에 대한 손상과 하느님 나라의 구현을 가로막는 개혁과 쇄신의 대상이며 교회가 세상 속에서 겪는 아픔이기도 하다. 하느님 백성인 교회의 구성원 역시 세상 속에서 생생한 악의 현실을 목격하고 마주해야 하는 현존재이기 때문이다. 제2차 바티칸 공의회『현대 세계의 교회에 관한 사목헌장(기쁨과 희망)』1항에서는 다음과 같이 밝히고 있다.

기쁨과 희망(Gaudium et Spes), 슬픔과 고뇌, 현대인들 특히 가난하고 고통받는 모든 사람의 그것은 바로 그리스도 제자들의 기쁨과 희망이며 슬픔과 고뇌이다. 참으로 인간적인 것은 무엇이든 신자들의 심금을 울리지 않는 것이 없다. 그리스도 제자들의 공동체가 인간들로 이루어져 있기 때문이다. 그리스도 안에 모인 그들은 하느님 아버지의 나라를 향한 여정에서 성령의 인도를 받으며, 모든 사람에게 선포하여야 할 구원의 소식을 받아들였다. 따라서 그리스도 제자들의 공동체는 인류와 인류 역사에 긴밀하게 결합되어 있음을 체험한다.

가톨릭교회가 현대 세계가 드러내는 다양하고 긴급한 사회 문제에 대하여 적극적으로 대처하고 예언자적 목소리를 내는 것은 교회가 선포하는 예수 그리스도가 "말씀이 사람이 되시어 우리 가운데"(요한 1,14) 사신 분이시며, 이 세상은 하느님 육화와 강생의 자리이자 마침내 구원되어 하느님의 영광을 드러내야 할 자리이기 때문이다. 따라서 세상에 파견된 교회 안에서 각기 서로 다른 성령의 은사를 받은(1코린 12,1-8 참조) 하느님 백성들은 저마다 고유한 방식으로 세상에 봉사하고, 삶의 권위와 표양으로 그리스도의 복음을 증언하고, 현실세계가 드러내는 다양한 문제들과 악의 영향들과 맞서 복음의 기쁨을 살고, 선포하도록 부름을 받았다.

이런 의미에서 가톨릭교회의 사회 참여는 흔히 말하듯 정교분리의 원칙과 달리 교회가 정치에 관여하는 행위가 아니며, 세상의 질서가 그리스도의 복음 정신으로 쇄신되도록 요청하는 예언자 직무의 수행이며, 비구원의 현실 속에서 예수 그리스도께서 선포한 진리와 사랑, 정의와 평화가 하느님의 진리임을 드러내야 하는 선교적 소명을 수행하는 것이다. 그렇다고 사회 참여가 단순히 대 사회적인 활동을 통한 세상의 변혁을 찾는 교회의 활동만을 뜻하지는 않는다. 오히려 넓은 의미에서 사회 참여는 세상에 오시어 그리스도를 통하여 육肉을 취하신 하느님의 강생의 신비를 깊이 성찰하고, 복음의 신비에 깊이 참여하는 수행이며, 이러한 가톨릭의 수행 전통은 외적인 교회의 활동을 지탱해 주는 오랜 수도원 전통을 통해 이어지고 있다.

2. 사회 참여의 기초: 수행자로서의 예수

그리스도인이 세례를 통하여 성령께 받은 예언자 직무는 예수 자신으로부터 유래한다. 그리스도인은 스스로 깨달은 진리에 대한 사명이 아니라, 예수가 하느님께 자신을 바쳐 자신을 십자가에 봉헌하면서 가난하고 소외된 이들을 섬기며, 하느님 나라의 도래를 선포하며 수행하신 사제직과 예언직 직무에 동참하는 것이다. 따라서 가톨릭 신자의 사회 참여는 예수의 복음 정신으로부터 벗어나 수행되지 않는다.

예수는 무엇보다 먼저 하느님 앞에 선 종교적 인간의 원형으로서 수행자의 모습을 보여주었다. 그는 먼저 이스라엘 백성들이 하느님의 백성이 되기 위해 40년간 유랑생활을 했고, 예언자들이 하느님의 말씀을 듣기 위해 머문 광야로 나가 사탄의 유혹을 받았고, 인간의 약점인 재물욕과 명예욕, 교만과 위선의 벽을 허물고 하느님과의 일치를 체험했다.(마태, 4,1-4; 마르 1,12-13; 루카 4,1-13 참조) 그리고 제자들과 함께 공생활을 하는 기간 동안 말씀과 행적으로 백성들을 이끌며 위대한 예언자로 칭송을 받을 때마다 늘 외딴 곳이나 산으로 들어가 밤새 하느님께 기도하며 하느님의 뜻을 찾았다.(마태 14,23; 마르 1,35; 루카 6,12 참조) 그리고 마침내 인류의 죄악을 대신하여 하느님께 자신을 바치는 마지막 순간에도 자신의 뜻이 아니라 "아버지께서 원하시는 대로 하십시오"(마태 26,39)라고 기도했다.

예수의 기도 수행은 언제나 세 가지 지향점을 갖고 있었다. 무엇보다 먼저 세상에 파견된 자신이 하느님의 뜻에 맞게 살아갈 수 있도록 기도했고,[1] 자신을 따르는 제자들에 세상의 논리가 아니라 하느님의 진리 안에 머물기를 기도했으며,[2] 하느님 백성 모두가 일치하기를 청하셨다.[3] 더욱이 세상에 파견되어 봉사하기 위해 먼저 해야 할 수행의 기도는 빈말을 되풀이하거나 자기과시가 아닌, 골방에 숨어 하느님과의 내밀한 일치 안에서 이루어져야 한다는 점도 강조하였다.(마태 6,5-7 참조)

예수의 기도 수행은 복음이 지닌 사회적 차원을 실천하는 원천이었다. 예수는 자신이 선포한 복음이 모든 인간을 향한 하느님의 인격적 사랑의 계시啓示이며, 인간을 하느님의 영원한 생명에로 초대하는 부르심임을 자각하였다. 제자들이 하느님을 뵙게 해달라고 청했을 때 예수는 "나를 본 사람은 곧 아버지를 뵌 것이다"(요한 14,9)라고 하며, 자신의 말씀과 업적을 통해 하느님의 말씀이 세상에 실현되고 있음을 자각하였고, 이 점은 예수의 구원 활동이 인간의 영적인 차원을 넘어 "사람들 사이의 사회적 관계도 구원하신다"(『간추린 사회교리』 52항)는 점을 확인해 준다.

예수의 복음 선포는 분명히 인간 증진을 향한 하느님 사랑과 이웃 사랑이 상호 연관되어 있으며, 복음의 사회적 차원을 명확하게 보여준다.

---

1 "아버지, 때가 왔습니다. 아들이 아버지를 영광스럽게 하도록 아버지의 아들을 영광스럽게 해주십시오."(요한 17,1)

2 "제가 세상에 속하지 않은 것처럼 이들도 세상에 속하지 않습니다. 이들을 진리로 거룩하게 해주십시오. 아버지의 말씀이 진리입니다. 아버지께서 저를 세상에 보내신 것처럼 저도 이들을 세상에 보냈습니다."(요한 17,16-18).

3 "저는 아버지께 갑니다. 거룩하신 아버지, 아버지께서 저에게 주신 이름으로 이들을 지키시어, 이들도 우리처럼 하나가 되게 해주십시오."(요한 17,21)

> 주님께서 나에게 기름을 부어 주시니 주님의 영이 내 위에 내리셨다. 주님께서 나를 보내시어 가난한 이들에게 기쁜 소식을 전하고 잡혀간 이들에게 해방을 선포하며 눈먼 이들을 다시 보게 하고 억압받는 이들을 해방시켜 내보내며 주님의 은혜로운 해를 선포하게 하셨다.(루카 4장 18절-19절)

복음서의 예수 이야기에는 언제나 치유와 해방, 용서와 자비의 이야기로 가득 차 있다. 당시 유다 사회에서 소외되고 버림받은 사람들, 곧 중풍병자, 나병환자, 눈먼 이, 귀 먹은 이, 간음하다 붙잡힌 이, 과부와 고아, 세리 등은 유다인의 율법에 어긋나는, 한마디로 하느님 나라에 들어갈 자격이 없거나, 아무런 법적 보호나 경제적 생존이 보장될 수 없었던 이들이었다. 예수는 언제나 이들과 함께 있었고, 그들이야말로 새롭게 불러 모을 하느님 백성으로서 진심으로 하느님의 나라가 오기를 갈망하는 이들이었기에 예수는 이들에게 먼저 "하느님 나라가 가까이 왔다"라고 선포하였다. 심지어 최후의 심판 때에 하느님 나라에 들어갈 기준은 "너희가 내 형제들인 이 가장 작은이들 가운데 한 사람에게 해준 것이 바로 나에게 해준 것이다"(마태 25,40)임을 명확히 밝히며, 자신을 가장 작고 보잘 것 없는 이들과 동일시했다.

3. 가톨릭 사회 참여의 두 가지 길

1) 감각의 정화와 복음적 삶의 수도원 전통

수행은 종교적 이상을 실현하는 길이자, 세상 속에 살아가는 한 인간으로서의 영적인 자기 수행은 물론, 관계를 맺고 있는 이웃과 피조물의 세계의 구원을 위한 사회적 차원으로 확장되어야 한다. 수행이 세상으로부터의 도피나 자기의 편협한 세상에 머물기 위한 수단이 되는 순간 수행은 종교적 보편성을 상실한다.

가톨릭의 사회 참여는 단순히 활동 중심의 사회적 실천만이 있는 것이 아니다. 모든 외적인 활동은 언제나 영적인 기반으로부터 나오기에 수행의 기초는 예수가 보여주었듯이 기도와 명상, 묵상의 전통적인 수행 방식으로부터 시작되어야 한다.

모든 종교가 추구하는 내적 평화와 안정은 감각의 정화를 위한 명상의 전통으로부터 시작된다. 명상(meditation)은 본래 라틴어 '메디타리(meditari)', 곧 '주의하다, 밤새우다, 마음으로 생각하다'에서 나왔으며, 영성적인 의미로 '단련하다, 익숙해지다'라는 의미를 갖는다. 동양 종교들이 모든 생각과 의식의 기초를 고요한 내면의식에서 보고, 순수한 내면의식으로 자연스럽게 몰입하게 자아의 내면에로 집중하여 존재의 근원적 의미를 찾아가는 명상법을 강조해 온 반면, 서구의 계시 신앙에 바탕을 둔 그리스도교는 인간의 사고력을 초월하여 초자연적인 실재의 세계로 이끌어 주는 하느님의 현존에 대한 의식을 강조하면서 인간이 하느님을 섬기고 사랑 안에 하나가 되는 인격적인 일치를 지향하는 묵상의 수행 전통이 발전되어 왔다.

가톨릭의 묵상은 하느님의 신비를 찾는 영적 감각을 필요로 한다. 그리스도교는 인간이 '개별적이고 인격적인 존재로서, 영혼과 육신이 분리됨이 없이 완전히 하나로 결합된 살아 있는 생명체이기에[4] 유한한 생명을 유지하는 육체적 존재이지만, 유한을 넘어 무한을 향한 정신적 초월에로의 도약을 감행할 수 있는 영적 존재임을 강조한다. 더욱이 '하느님의 모상'[5]인 인간은 자신의 존재 목적을 신의 영원성 혹은 '형언할 수 없는 무한한 신비'에로 개방되어 있는 '세계 내 정신적 존재'(칼라너)로 이해되기에 가톨릭교회는 "하느님을 향한 갈망은 인간의 마음 속 깊이 새겨져 있다. 인간은 하느님을 향하여, 하느님으로부터 창조되었기 때문이다. 하느님께서는 늘 인간을 당신께로 이끌고 계시며, 인간이 끊임없이 추구하는 진리와 행복은 오직 하느님 안에서만 찾을 수 있다"[6]라고 가르친다.

이런 점에서 가톨릭 영성의 중심에는 "하느님의 숨결과 기운, 곧 창조와 갱신을 이루시는 하느님의 '영'(성령)이 인간의 영을 일깨우고, 성장시키며, 신적 본성과의 일치로 이끄시도록 자기 비움의 태도가 요청된다. 곧 욕망의 덫에서 벗어나, 마음을 비우고, 성령께 자신을 맡겨 존재의 본래 목적인 '거룩한 신비이신 하느님'과의 일치를 이루고, 세상 속에서 하느님의 신비를 찾으며 이웃 사랑을 실천하는 영적 인간이 되는 여정이 가톨릭의 영적 수행의 기초이다.

가톨릭의 오랜 영적 수행 전통의 바탕은 예수의 복음적 요청이다. "너희 아버지께서 자비하신 것처럼 너희도 자비로운 사람이 되어라"(루카 6,36), "하늘의 너희 아버지께서 완전하신 것처럼 너희도 완전한 사람이 되어야 한다."(마태 5, 48) 그리고 이 복음적 요청에 따라 하느님

4 창세 2,7: "주 하느님께서 흙의 먼지로 사람을 빚으시고, 그 코에 생명의 숨을 불어넣으시니, 사람이 생명체가 되었다."

5 창세 1,26: "우리와 비슷하게 우리 모습으로 사람을 만들자."

6 『가톨릭교회교리서』, 한국천주교중앙협의회, 2003, 27항.

의 말씀에 귀 기울이는 가톨릭의 오랜 수행법으로 성경의 말씀을 깊이 묵상하는 전통이 있다. 이른바 '렉시오 디비나'lectio divina, '하느님의 거룩한 말씀을 읽기'는 가톨릭의 수도승 전통에서 유래한 것으로, 일상에서 하느님 말씀을 묵상하는 영적 수행의 방식이다.[7] 묵상은 성경을 읽는 나와 말씀하시는 하느님 사이의 관계의 체험을 중요시하여, 관계를 형성하는 주도권을 하느님께서 갖고 계심을 깨달음으로써 속됨 안에서 거룩함을 체험하고, 속된 세상을 거룩함으로 변용시켜 주는 하느님의 사랑과 자비를 체험하는 것이다. 이는 성경에 담긴 하느님 말씀을 읽음으로써 내 삶이 하느님의 말씀인 성경이 되는 수행의 여정이며, '말씀의 자기 복제의 여정'이라고 부르기도 한다.[8] 이런 의미에서 '거룩한 독서'를 통하여 가톨릭이 추구하는 영성의 목표는 "하느님의 현존 아래 깨어 살기, 끊임없이 기도하기, 말씀을 탐구하되 말씀이 나 자신을 탐구하시게 하기, 내 삶에 의문을 제기할 수 있도록 내 존재를 형성할 수 있도록 허심虛心하기, 하루 전체의 모든 구체적 순간과 장소를 통해 생기는 일들 속에서 하느님을 증언(martyria)"[9]하는 것이기도 하다.

가톨릭교회의 이러한 영적 수행의 전통은 이미 그리스도교 초기부터

---

7 '렉시오(lectio)'란 본래 '낭독', '가르침', '수업'을 뜻하는 용어인데, 가톨릭의 수도승 전통 안에서 하느님의 말씀을 듣는 일상적인 수행 방식으로, 본래는 하느님께 바치는 거룩한 예배(전례) 행위에서 성경을 읽는 것을 뜻한다. 참조: 이연학, 『성경은 읽는 이와 함께 자란다: 거룩한 독서의 원리와 실천』, 성서와 함께, 2006,

8 이연학, 『성경은 읽는 이와 함께 자란다』, p.28.

9 이연학, 『성경은 읽는 이와 함께 자란다』, p.24.

사막교부들로부터 시작한 은수생활과 공동체를 이루어 수도원에서 엄격한 규칙과 고행을 통해 내적 감각을 정화하고 수행하는 수도 전통을 이어왔다. 이른바 가톨릭의 출가 수도자들은 초대 교회의 이상을 추구하며[10] 노동과 기도를 중심으로 하는 단순하고 고요한 자기 비움의 삶을 찾았다.[11]

가톨릭교회는 수도원의 수행자들이 추구하는 관상생활은 단순히 세상과의 분리되어 영혼구원에 매달리는 것이 아니라, 하느님께 자신을 특별한 방법으로 봉헌하여 그리스도의 삶에 동참하고자 하는 것이

10 "신자들은 모두 함께 지내며 모든 것을 공동으로 소유하였다. 그리고 재산과 재물을 팔아 모든 사람에게 저마다 필요한 대로 나누어 주곤 하였다. 그들은 날마다 한마음으로 성전에 열심히 모이고 이 집 저 집에서 빵을 떼어 나누었으며, 즐겁고 순박한 마음으로 음식을 함께 먹고, 하느님을 찬미하며 온 백성에게서 호감을 얻었다."(사도 2,44-47)

11 가톨릭의 수도원 수행 전통은 안토니오 성인(250~356)의 은수생활과 베네딕토 성인(480~560)이 수도원이란 분리된 공간에서 공동체와 함께 정주定住하며 엄격한 규칙에 따라 청빈, 정결, 순명의 삶을 서원하고 '노동과 기도(Ora et Labora)'를 통해 수행하는 전통에서 시작되었다. 15세기에는 교회 역사 안에서 중세 수도원의 부패와 세속화에 따라 수도원 개혁운동이 일어났고, 아씨시의 프란치스코 성인(1182~1226)은 수도원을 벗어나 걸식하고 여행하며 가난을 실천하는 '탁발'(mendicants)의 삶을 추구했고, 이냐시오 로욜라(1491~1556)와 아빌라의 대 데레사(1515~1582)는 각기 세상 속에서 하느님의 표징을 읽고 하느님 나라 실현을 위한 활동과 영적 수행의 봉사적 삶을 추구하였다. 17세기에는 수도자들이 수도원에 갇혀 있는 것이 아니라, 세상 속으로 나와 가난한 이들을 섬기는 자비의 수행으로 전파되어 빈첸시오 아 바울로(1580~1660)가 세속 안에서 자비의 수행을 전개해 왔다. 참조: 김승혜, 「한국종교와 대화문화」, 『불교와 그리스도교의 수행』, 바오로딸, 2005, pp.35~71.

다. 이는 진정한 의미의 사랑의 시작이며, 출가하여 '청빈, 순명, 정결'의 공적 서원을 통하여 관상생활, 공동체생활, 노동을 통한 자급자족의 실천, 기도를 통한 선교활동을 지향하며, 이로써 그리스도와 결합됨으로써 교회생활의 풍요로운 사도직 전통을 이끌어내는 원천이 된다.[12]

물론 가톨릭 수도원 전통은 관상생활에만 머물지 않고, 적극적인 사회 참여의 형태로 발전해 왔다. 오늘날 수많은 수도자들이 세상 속의 복음화를 위하여 교육사업, 병원사업, 사회복지사업, 빈민사목, 본당사목, 해외선교, 교포사목 등의 사회의 다양한 분야에 참여하여 자비와 섬김의 수행을 실천하고 있고, 이런 수도자들의 활동의 근간에는 언제나 하느님과의 완전한 일치를 향한 영적 감각의 성장에 있다.[13]

---

12 "온전히 관상을 지향하여 그 회원들이 고독과 침묵 가운데 끊임없이 기도하고 기꺼이 보속하며 하느님께만 자신을 봉헌하는 단체는, 아무리 활동 사도직이 절실하게 요청되더라도, '그 지체가 모두 같은 기능을 하고 있지 않지만'(로마 12,4) 그리스도 신비체에서 언제나 뛰어난 몫을 맡는다. 이 단체들은 하느님께 탁월한 찬미의 희생을 바치며, 하느님 백성을 성덕의 풍부한 열매로써 비추어 주고, 모범을 보여 감동시키며, 풍요로운 사도직으로 그들을 발전하게 하기 때문이다." 제2차 바티칸 공의회 문헌, 『수도생활 교령』, 한국천주교주교회의, 2002, 7항.

13 "사도직 활동과 자선 활동은 수도생활의 본질이며, 이들은 교회에서 거룩한 봉사와 사랑의 고유한 활동을 교회의 이름으로 실천하도록 위임받은 것이다. 그러므로 회원들의 수도생활 전체는 사도 정신으로 충만하여야 하며, 사도직 활동 전체는 수도 정신으로 이루어져야 한다. 따라서 회원들이 무엇보다 먼저 그리스도를 따라야 할 자기 소명에 응답하고 그리스도의 지체들 안에서 바로 그리스도를 섬기려면, 그리스도와 내밀한 일치를 이루며 사도직 활동을 하여야 한다. 이렇게 하여 바로 하느님과 이웃에 대한 사랑이 자라나는 것이다." 『수도생활 교령』, 8항.

프란치스코 교황은 회칙 『복음의 기쁨』에서 "진정한 사랑은 관상적"이라고 강조하며 "다른 이를 '어떤 의미에서 나 자신과 하나'라고 여기며 다른 이를 향하여 쏟는 관심"[14]을 통해서 복음이 지닌 참된 가치를 세상에 드러낼 수 있다고 강조한 바 있다.

2) 그리스도의 직무에 참여하는 길 위의 사제들

'사제'는 그리스어로 '프레스비테로스', 라틴어로 '사체르도스Sacerdos', 영어로 '프리스트Priest'라고 하고, 성경에 따르면 '장로長老'를 의미한다.[15] 가톨릭의 사제는 '성품성사聖品聖事'를 통하여 사제의 품위를 받으며, 주교로부터 파견 받아 그리스도의 대리자로서 미사성제를 거행하고, 주교의 협력자로서 복음 전파를 위해 일생동안 봉사하는 이를 지칭한다. 가톨릭 교리에 따르면, 역사 속에서 예수는 하느님 나라의 도래를 선포하면서 먼저 제자들을 부르고 뽑아 세웠으며(마태 4,19; 마르 1,17; 루카 5,10 참조), 그들에게 당신 교회를 건설하고 인도하는 특별한 권한을 맡기셨으며(마태 16,18-19; 28,18-20), 이를 위해 제자들이 신앙 공동체인 교회 안에서 보이지 않는 하느님의 은총을 신자들에게 끊임없이 전달할 수 있도록 성사(聖事, sacramentum)라는 참된 표징을 세우셨고, 제자들은 기도와 안수를 통해 이러한 교회의 직무인 사제직을 통하여 이를 전수해 왔다고 가르친다.[16]

14 교황 프란치스코, 회칙 『복음의 기쁨』, 한국천주교주교회의, 2014, 199항.

15 K. Backhaus, "Priester, Neues Testament", in: Lexikon für Theologie und Kirche, Bd. 8, 564.

16 Cf. G. Greshake, ""Priester, Historisch-theologisch", in: Lexikon für Theologie

따라서 가톨릭의 사제는 단순히 교회 공동체를 인도하는 교역자의 역할에 국한되지 않고, 독신생활과 순명을 약속함으로써 자신을 온전히 하느님께 봉헌하며 살고자 한다.[17] 이들 가운데에는 청빈, 정결, 순명을 약속하는 수도원 전통에 머물면서 사제 직무를 수행하는 수도회 소속 사제가 있고, 세속 질서 안에서 신자들과 더불어 살면서 해당 지역의 교구敎區에 소속을 두고 관할 내에서 교구장 주교에 순명하면서 사제 직무를 수행하는 교구 사제가 있다.

가톨릭 사제는 제2차 바티칸 공의회 이후 '세상 속의 교회'를 강조하면서 사제 직무의 중심이 미사를 봉헌하는 제사장으로서의 사제만이 아니라, 세상 속에서 신자들의 영적 돌봄과 사회 복음화를 지향하는 '사목司牧'에 대한 관심으로 이동하였다. 따라서 가톨릭 사제는 평신도들이 지닌 보편적인 사제직, 곧 세상 속에서 복음을 실천하는 소명과 일치하여 교회 안에서 봉사하며, 세상의 소외된 이들을 위한 사회 복음화에 앞장서도록 요청받고 있다.

사회 복음화는 그리스도 신앙이 지닌 하느님의 인류를 향한 사랑에 바탕을 둔다. 하느님은 이집트에서 종살이하는 이스라엘 백성들의 탄원을 들었고,[18] 구약의 비탄에 빠진 백성들의 목소리를 들었으며,[19]

---

und Kirche, Bd. 8, pp.564~567.

17 "사제는 진리의 옹호자이며 천사들과 함께 일어서고 대천사들과 함께 찬양하며, 하늘의 제대에 희생 제물이 오르게 하고 그리스도 사제직에 참여하며 인간의 면모를 새롭게 하여 하느님의 모습을 드러내고 저 높은 곳을 위하여 일합니다. 나지안조의 성 그레고리오, 『강론집』 2, 73:SC 247, 186: 『가톨릭교회교리서』, 1589항.

18 "나는 이집트에 있는 내 백성이 겪는 고난을 똑똑히 보았고, 작업 감독들 때문에

바빌론 유배로 상심한 백성들을 다시 구원하기 위해 세상에 오시어 예수 그리스도를 통하여 인류 구원의 빛이 되어 오셨다. 예수는 가난한 이들을 위한 자비의 실천이 하느님 나라에 들어갈 조건임을 상기시켰고,[20] 제자들은 나눔과 희생이야말로 그리스도를 만나는 길임을 확신하였다.[21]

가톨릭교회는 최근 프란치스코 교황이 발표한 회칙 『복음의 기쁨』을 통해서 가난한 이들과의 연대성을 강조하고 "자비의 복음과 인간 사랑으로 인도되는 교회는 정의를 요구하는 울부짖음을 듣고 있으며, 온 힘을 다 기울여 그 부르짖음에 응답"[22]할 것을 평신도와 사제들에게 강조하고 있다. 또한 그리스도의 복음이 지닌 보편성은 "인간 전체와 인류 전체"를 위한 것이며, 개인적 사회적 차원의 구체적인 인간생활의 지속적 상호작용을 고려하지 않는 복음화는 완전할 수 없다는 점을 분명히 한다.[23]

울부짖는 그들의 소리를 들었다. 정녕 나는 그들의 고통을 알고 있다. 내가 그들을 구하러…… 내려왔다. 내가 너를 보낸다."(탈출 3,7-8.10).

19 "그가 비참한 삶 속에서 여러분을 저주하면 그를 만드신 분께서 그의 호소를 들어 주실 것입니다"(집회 4,6 참조)

20 "너희가 내 형제들인 이 가장 작은 이들 가운데 한 사람에게 해준 것이 바로 나에게 해준 것이다"(마태 25,40). "너희는 먼저 하느님의 나라와 그분의 의로움을 찾아라. 그러면 이 모든 것도 곁들여 받게 될 것이다"(마태 6,33).

21 "누구든지 세상 재물을 가지고 있으면서도 자기 형제가 궁핍한 것을 보고 그에게 마음을 닫아 버리면, 하느님 사랑이 어떻게 그 사람 안에 머무를 수 있겠습니까?"(1요한 3,17).

22 회칙 『복음의 기쁨』, 153항.

23 회칙 『복음의 기쁨』, 181항.

"가톨릭교회는 교리의 성찰 단계든 실천 단계든 사회 분야에서 다른 교회들과 교회 공동체들의 노력에" 기꺼이 동참합니다. …… 모든 국가의 자율과 문화를 온전히 존중하지만 우리는 지구가 온 인류의 것이고 온 인류를 위한 것임을 결코 잊지 말아야 합니다. 어떤 사람들이 자원이 부족하고 발전도 제대로 이루어지지 않은 나라에서 태어났다고 하여 그들이 인간답지 못하게 살아가는 사실이 정당화되지는 않습니다. "남보다 잘 사는 사람들은 자기 재산을 남들이 이용할 수 있도록 너그러이 일정한 자기 권리를 양보해야" 합니다.[24]

가톨릭 사제들은 이런 사회 복음화의 정신을 세상 속에서 실천하도록 요청받고 있다. 현대문명의 폐해로 인해 상처받기 쉬운 이들, 특히 노숙자, 중독자, 난민, 토착민, 점점 더 소외되고 버림받는 노인들에 대한 관심과 여성의 인권 문제, 태아의 생명에 대해서도 강조해 왔으며, 버림받은 이들을 위한 헌신적 삶을 실천한 이들을 높이 평가해 왔다.[25] 또한 공동선과 사회 평화를 이루고, 자본주의 사회 속에서 경제와 소득분배의 정의는 물론, 가난한 이들의 사회통합, 인권에 대한 사회의 요구도 강조해 왔다.[26]

24 회칙 『복음의 기쁨』, 19항.

25 회칙 『복음의 기쁨』, 209항-216항; 교회 역사 안에서 중세 청빈운동을 통해 복음적 교회를 다시 세운 아씨시의 성 프란치스코는 물론, 최근 캘커타의 성녀 마더 데레사, 남수단에서 사랑을 실천한 이태석 신부 등을 꼽을 수 있다.

26 "저는 진실하고 효과적인 대화를 나누어 이 세상에서 악의 외양만이 아니라 가장 깊은 악의 뿌리를 치유할 수 있는 정치인들을 더 많이 보내 주시도록

그리스도교는 종교적 관심을 개인의 내밀한 영역이나 사적인 영역에 국한하지 않고, 영혼의 구원을 위한 것만이 아님을 강조하면서, 인간 존재가 세상 안에서 사회 질서와 공동선 추구를 통하여 이루는 전인적 구원의 가치 역시 소중하게 여겨 왔다. 하느님은 세상을 창조하시고, 섭리하시며, 죽음의 권세를 이기고 부활하신 그리스도를 통하여 세상 안에서 활동하고 계시기에 인간은 하느님의 부르심에 대한 개인적인 응답만이 아니라, 세상 속에 살아 계신 하느님을 사랑하라며, 보편적인 형제애, 정의, 평화, 인간의 존엄성의 회복을 통해 예수 그리스도가 선포한 하느님의 나라를 찾아야 한다. 그리스도인의 사명은 "온 세상에 가서 모든 피조물에게 복음을 선포하는"(마르 16,15) 것이며, 이는 피조물을 포함한 하느님이 지으신 "공동의 집"을 돌보는 것이기도 하다.[27]

따라서 최근 거리로 나서 사회적 정의와 인권 회복을 위해 투신하는 사제들은 철저하게 복음의 정신을 실천하려는 가톨릭 사회 참여의 면모를 보여주는 이들이다. 교회는 "정의를 위한 투쟁에서 비켜서 있을 수 없으며 그래서도 안 된다"[28]는 것을 확신한다. 사제는 현재의 시간(크로노스, Cronos)을 넘어서는 하느님의 영광의 시간(카이로스,

---

하느님께 간청합니다. 정치는 흔히 폄하되기는 하지만, 공동선을 추구하는 것이므로 매우 숭고한 소명이고 사랑의 가장 고결한 형태입니다. 회칙 『복음의 기쁨』, 205항.

27 참조: 교황 프란치스코, 회칙, 『찬미받으소서』, 한국천주교주교회의, 2015.

28 교황 베네딕토 16세, 회칙 『하느님은 사랑이십니다』, 한국천주교주교회의, 2010, 28항.

Kairos)을 바라보기에 현재적 질서에 타협하지 않고, "천사 같은 순수주의, 상대주의의 독재, 공허한 미사여구, 현실과 동떨어진 목표, 반역사적 근본주의, 선의가 없는 도덕주의, 지혜가 없는 지성주의 등을 거부"[29] 하며, 현실에 발을 딛고 미래의 희망 속에서 하느님 나라의 완성을 기다리는 이들이기 때문이다.

4. 가톨릭 사회 참여의 두 가지 신학적 원리

1) 한스 우르스 폰 발타살의 신학적 미학과 자기 비움의 신학

앞서 가톨릭의 사회 참여의 한 가지 길로 소개한 "감각의 정화와 복음적 삶의 수도원 전통"의 신학적 기초를 이루는 다양한 사유들 가운데 현대 가톨릭 신학의 중요한 기점을 마련한 신학의 흐름을 한 가지 소개하고자 한다.

한스 우르스 폰 발타살(Hans Urs von Balthasar, 1905~1988)[30]은

29 회칙 『복음의 기쁨』, 231항.

30 한스 우르스 폰 발타살은 스위스 태생으로 예수회 회원이었고, 독일 문헌학과 문학에 관심을 갖고 동방의 교부들에 대한 연구를 통해 학문적 관심을 성장시켰다. 그가 세상 속의 영성을 강조하는 공동체 운동에 관심을 가지면서 예수회를 탈퇴하고(1950년) 다시 교구 사제로 입적된 이후(1956년), 왕성한 저술활동을 통하여 세상 속에 파견된 교회의 영성에 깊은 관심을 보였다. 서구 신학계에 잘 알려져 있지 않았으나, 1990년대 영어권에 알려지면서 동방의 영적 감각론을 바탕으로 한 하느님 계시의 아름다움을 직관하는 그의 독특한 신학적 방법론이 주목을 받게 되었다. 가톨릭교회는 그의 생애의 업적을 존중하는 의미로 그를 추기경에 임명하였으나 서임 2일 전인 1988년 6월 26일 선종하였다. 발타살 신학에 관하여 참조: Peter Henrici, S. J., "Hans Urs von Balthasar: His Cultural

'신학적 미학'이라는 주제로 초대 교부들의 풍부한 유산과 중세의 신비주의, 그리고 신학적 사유에서 분리되었던 문학과 예술로부터 신학의 자료를 발견하는 데 몰두한 신학자로 알려져 있다. 발타살이 근대 가톨릭 기초 신학 발전에 새로운 이정표를 세운 것은, 그리스도교 신앙은 본질적으로 하느님의 계시에서 드러나는 아름다움과 영광을 되찾는 것이며, '아름다움(美)'이란 신학적 비전이 이미 초기 그리스도교 신학에서부터 교부들에 의해 충실하게 증언되고 기술되었음에도 불구하고, 이후 신학과 철학사에서 상실되었음을 지적한 바 있다.[31] 발타살의 '신학적 미학'은 가톨릭의 오랜 관상 수행의 전통을 지탱해 주는 데 있어서 다음과 같은 신학적 기초를 마련해 줄 수 있다고 본다.

1) 발타살은 가톨릭 신앙이 지켜온 '존재의 유비'(analogia entis)를 바탕으로 인간이 하느님의 피조물로서 창조주와의 동일성과 동시에

---

and Theologicl Education." B. McGregor, o.p., The. Norris(eds.), The Beauty of Christ. An Introduction in the Theology of Hans Urs von Balthasar, Edinburgh, 1944, pp.1~22; Louis Roberts, The Theological Aesthetics of Hans Urs von Balthasar, Washington, D.C., 1987, pp.6~26; E. Guerriero, Hans Urs von Balthasar. Eine Biographie, Einsiedeln 1933. 김산춘, 『감각과 초월-발타살의 신학적 미학』, 분도출판사, 2003; 심광섭, 『예술신학』, 대한기독교서회 2010; 존 오던닐, 「전 존재는 사랑이다. 한스 우르스 폰 발타살의 신학 소묘」, 장홍훈 역, 『복음과 문화』 9호, 대전가톨릭대학교출판부, 2005, pp.131~153.

31 이하 내용에 관하여 참조: 졸저, 『신학, 이해를 찾는 신앙-기초 신학의 길잡이』, 인천가톨릭대학교출판부, 2012, pp.197~221.

상이성을 유지하는 존재로 본다.[32] 그리고 인간은 신의 피조물로서 지닌 상이성만큼이나 유사성(창세 1,26 참조)을 지니기에, 개신교 신학에서 강조하는 '신앙의 유비(analogia fidei)', 곧 예수 그리스도에 대한 신앙을 통해서만 그 유사성을 은총으로 얻는다는 입장과는 달리, 존재론적으로 파괴되지 않는 신과의 공동성을 유지한다고 본다. 따라서 인간이 하느님을 향한 '초월에로의 감각'은 인간의 내면적 직관의 체험, 즉 미학적 관심에서 나오고, 그는 오랜 신비주의 사상의 철학적 전통을 기반으로 초기 그리스도교가 인간의 신화神化 사상을 통해 '하느님의 본성에 참여'하도록 부름 받았음을 강조하였다.[33] 이러한 발타살의 사상적 기반으로부터 인간이 신의 계시를 직관하는 영적 감각의 수행이 신앙 행위에서 중요하게 인식되기 시작하였다.

2) 인간은 "하느님을 어떻게 알 수 있는가"보다는 "하느님을 어떻게

32 이 점은 에릭 프시와라(Erich Przywara, 1889~1972)의 영향을 받은 것인데, 그에 따르면 인간은 '지금 있음'과 '본래부터 있음'이라는 두 가지 극, 곧 피조물과 창조자 사이의 긴장 관계를 갖는다고 한다. 유비의 원리는 신과 인간 사이의 비유사성에도 불구하고 유사성을 근거로 피조물인 인간이 그때마다 보다 더 큰 신을 향한 움직임을 갖게 된다고 강조한다. 참조: 졸저, 『신학, 이해를 찾는 신앙』, pp.201~203 참조.

33 "그분께서는 그 영광과 능력으로 귀중하고 위대한 약속을 우리에게 내려 주시어, 여러분이 그 약속 덕분에, 욕망으로 이 세상에 빚어진 멸망에서 벗어나 하느님의 본성에 참여하게 하셨습니다."(2베드 1,4); 신학에서의 미학적 관심에 대한 발타살 연구에 관해서는 김산춘, 『감각과 초월-발타살의 신학적 미학』, 분도출판사, 2003 참조.

느낄 수 있는가"라는 질문에 몰두하였다. 감각은 인간이 지닌 본능적인 방향감각(Orientierungssinn)[34]을 뜻하는데, 인간의 감각은 자기에게서 벗어나(脫自) 존재 자체이신 하느님으로부터 높이 올림 받음(高揚)으로써 궁극적 완성에 이른다고 발타살은 보았다. 이에 따라 하느님 존재의 명증성(眞)과 그분의 인류 구원 행위의 선함(善)은 인간이 존재의 유비를 통해 하느님 계시의 아름다움(美)을 체험함으로써 더 완전해진다. 인간의 추론 감각(illative sense)은 어떤 '형태'(Gestalt, Form)의 드러남(懸懸)을 체험할 수 있는데, 그리스도인은 예수 그리스도가 역사 안에서 나타난 하느님의 형태, 곧 현현을 체험한다고 말한다. 예수 그리스도를 향한 감각은 단순히 미학이 지닌 '매력'에 그치지 않고 의미의 충만함으로 경험하게 하는, 곧 '알고 사랑하게' 되며, 하느님의 영광(Herrlichkeit)의 체험으로 이끌어 준다는 것이다.

3) 인간이 하느님의 현현(계시)을 지각하는 아름다움의 체험은 결코 추상적인 것이 아니며, 구체적인 실재를 관조하는 인간의 지각능력을 동반하는 것이며, 단순히 지적으로 아는 것이 아니라 신앙의 대상인 "예수 그리스도를 포착하고 그와 인격적 관계를 맺는"[35] 것을

34 감각이란 본래 'sentire'에서 유래했으며, 어원적으로 '어떤 방향으로 따라가다'란 뜻, "어디서부터 어떤 곳으로 지향하려는" 혹은 "어떤 곳으로 다가서는" 과정으로 이해되어, 인간의 의식이나 정신적 영역에서 일어나는 본능적인 '방향감각(Orientierungssinn)' 혹은 '감각의 지향성(Gerichtetheit der Wahrnehmung)'을 뜻한다. G. Sauter, *Was heiβt nach Sinn fragen? Eine theologisch-philosophische Orientierung.* München 1982, p.12.

35 졸저, 『신학, 이해를 찾는 신앙』, pp.212~213.

뜻한다. 여기서 인격적 관계를 맺는 능력을 발타살은 '사랑'이라고 말한다. 이 사랑은 예수의 파스카 사건, 곧 죽음에서 부활로 넘어가는 신의 역설적 구원 행위가 "신의 드라마(Theodramatik)"이며, 신은 자신을 타자에게 넘기는 사랑의 행위를 통해[36] 인간을 하느님의 드라마에 참여시키고, 관망자가 아니라 참여하는 동반자로 초대한다고 말한다. 곧 하느님의 드라마를 "직관한다는 것은 한마디로 자기 자신으로부터 벗어나는 사건을 말한다. 즉 하느님 영광, 그분의 사랑에 인간이 완전히 '빠져 들어가는 것'을 말한다. 이로써 인간은 더 이상 관망자가 아니라 영광의 공동행위자가 될 수 있다"[37]는 것이다.

따라서 발타살이 말한 신의 드라마를 지각하고 이에 동참하기 위한 탈자고양의 과정은 가톨릭의 오랜 수행 전통에서 언급해 온 하느님 지향의 관상전통의 신학적 기초를 마련해 준다.

4) 발타살은 하느님 계시의 아름다움을 직관하는 전통이 하느님

---

36 발타살은 그리스도교 신앙의 핵심인 삼위일체 신앙을 이러한 사랑의 자기 비움과 자기 전달의 사건으로 이해한다. 곧, 예수 그리스도 안에서 드러난 하느님 계시 사건의 자명성은 예수의 십자가 사건을 통한 하느님께 대한 절대 복종이 창조적 원천이신 아버지로서의 하느님(성부)과 하느님의 파견에 절대적인 복종을 드러내고, 자신을 철저히 비운 인간으로서의 예수(성자), 그리고 이 연결고리의 단절이 아닌 절대적 사랑에 근거한 파견자와 파견된 자와의 깊은 관계를 가능하게 해주는 성령의 삼위일체적 신비에서 그 절정에 달한다고 말한다. 참고: 졸저, 『신학, 이해를 찾는 신앙』, p.215.

37 H. U. von Balthasar, *Herrlichkeit. Eine theologische Ästhetik,* III/2,2, 1961, p.26.

계시의 역설적 드라마에 기초한다고 본다. "어떻게 하느님이 인간의 역사에 극적인 주체로 등장하면서도 자신의 신적 초월성과 절대성을 상실하는 비극으로 끝나지 않을 수 있는지, 그리고 어떻게 무한한 신적 자유가 유한한 인간의 자유에 종속될 수 있는가?"라는 근본적인 신학의 물음에 대하여 발타살은 예수의 삶과 죽음, 부활로 이어지는 현재적 사건 속에 인간의 자유 행위가 역사 안에서 하느님의 자유와 만나는 극적인 사건으로 바라본다. 인간의 자유가 하느님의 자유에 정초되어 있고, 인간의 실제적인 자립이 하느님으로부터 가능하며 하느님께 대한 깊은 긍정을 통해서만 가능하기 때문이라는 것이다. 따라서 신앙 행위는 단순히 절대적 신의 계시에 대한 복종을 뜻하는 것이 아니라, "그리스도의 십자가 자기 비허 사건, 즉 자기 자신을 십자가에서 완전히 비우신 삼위일체 하느님의 자기 계시 그 자체에 대한 감동과 경탄"이며, 이와 동시에 인간의 자유와 이성의 통합을 통하여 "하느님 말씀에 대한 철저한 복종"과 "그리스도교 전승의 풍요로움과 충만함"을 배워가는 과정임을 강조하였다.

이러한 발타살의 신학적 미학의 입장은 인간의 감각이 지닌 고유한 지향성을 예수 그리스도 안에서 드러난 하느님의 자기 계시로 향하는 노력이며, 이는 가톨릭교회가 오랜 수도원 전통에서 간직해 온 묵상과 관상의 내적 수행의 길이기도 하다. 오늘날 명상의 전통을 강조하는 종교의 행위들이 과연 이 세상의 불의와 무질서, 폭력에 대항하는 올바른 태도인지에 대하여 의구심을 갖지만, 인간의 모든 행위는 올바른 진리에 대한 내적 지향의 정당성을 토대로 진리와 선을 실천하는 것이 중요하다. 발타살의 신학이 지향하는 탈자고양은 모든 수행의 전통이 강조하는 '자아 중심으로부터의 탈피', 곧 욕망과 탐욕의 시대에서 인간 본연의 자아를 찾아가야 하는 신학적 당위성을 일깨워 준다. 특별히 그의 신학은 과거 계몽주의의 시초가 된 "칸트가 신적 지성을 버리고 인간의 이성으로 귀의했듯이, 20세기 후반의 현대인이 이성을 버리고 동물적 감각에로의 귀의"[38]하는 시대에 인간의 내적 수행의 필요성과 절박성을 되돌아보게 한다. 가톨릭에서 말하는 수도원의 수행 전통 역시 속된 인간의 감각의 정화를 통해 신적 감각을 회복하는 관상이며, 이 관상은 예수 그리스도의 자기 비움을 통해 드러난 하느님의 영광을 직관하는 '신앙 감각'(sensus fidei)[39]을 통해서 이루어지는

38 김산춘, 『감각과 초월』, p.13.

39 '신앙 감각'(sensus fidei)이란 믿음을 일으키는 내적 감각을 뜻한다. '신앙 감각'은 감각이 신앙을 지향할 때 생기는 고유한 체험으로부터 형성되는데, 곧 신앙의 체험은 이전의 체험들과 선취先取된 지식들에 따라 자발적으로 형성된 체험으로서, 신앙은 결코 우리가 내적으로 동의하지 못한 결론을 그대로 수용하는 결의론이나 감성이나 느낌으로 받아들인 직관적 체험으로 이루어지는 것이 아니라, 인간이 지닌 정신의 역동성, 즉 논리적이면서도 논리성 자체에 함몰되어 있지 않고, 신앙 인식의 대상이 동시에 이 인식의 원리가 된다는 사실을 인정하는 독특한 인식 방식을 뜻한다. 따라서 신앙 감각을 지닌 신앙인은 그러한 감각이 자신으로부터 온 것이 아니라, 온전히 성령의 은사 덕분임을 깨닫고 신앙 감각을 통해 초자연적인 목적, 곧 하느님의 은총으로 섭리된 자신을 깊이 각성하는 동시에, 그 믿음을 삶에서 실천하고 증언하는 예언자적 능력을 드러내게 될 수 있다. 신앙 감각에 대하여 참조: 졸저, 「신앙 행위(fides qua)에 있어서 '감각(sensus)'의 역할」, 『가톨릭 신학』 제15호, 가톨릭대학교출판부, 2009, pp.131~160: 「현대 신학과 교회 안에서 '신앙 감각'에 대한 해석」, 『누리와 말씀』 제22호, 인천가톨릭대학교출판부, 2007, pp.274~304; 「신자들의 신앙

것이라 생각한다. 가톨릭 수행의 전통은 단순히 인간의 심리적, 심미적 평화를 찾는 길이 아니라, 예수 그리스도를 통하여 인류 역사 안에서 하느님의 진리와 선이 세상의 불의와 무질서에 대항하여 궁극적으로 승리한다는 믿음을 교회와 세상 안에서 믿음으로 증언하고 있기에 발타살의 신학이 이러한 가톨릭의 수도 전통이 지닌 긍정적 가치에 신학적인 기초를 놓아주고 있다고 본다.

2) 요한 밥티스트 메츠의 실천적 정치신학

가톨릭 사회 참여의 실천적 차원을 신학으로 승화시켜준 신학자로 요한 밥티스트 메츠(Johan Batipst Metz, 1928~)를 꼽을 수 있다. 메츠는 가톨릭 신학계의 거장인 칼 라너(Karl Rahner, 1904~1984)가 주장한 초월론적, 인간학적 신학의 흐름을 계승하면서도 라너가 말한 초월로의 내재적 원리를 개인의 내면의 범주에서 공동체적 실천의 범주로 승화시켰다는 평가를 받는다. 메츠는 세계 내 현존재인 인간의 구체적인 현실 체험에 대한 예언자적인 통찰을 통해 신학이 추구하는 하느님 나라의 완성과 그 삶의 자리라 할 수 있는 인간의 주체적 자유 능력에 대한 새로운 신학적 지평을 열어 주었고, 인간의 인격과 자유의 체험에 기반을 둔 실천 우위의 '정치신학'을 소개하였다. 이는 제2차 세계대전 이후 제3세계를 중심으로 일어난 남미의 해방신학과 아시아와 아프리카 해방신학과 토착화신학은 물론, 넓게는 한국 개신교에서 활발하게 전개된 '민중신학'에까지 영향을 미쳤다고 본다.[40]

감각(sensus fideilium)"의 기초 신학적 의미와 원리」, 『누리와 말씀』 제28호, 인천가톨릭대학교출판부, 2010, pp.107~134.

메츠의 신학 중심에는 역사 안에서 하느님과 인간의 역동적인 관계 속에서 인간 주체의 위대성을 새롭게 바라본 것이다. 곧 인간 주체는 결코 화려한 역사의 지배능력이 아니라, 역사에 대한 새롭고 정확한 이해 속에서 과거와 미래의 통시적 관점에서 '자유'를 지니면서도, 자유를 실현해 나가는 현실적 삶의 장에서 철저하게 고난당하고 있는 인간 주체임을 강조한 것이다.[41] 모든 종교인이 추구하는 영원성이란 결코 내세의 삶에 있는 것이 아니라, "역사 안에서, 그리고 하느님의 현존 앞에서 인간이 자신의 자유를 통해 철저하게 시간의 궁극적인 완성을 향해 자신을 투신할 때 체험되는 것임을 강조한다. 이런 점에서 세상의 어떠한 종교도 그리스도교만큼 자유와 역사의 중대성을 인정하

---

40 메츠는 제2차 세계 대전의 참상을 경험하면서 '신정론神正論', 즉 신의 정의에 대한 신학적 성찰에 깊은 영감을 받아 '위험'이란 요소를 자신의 신학적 사유에서 중요하게 다루었다. 그 배경에는 메츠가 20세기 초 인류 문명을 흔들었던 마르크스주의와의 첫 만남에서 인간의 고뇌에 대한 신학적 성찰을 시작한 것과 무관하지 않다. 또한 가톨릭교회의 제2차 바티칸 공의회(1962~65)의 정치적 계몽에 대한 교회의 관계와 서구유럽 중심주의를 벗어나 다중심적 세계교회에로 들어서려는 공의회의 입장에 지지를 표하고, 제3세계 국가들 안에서 발생하는 문화적 갈등과 문명 갈등들을 기존 신학의 한계에 대한 새로운 도전으로 이해했으며, 유럽 중심의 신학적 경향이 갖는 맹점을 지적하고, 인간의 고난사에 대해 무관심한 서구 신학의 한계를 비판하고자 하였다. 메츠의 신학에 관하여 참조: J. B. Metz, *Glaube in Geschichte und Gesellschaft. Studien zu einer praktischen Fundamentaltheologie.* Mainz 51992; 51992; J. B. 메츠, 「신의론(신의론)으로서 신학」, 『신학전망』 138호(2002/9), 광주가톨릭대학교출판부, pp.2~20; 강영옥, 「현대 신학에서의 신론 연구 동향. J. B. 메츠의 정치신학을 중심으로」, 『종교신학연구』 3집, 서강대학교신학연구소, 1990, pp.425~444 참조.

41 Cf. J. B. Metz, *Glaube in Geschichte und Gesellschaft,* pp.73~82.

는 종교는 없으며, 그리스도교 신학 역시 이러한 역사와 이 역사 속에서 성취되는 인간의 자유가 신학이 다루어야 할 중요한 대상임을 메츠는 잊지 않았다.[42]

가톨릭 신자들이 실천적인 사회 참여에 적극적인 이유는, 예수가 선포한 하느님의 나라가 단순히 종교적 위안이나 아편이 아니고, 우리가 살고 있는 현실의 조건 안에서 참된 자유와 하느님의 평화로 생생하게 이루어져야 할 뿐만 아니라, 그것이 진리로서 현실이 되어야 한다는 요청이자 명령이며, 최소한 이러한 요청이 현실이 될 수 있다는 희망은 우리가 충분히 예견하고 기대할 수 있는 것이어야 하기 때문이다.

메츠는 그리스도인이 지닌 이 희망을 종말론적 희망이라고 말한다. 희망의 내용이 현실에서 이루어지고 있지 않지만, 그 희망이 마침내 이루어졌음을 '지금-여기서' 희망하는 것을 뜻한다. 그의 '정치신학'도 단순히 정치적 자유와 보편적인 정치 평화를 찾기 위한 투쟁의 미래를 말하는 것이 아니라, 자유와 평화가 해방으로서, 보증된 현실로서, 용서와 화해로서, 짧게 말하면 하느님 나라의 도래로서의 미래를

42 그리스도교가 불교나 그 밖의 종교들에서 강조하는 '윤회설' 혹은 이와 유사한 생의 반복된 재생을 부인하는 가장 큰 이유는 인간이 살고 있는 유일회적이고 반복될 수 없는 삶의 현장들에서 접하게 되는 현실들, 가령 인간의 영원을 향한 자유의 외침을 거부하는 수많은 고통과 삶의 모순들에도 불구하고 이를 거부할 수 없는 인간 실존의 의미에 있다. 이와 관련해서 그리스도교 신학이 인간의 역사 안에서 자유로운 결단을 통해 자신을 성취하는 인간 실존을 근본적으로 거부하는 인간 영혼의 선재설(Präexistenz)에 대하여도 인간이 역사 안에서 겪을 수밖에 없는 운명적 실존으로 해석하는 것이 옳다고 말한다.

말하는 것이다. 여기에는 변증법적이고도 해석학적인 원리가 깃들어 있다. 그리스도교적 실천은 예수 그리스도 안에서 새 하늘과 새 땅을 발견하고 희망하는 이들의 구체적인 이웃 사랑의 실천을 통해서, 어떤 형태의 사회적 획일화에 대한 거부와 희망 없이 살아가는 이들과의 연대 속에서, 가장 보잘 것 없는 형제 한 사람인 이웃의 자유와 정의와 평화를 위한 무조건적인 의지로서 사랑의 지혜로운 실천을 통해서 이루어지기 때문이다. 모든 것을 완성시켜 주실 하느님과 그분의 나라는 인간의 눈으로는 가능하지 않을 것 같은 세상에서 그 희망의 단초를 예수 그리스도 안에서 드러낸다는 것이다.[43]

이러한 실천적 신학의 역할은 다분히 해석학적인 원리[44]를 담고 있는데, 이 실천의 원리를 지탱해 주는 세 가지로 메츠는 '기억(memoria)'과 '이야기(narrative)', 그리고 '연대성(solidarity)'을 꼽는다.[45]

첫째, 그리스도교는 본래 예수 그리스도를 통하여 밝혀진 하느님의

43 졸저, 『신학, 이해를 찾는 신앙』 참조.

44 메츠가 말하는 실천적 기초 신학의 세 가지 해석학적 원리는 다음과 같이 요약할 수 있다. 첫째로 실천은 윤리적으로 결정되어야 한다. 여기에서 윤리적인 결정이란 사회정의나 인간의 자유의 공동체적, 개인적인 측면이 모두 중시되는 결정이어야 한다. 둘째로 실천은 매우 많은 역사적 결정사항들에 의거하여 계속해서 결정될 수 있다. 즉 실천은 '위험한 결단'으로서, 혹은 '전복顚覆과 저항'으로서 기억의 해석학이 역할을 하는 장소이며, 혁신적인 실천은 집합적인 역사적 기억을 현존하게 만들 수 있다. 셋째로 '실천의 희생적(pathic) 구조'는 실천이 본성의 정복과 통제를 의미하는 행위로서 뿐만 아니라, '고통'의 내면화와 개인화에 대해 저항의 태도를 보인다는 점에서 변증법적인 형태를 취한다는 점이다. 졸저, 『신학, 이해를 찾는 신앙』 참조.

45 Cf. J. B. Metz, *Glaube in Geschichte und Gesellschaft,* pp.177~191.

구원 역사를 기억하는 '기억 공동체'였으며, 예수 그리스도의 수난과 죽음, 부활의 기억은 인류에게 해방적 의미를 부여할 수 있다고 메츠는 본다. 곧 '억압받고 거절된 사람들'에 대한 예수 그리스도의 사랑 안에서 나타난 하느님 나라의 도래를 기억함으로써 현재의 모순과 불의를 고착시키는 모든 논리를 변화시키는 '위험하고 해방적인' 힘으로 사용될 수 있기 때문이다.

둘째, 실천을 가능하게 해주는 두 번째 역동적인 힘은 해방의 사건을 기억하는 이들의 체험의 나눔, 즉 '이야기'를 통해서 가능하다고 메츠는 말한다. 그리스도교는 예수 그리스도 사건을 기억하고 이를 이야기하는 공동체로서의 교회로 성장해 왔고, 기억된 전통과 체험을 이야기한다는 것은 서로의 체험을 나누는 것이며, 이는 현재의 자아를 변혁시키는 힘이자, 서로 공감하는 이들끼리의 연대성을 형성하여 실천의 해방적 힘을 이끌어 주는 원리가 되는 것이다. 특히 고통의 체험을 이야기한다는 것은 다가올 미래의 사건을 '지금-여기서' 선취하는 체험을 가능하게 해주는 것이며, 이는 그리스도의 십자가 죽음과 부활 사건을 이야기하는 교회 공동체가 체험적 이야기를 통해서 장차 이루어질 대망의 구원 사건을 종말론적으로 체험하고 있음을 확인해 주는 것이기도 하다.

셋째, 메츠는 주체의 자유가 타자를 향한 책임과 타자 앞에서, 타자와 함께 실천될 때 연대성을 이루게 된다고 말한다. 그가 말하는 연대성이란 "구속적이며 해방적인 힘을 인간 고통의 역사 속에서 표현하는 것을 목적으로 하는 신학과 교회의 기초적인 개념"으로서, 앞서 말한 기억의 능력과 이야기의 신학적 범주들의 수렴점이라고 밝힌다.

메츠가 주장하는 '정치신학'은 흔히 알고 있는 일상적인 정치와 관련된 의미가 아니라, 개인화된 보편성을 벗어나 상호 인격적인 관계성을 역사와 사회적 관점에서 바라보고자 하는 노력이 중요하다는 점을 강조하는 것이다. 이런 점에서 메츠는 특별히 교회와 일반 신자들과의 관계에 대하여 주목한다. 그는 가톨릭교회가 오랫동안 '백성들을 위한 교회'로서 군림하려는 역할을 했지, 스스로 '백성의 교회'가 되지 못했던 점을 들면서, 앞으로의 교회의 모습은 철저하게 공동체적 실천을 지향하는 교회로 거듭나야 함을 강조한 바 있다.[46]

가톨릭교회의 사제들이 사회적 불의와 적폐에 맞서 거리로 나서 외치고, 가난하고 힘없고 목소리를 낼 수 없는 약자의 편에 서서 그들의 인권과 자유, 정의와 평화를 외치는 것은 단순한 인권 회복을 위한 사회운동에 그치지 않고, 우리가 살고 있는 역사의 현장이 곧 하느님 나라가 실현되는 현실이어야 한다는 메츠의 실천 우위의 사상에 토대를 둔 것이며, 이는 복음서에 나타난 예수의 수행의 양면성을 세상 안에서 따르고 실천하는 교회의 예언자적 소명을 수행하는 것이라는 점에서 신학적 정당함을 찾을 수 있다. 수행의 전통은 인간 본연의 가치를 추구하는 진리에로의 투신에 뿌리를 두고 있기에, 인간이 내면의 정화와 수행으로부터 시작해서 구체적인 현실을 변혁시키는 힘으로 표현될 때 진리가 지닌 실천의 연대성이 발생할 수 있다는 점에서 메츠의 실천적 정치신학은 관계적 인간 실존의 실천적 면모를

46 Cf. J. B. Metz, *Glaube in Geschichte und Gesellschaft,* pp.146~151.

정립하는 하나의 신학적 원리로 정당하다고 평가할 수 있겠다.

5. 나는 어디에 서 있는가?

한 나라의 역사를 평가하는 데에는 그 나라가 추구하는 공동의 이상이 무엇인지와 깊은 연관이 있다. 한민족은 단군신화로부터 홍익인간弘益人間과 재세이화在世理化라는 건국이념을 토대로 공동체 중심의 집단의식과 맺힌 한을 공동으로 풀어내는 한恨의 민족으로 살아왔다. 무수한 외세의 침략 속에서도 민족의 명맥을 유지하며 작금의 눈부신 경제 성장과 민주 질서를 회복하는 노력은 여전히 진행 중이기도 하다.

사회적 혼란 속에서 종교가 어떤 기능을 해야 하는지에 대한 의견은 다를 수 있겠지만, 가장 보편적인 종교의 기능은 인간에게 현실의 모순과 불의를 딛고 참된 진리와 자유, 평화가 도래할 것이라는 희망을 선사하는 데 있다고 본다. 그것이 때로는 인간에게 현실 도피의 기회이거나, 현재를 개혁할 수 없는 힘없는 이들의 자기 위안이 될 수 있다는 비판으로부터 모든 종교들이 자유로울 수는 없지만, 종교는 세상이 무질서와 혼란이 인간이 지닌 탐욕과 욕망에서 나오며 자아의 어두움으로부터 벗어나지 못하는 한, 관계 안에서 살아가는 인간의 사회적 선善이나 대의大意도 빛을 발하지 못한다는 것을 역사의 교훈으로 깨닫고 있다.

가톨릭교회 역시 역사 안에서 세상의 수많은 표징들을 올바로 해석하지 못하여 그리스도의 복음 정신을 잊고 살아온 역사가 있고, 중세의 세속화된 교회가 낳은 종교개혁(1517년)으로 인하여 그리스도인의 분열의 상처를 끌어안고 살고 있기도 하다. 그래서 가톨릭교회는 지난 2000년 대희년을 시작하며 인류 역사에 남긴 상처와 죄악에 대한 죄책 고백을 한 바 있으며, 제2차 바티칸 공의회(1962~65)를 통하여 교회를 세상 속에, 세상으로 파견된 하느님 백성 공동체로 자신을 정립하기도 하였다. 역사는 반성하고 성찰하며 새롭게 해석하는 노력 없이 발전할 수 없다는 점은 분명하다.

오늘날 가톨릭교회의 수많은 성직자들과 수도자들, 평신도들은 하느님 백성의 동등한 구성원으로 각기 성령으로부터 받은 교회에서의 고유한 직무와 세상에 봉사해야 할 보편적 사제직에 대한 열망을 표현하면서, 하느님 백성이 가야 할 순례의 여정에 이르는 수행의 전통을 잘 간직해 왔다. 한국사회의 불의와 모순에 맞서 길 위에 나선 성직자들은 이 땅에 하느님 나라의 질서가 구현되기를 바라는 종말론적 희망 속에서 가난한 약자들 편에서 그들의 목소리가 되고 있으며, 적지 않은 수도자들은 수도원 안에서 하느님의 뜻이 이 땅에 이루어지기를 기도하며, 인간이 지닌 탐욕과 욕망에 대한 대속의 삶을 스스로 실천하며 수행자로 살아가고 있다.

길 위의 사제들과 수도원의 수행자들은 가톨릭교회가 간직해 온 사회 참여의 두 가지 길로 여전히 교회의 안팎에서 복음의 기쁨을 선포하고 있다. 앞서 언급한 발타살의 신학적 미학과 메츠의 정치신학은 가톨릭교회의 이 두 가지 길의 정당성을 신학적으로 해명하고자 했으며, 가톨릭교회는 세상 안에서 빛과 소금의 역할을 하며 "섬김을 받으러 오지 않고 섬기러 오신"(마르 10,45 참조) 예수 그리스도를 따르는 실천의 교회가 되고자 한다.

그리스도교 역시 세상의 종교로서 수행의 전통을 실천해 온 다른 종교인들과 연대하여 진리의 기둥이 되고자 노력하고 있다. 비록 서로의 종교적 전통이 다르지만, 세상 속에서 종교인으로서 희망하는 영원성을 현실 안에서 체험하고자 하는 이상을 다양한 수행의 전통을 통해서 간직하고 서로의 체험을 나눌 때 이 땅에 참된 진리의 빛이 구현될 수 있으리라 희망해 본다.

따뜻하고 촉촉하고 짭쪼롬한 하느님

–에드위나 게이틀리의 명상과 참여

박태식 신부(성공회대 교수)

오늘 강좌의 주제는 명상과 참여입니다. 잘 아시는 대로 이전에 수도회는 봉쇄수도원이었으며, 활동수도원이 생기면서 수도원이 가진 세상에 대한 그리스도인의 책임을 이야기하기 시작했습니다. 원래 '영성'이라고 하면 수도원 영성을 많이 이야기합니다. 명상을 하고 명상을 통해서 영성을 가다듬는데, 제가 생각하는 영성은 '하느님을 받아들일 그릇'을 만드는 것입니다. 어떻게 하느님을 받아들일 것인가가 영성에서 큰 문제가 되는 것이죠. 그러기 위해서 명상, 묵상, 관상을 하면서 하느님을 내 안에 체화시키고 체득시키는 것이 명상의 최고 단계 아니겠습니까? 저는 성서신학을 전공했는데 제 스승님이신 정양모 신부님은 영성이나 명상과는 상당히 거리가 먼 분이셨어요. 아무래도 성서학이나 이론적인 신학을 하신 분들은 영성에는 좀 약한 편입니다. 그런데 정양모 신부님이 저에게 소개해 준 책이 있습니다. 그 책

제목이 『따뜻하고 촉촉하고 짭쪼롬한 하느님』입니다. 에드위나 게이틀리라는 분의 책인데, 이분의 책이 딱 두 권 번역되어 있습니다.

인터넷에서 검색해 보면 이분에 대해서 내용이 어마어마하게 많이 나옵니다. 이 여성은 가톨릭 영국인이며 어릴 때부터 상당히 장래가 촉망되는 사람이었던 것 같아요. 교사 자격증도 땄고, 79년도에 아라비아 사막으로 피정을 들어갔다가 놀라운 신 체험을 하면서 인생을 결정하는 순간을 맞이합니다. 또 이 여성이 시도 곧잘 써서 여기에 있는 시를 보면 하느님에 대한 표현을 볼 수 있습니다. 왜 시가 중요할까요? 〈컨택트〉라는 영화에 보면, 우주비행사들에게 우주가 어떠냐고 물어보자 답을 하는데요. 과학자 대신 우주에 시인을 보내야 한다고 했어요. 그래야 이 사람이 와서 우주를 표현할 수 있지 않겠습니까. 시를 통해서 그렇게 자신이 겪은 체험의 순간을 살펴내는 겁니다.

저는 오늘 게이틀리 얘기를 하고 성서를 보도록 하겠습니다. 그리고 어떻게 이 여성이 자신 안에서 하느님을 만났는지, 그리고 이것이 어떻게 자신의 삶 속에서 참여로, 또한 행동으로 나타나는지 이야기를 끌어가 보겠습니다. 두 번째로 소개해 드릴 책은 주디스 버틀러의 책입니다. 주디스 버틀러는 오늘날 주체성 연구의 대가인데, 어떻게 나를 설정할 수 있는가, 나는 누구인가라는 질문에 대해 어떻게 답변할 수 있는지를 연구한 사람입니다. 그래서 게이틀리와 버틀러를 연결해서 보고, 또 영화도 보면서 오늘의 주제를 구체적인 삶으로 연결시켜 보려고 합니다.

1. 사막에서의 차 한 잔

영국 출신의 저명한 영성가이자 사회운동가인 에드위나 게이틀리가 1979년 북아프리카 사하라 사막으로 3개월 동안 피정 길에 오른 적이 있었다. 어느 날인가 갈증을 참지 못한 에드위나는 무작정 사막으로 걸어 나갔고, 탈진해 쓰러지기 직전에 기적처럼 사막의 여인을 만났다. 그 여인은 에드위나의 손을 잡고 움막집으로 들어가 뜨거운 아라비아 차를 담은 그릇과 진흙으로 구운 잔을 두 개 내왔다. 목을 축이는 동안 에드위나는 여인과 자신을 만나게 이끌어준 하느님을 느꼈고, 헤어질 때 우물에서 양철깡통 한가득 물을 채워 건네주는 그녀와 포옹을 나누었다. 에드위나의 표현에 따르면 "깊고 어진 눈을 한 검은 옷의 여인"이었다. 그 뒤로 에드위나의 인생도 결정되어 다음과 같은 시를 쓸 수 있었다.

에드위나 게이틀리는 자기를 찾기 위해 사막에 간 거죠. 3개월 동안 있었는데 사막에 아무 것도 없었겠죠. 이러다가 목말라 죽는구나 했을 때 이 여인이 에드위나 게이틀리에게 차 한 잔을 건넸습니다. 그리고 헤어질 때 양철깡통에 물을 채워 손에 쥐어 주는데, 게이틀리는 그 여인이 "깊고 어진 눈을 한 검은 옷의 여인"이었다고 말합니다. 그리고 나서 시를 씁니다.

……

사막의 여인

서구의 여인

세계가 모였다.

평화와 일치가 이루어졌다.

경쟁심과 증오심이 무너져 내렸다.

검은 것과 흰 것

사자와 양

미소, 말이 없다.

뚜아레그 여인.

영국 여인.

광막한 사막에서

차를 한 모금 들이키며

이제야 찾은 살아 있는 하느님과 함께

왕국을 이야기한다.

(에드위나 게이틀리, 『따뜻하고 촉촉하고 짭쪼롬한 하느님』 중에서)

아주 짤막한 시입니다. 이 시를 통해 여인을 만났던 때의 감동을 전달하는 것이죠. 이것을 저 나름대로 묵상을 해봤습니다. 혹시 정신병원에 가보신 적이 있으십니까? 저는 한 번 가봤습니다. 제가 독일에서 공부를 끝내고 온 게 95년도입니다. 있다가 한 5년 만에 모 대학에 취직을 했습니다. 그러다가 억울하게 쫓겨났는데요. 그래서 다음에 어떻게 해야 하는가 봤더니, 교육부에서 조정위원회를 열어야 된다는 거예요. 그러면 양쪽에서 나와서 준비할 시간이 3개월을 주고, 그 다음 조정이 안 되면 다시 3개월을 준대요. 그래도 안 되면 고발을 하고요, 1심, 2심, 3심 대법원까지 가는 데 최소한 1년 반이 걸려요. 1년 반 돼서 다행히 복직이 되면 복직한 그 다음날 다시 이사회를 열어 저를 해고할 거라는 거예요. 지금은 법이 개정돼서 많이 달라졌지만요. 결국 제가 학교에서 쫓겨났는데 당시에 제가 전혀 준비가 되어 있지 않았어요. 그랬더니 그때 공황장애가 오고 우울증이 왔어요. 당시에는 공황장애인 줄도 몰랐어요. 공황장애를 해결하는 방법은 그 생각을 안 하고 다른 생각을 하는 겁니다. 그래서 제가 버스를 타기로 했어요. 그런데 버스를 타고 종점까지 갔다가 다시 오니까 돈이 두 번 드는 거예요. 그래서 제가 지하철 2호선을 타기로 했어요. 지하철 2호선은 마냥 돌지 않습니까. 그렇게 한 2년 그러고 나니 사람이 정말 미치겠더라고요. 그래서 병원에 갔더니 의사가 내리는 진단이 간단했어요. "공황장애네요" 그러더라고요. "어떡하죠?" 했더니 "약 먹어야죠" 하고, 진찰에 5분도 안 걸렸어요.

공황장애가 오면 제일 심각한 게 심장이 막 뛰는 거예요. 약은 심장박동을 제어하는 약이에요. 그 후로는 약이 있겠다, 급하면 먹으면 되지 하고 생각을 하니까 심장이 안 뛰더라고요. 일주일 뒤에 병원에 다시 갔더니 약을 먹었냐고 해서 안 먹었다고 하니, 다 나았으니 가라고 하더군요. 지금도 약간 문제가 있기는 해요. 공황장애가 온 장소가 있는데, 거기만 가면 조금 불안해집니다. 이런 것들이 우리 모두 안에도 있는 거예요.

지금 제가 이야기를 하나 끌어내지 않았습니까? 박태식 신부가 왜 강의시간에 이런 이야기를 하는지 궁금하시겠지만 다 의도적으로 하는 겁니다. 정신과병원에 가면 첫 번째로 하는 게 의사가 이야기를 듣는 거예요. 의사가 자기 얘기를 하라고 하면 이야기를 쭉 하게 되는데, 이것이 결국 자기 자신에게 하는 얘기예요. 유능한 의사는 환자 자신이 서사를 만들도록 도와줘야 해요. 그런데 시간이 없거나 바쁜 의사는 이야기에 끼어들거나 중단시킵니다. 제 친구 중에 정신과 병원만 돌아다니는 친구가 있어요. 진찰 중에 의사가 끼어들면 즉시 병원을 바꾼다는 거예요. 제가 그 친구의 병명을 '정신과 돌려막기 증후군'이라고 새로 만들었습니다. 중요한 것은 내가 내 자신의 서사를 나에게 들려준다는 것 아니겠습니까? 좋은 의사는 계속 듣고 내가 말을 하도록 도와주면서 내가 내 서사를 만들어내는 것 아닙니까?

내가 나의 서사를 만들어내다 보면 그 이야기가 완벽하지는 않습니다. 곳곳마다 구멍이 있지 않습니까? 그러면 그 구멍을 나의 상상력으로 채워 넣는 거예요. 아마 여러분도 다 그런 게 있을 겁니다. "내 이야기로 소설 만들어도 돼." 이런 생각 있지 않으세요? 가끔 가다보면 기억이 끊어지면서 허점들이 생긴다는 말입니다. 그리고 그 사이를 상상력으로 채우면서 이야기를 완성시키는 겁니다.

제 얘기를 또 해볼게요. 아버님이 6·25 전쟁 났을 때 영월 탄광에 있었고, 저희 어머니는 서울에 있었어요. 갑자기 인민군이 내려오니 어머니가 형하고 누나를 데리고 친정이 있는 상주에 갔어요. 그런데 어머니 아버지가 가족이 죽어도 같이 죽어야지 하고 같은 생각을 한 거예요. 그래서 아버지는 영월에서 상주로, 어머니는 상주에서 영월로 올라갔어요. 저희 형은 업고, 큰누님은 손에 잡고 하염없이 올라가는 거예요. 그러다가 기적적으로 길에서 만났어요. 그래서 둘이 부둥켜안고 내려와서 일가족이 돌아왔다는 이야기를 하십니다. 그리고 항상 그 이야기의 마지막은 그때 못 만났으면 너는 없다는 거였어요. 이 이야기를 일 년에 두세 차례는 듣는 것 같아요. 그런데 그날따라 비가 왔겠어요, 안 왔겠어요? 상념에 젖었겠어요, 안 젖었겠어요? 이제나저제나 사랑하는 남편, 아내를 만날까 생각하면서 걸었을 겁니다. 그때 저 멀리서 오는 여인이 심상치 않더라, 내가 화장실을 가려고 했는데 안 가서 너희 엄마를 만났고, 내가 그때 화장실에 갔으면 엄마를 못 만나서 지금의 너는 없다. 그렇게 이야기를 하시는 거예요. 그 이야기를 일 년에 두 번은 하시는데 그게 그렇게 재미있어요. 저는 그게 거짓말이라고 생각해 왔어요. 그런데 부모님이 만난 고개 이름을 마차리 고개라고 알고 있었어요.

어느 날 제가 어느 수녀원에 가서 이 이야기를 했더니 갑자기 어느 수녀님이 손을 들고 그 이야기가 맞다고 하시는 거예요. 영월에서 오신 수녀님이었는데 영월에 마차리 고개가 정말 있다는 거예요. 이야기가 현실이 되는 순간을 경험한 거죠. 제 출생에 대한 이야기의 많은 부분이 아버님의 상상력으로 완벽하게 만들어내신 거지만 거기 역사적 사실이 숨어 있는 거예요. 그러니까 나 자신이 나 자신에 대한 서사를 가지고 있는 거예요. 그 서사를 막으면 안 되는 거죠.

2. 하느님은 나

따로 정신과병원에 다녀본 적은 없지만 병원에 익숙한 친구에게서

다음과 같은 말을 들은 적이 있다. 일단 병원에 가면 의사가 안락의자에 앉히고 난 후 자기 이야기를 해보라고 시킨단다. 그러면 자기 이야기를 술술 털어놓게 되는데, 분위기가 편안해서도 그렇지만 의사에 대한 신뢰가 생겨서 그렇다고 한다. 다만 한 가지 거슬리는 때는 자신이 이야기를 하는데 의사가 중간에 끼어들어 말을 가로막을 경우인데, 이를테면 어릴 때 이야기에 좀 더 집중해 달라든가, 아내와 겪는 문제는 넘어가자든가, 상담시간이 끝났다 등등이 있겠다. 게다가 한 술 더 떠 이러쿵저러쿵 진단을 내리기까지 한다. 말씀을 들어보면 외상 후 스트레스 증상일 가능성이 높다, 우울증에 공황장애가 겹친 것 같다 등등. 그리되면 즉시 그 병원에서 나와 자기 이야기를 성실하게 잘 들어주는 다른 병원으로 옮겨간다.

내 생각에 그 친구는 아무래도 '정신과 돌려막기 증후군'에 걸린 것 같다. 만일 그런 병명이 있다면 말이다. 그래도 취할 부분 한 가지는 정신과병원에서는 '환자 스스로의 서사'를 구성해야 하고 이 서사는 환자 자신을 대상으로 한다는 사실이다. 말하자면 내가 나를 대상으로 놓고 나의 이야기를 하는 셈이다. 따라서 의사가 수시로 자기 의견을 제시하면 결국 '환자 스스로의 서사'는 실패하고 말게 된다. 주체성 연구의 대가로 알려진 학자 주디스 버틀러는 그녀의 책 『윤리적 폭력 비판』에서 정신과 의사나 심리치료사에게 이런 유의 경고를 보낸다. 제발 주제넘게 나서지 마시오.

예수님 시대에 의사라는 전문직은 있을 리가 없었죠. 아까 서사 이야기와 이어서 하자면, 내가 나를 두고 이야기하는데 상대는 내가 아니니 내 이야기를 듣는 게 지겨워져요. 저도 결혼한 지 30년이 됐는데 서로 무슨 이야기를 해도 다 아는 얘기예요. 그러면 내 이야기를 하는데 아내가 "이미 들은 얘기!" 하면 서사가 막히잖아요. 그러다 서로 안 들으려고 하니까 싸움이 생기는 거예요. 그러면 벽에다 대고 혼자 얘기하면 되지 않느냐고 할 수 있겠죠. 제가 그런 분을 하나 알고 있습니다. 어떤 할머니신데 누구랑 이야기를 하냐고 하니 밥통이랑 이야기를 한다고 하시더라고요. 얼마나 외로움을 느꼈으면 밥통이랑 대화를 하겠어요. 결국 인간은 자기 얘기를 자기 자신과 해야 합니다.

예수님이 정신과 의사라는 말은 들어본 적도 없지만, 예수님을 가만히 보면 상당히 정신과 의사가 하는 일을 곧잘 하십니다. 정말 놀라운 분이시죠. 일단 예수님은 입담이 좋았겠습니까, 안 좋았겠습니까? 아무리 먹을 것을 공짜로 줘도 5천 명 안 모입니다. 입담도 좋으시고 아플 때 병도 고쳐주세요. 배고프다고 하면 5천 명 배부르게 먹이시죠. 사람들이 쭉 앉아 있으면 예수님이 이야기를 시작하시는 거예요. 그런데 예수님이 이야기를 시작하셨는데 밥 먹고, 배부르고, 병 고쳐서 몸 따뜻하고 그러면 어떻죠? 이야기 시작되면 졸리게끔 돼 있어요. 그런데 예수님은 굉장히 재미있게 이야기하는 거예요. 그걸 비유라고 하는 겁니다. 비유라고 하면 어렵고 그저 재미나게 이야기하신다고 하면 좋겠습니다. 사람들이 이야기를 재미있게 들으려면 그 안에 재미 장치가 들어가 있어야 해요. 예수님 이야기에는 재미 장치가 들어가 있습니다.

돌아온 탕자를 맞아들인 아버지 이야기가 있지 않습니까? 그런데 아들이 바로 집으로 와도 되는데 중간에 돼지 치는 집에 가잖아요. 돼지 치는 집에 가서 돼지도 안 먹는 나무 열매를 먹는 자신을 발견하고 집에 오잖아요. 이야기 전체 흐름에서 그 이야기는 필요하지 않지만, 이 이야기를 통해서 정말 아버지 뵐 낯이 없다는 걸 표현하지 않습니까? 예수님 이야기에는 의미 장치와 재미 장치가 있습니다. 비유를 읽을 때 이천년 전에 예수님 앞에 앉아 있던 팔레스타인의 어느 촌부라고 상상하며 읽어보세요. 그러면 훨씬 재미있습니다. 어느 날 예수님이 또 모여 봐라 하고 얘기를 시작하는 거죠. 이번엔 무슨 얘기를 하시는가?

어떤 사람이 죽었어요. 그리고 하느님을 뵀더니 여기가 천당이라는 거예요. 제가 어떻게 천당에 왔습니까? 하고 물어봤어요. 하느님이 이야기하시는 거예요. 네가 나 배고플 때 밥 줬잖아, 옥에 갇혔을 때 사식 넣어줬잖아, 목마를 때 물 줬잖아 하셨죠. 제가 언제? 물으니, 하느님 하는 말씀이 네가 주위 사람에게 그렇게 한 게 나한테 한 거 아니냐 하시니, 그때 그 사람이 무릎을 쳤을 것이라고 말씀하시는 거죠. 이렇게 한 사람이 있으면 이렇게 안 한 사람도 있어야 하는 거잖아요? 그래서 또 다른 사람이 있는데 이 사람은 지옥에 갔어요. 하느님께 왜 지옥에 왔냐고 물으니 하느님이 나에게 배고플 때 밥 안 주고, 목마를 때 물 안 주고 그랬으니 지옥에 왔다고 하시죠. 그러면 그 사람이 제가 언제 그랬는데요?라고 하죠.

제가 제일 겁나는 게 그 대목입니다. 제가 죽지 않겠습니까? 그런데 죽고 나서 하느님 앞에 섰는데, 하느님이 내 눈을 이렇게 보다가 "네 눈에는 사랑은 안 보이고 증오만 보이네." 그런 말을 할까봐 제일 겁나요. 그럼 하느님 앞에서 낯이 부끄러워서 서 있을 수 있겠습니까? 그러니까 사랑을 해야죠. 사랑을 해야 하는 이유는 마지막에 하느님 앞에서 면 좀 세우려고 하는 겁니다. "네 눈에 사랑이 조금은 보이네." 그러시면 굉장한 행복을 느낄 거 같습니다. 아무튼 이 이야기를 할 때 예수님이 얼마나 드라마틱하게 했겠습니까. 그러면 사람들이 이 이야기를 들으면서 이웃에게 뭔가 줘야겠다고 마음을 움직이지 않았겠습니까. 예수님은 탁월한 이야기꾼입니다. 예수님 말씀은 '이웃한테 한 게 나한테 해준 것이다'라는 거예요.

그런데 사랑의 이중계명이 나오지 않습니까. 예수님이 사랑의 이중계명을 말할 때 하느님을 내 몸과 마음과 정성을 다해서 사랑하고, 내 이웃을 내 몸처럼 사랑하라고 얘기합니다. 이 이야기의 논리의 연속성을 찾으려면 하느님을 몸과 마음의 정성을 다 바쳐 사랑하는 것이 곧 이웃을 사랑하는 것이어야죠. 사랑의 이중계명은 하느님 사랑과 이웃 사랑이 하나인 거예요. 그러면 이웃을 내 몸처럼 사랑하라고 했을 때 이웃을 누구로 봐라? 하느님으로 봐라. 근데 내 몸처럼이니까 이웃을 나 자신으로 봐야 되는 거예요. 이웃을 나 자신으로 보고 대화를 시작할 때 그것이 하느님과 대화를 나누는 것 아니겠습니까? 내 이야기는 나 자신을 위한 겁니다. 스스로가 발화자이자 청자가 돼서 이야기를 듣는 거죠. 그러니까 하느님 모시려고 노력할 필요가 없습니다. 하느님은 우리가 안 돌봐드려도 이미 행복하세요. 가끔 하느님께 영광 돌려드리겠다는 분들이 계신데, 예수님도 하느님도 이미 충분히 영광이 있으니 영광 돌릴 생각 하지 말라는 거예요. 하느님이 제일 좋아하는 건 너희들끼리 행복하게 사는 것이란 거예요.

바로 이웃이 나이기 때문이라는 것이죠. 예수님이 말씀하셨던 하느님은 바로 이웃이고, 이웃을 내 몸처럼 사랑하라고 한다면 이웃이 바로 나라고 말할 수 있는 것이죠. 그래서 예수님은 정신과 의사는 아니지만 통찰력을 보이세요. 그 통찰력은 나 자신을 들여다보기 위해서는 이웃을 봐야 한다는 겁니다. 하느님 보려고 노력하지 마세요. 이웃을 보면 그 이웃이 하느님이며 바로 나라는 것, 이게 예수님이 말하는 것의 핵심이 되는 거죠. 이것을 발견하는 게 너무 힘들어요. 그런데 게이틀리는 사막에서 그걸 발견한 것입니다.

3. 나의 대상화

말하자면 사랑의 이중계명은 두 가지 계명이 아니라, 마치 동전의 앞뒤 면처럼 하느님 사랑이 곧 사람 사랑이고 사람 사랑이 곧 하느님 사랑이다. 같은 맥락에서 보면 '최후 심판의 비유'는 '사랑의 이중계명'의 적용인 셈이다. 따라서 나는 모든 사람을 대할 때 하느님으로 알고 상대해야 하며 그 범위의 기준은 바로 나 자신이 되어야 한다. "네 이웃을 네 자신처럼" 여겨야 하는 것이다. 그처럼 비유의 초점은 하느님이 어떤 분인지 알려주는 데 있다.

사막의 여인은 낯선 영국 여인에게 차 한 잔을 대접했다. 그녀는 에드위나와 말이 통하지 않았고 영국 여인에게 익숙했을 법한 냉음료수 한 캔조차 냉장고에서 꺼내 줄 수 없었다. 더구나 TV와 안락의자도 갖추지 못했다. 그러니 발 뻗고 편히 앉아 맥주를 들이키며 세계가

돌아가는 모습을 보며 나누는 가벼운 대화 따위는 더더욱 불가능했다. 영화에서 보던 서구인의 일상은 사막의 여인에겐 없는 일이었다. 필자는 에드위나의 시에서 에드위나가 아니라 '사막의 여인'의 마음을 읽어보려 노력해 보았다. "이 한심한 여인은 어쩌자고 여기까지 와 차 한 잔을 청하지?"

사막의 여인은 문명세계와 동떨어져 있었다. 그리고 자신의 생각과 맘을 표현할 수 있는 이렇다 할 매체도 갖고 있지 않았으며 근사한 시를 한 편 써본 일도 없었을 것이다. 그러니 에드위나가 영국 도시 랜카스터 출신으로 교사 자격증이 있으며 사하라 사막의 피정이 끝나면 미국으로 건너가 윤락녀들의 안식처를 제공하는 등 위대한 업적을 쌓아 온갖 인권상을 휩쓸고 세계적인 영성가로 거듭날 줄 어떻게 알았겠는가. 그러나 분명한 것 한 가지. 사막 생활에 익숙한 여인이었으니, 에드위나가 처한 당시의 곤경을 즉시 알아차렸을 터다. 차 한 잔의 친절은 그래서 중요하다.

요즘 들어 평화에 대한 논의가 곳곳에서 이루어지고 있다. 아무래도 언제 전쟁이 터질지 모르는 위기감이 부채질한 결과일 것이다. 북한과 미국이 서로 원수 대하듯 하고 있으니 말이다. 무릇 평화는 차이를 뛰어넘는 데서 온다. 하지만 우리는 차이를 뛰어넘기보다는 무엇이 차이인지 확인하는 데 전력을 기울인다. 어딘가 익숙한 구석이 있기 때문이다.

대화를 위한 거창한 조건들은 우리에게 필요하지 않다. 또한 우리 맘대로 조건이 형성되지도 않는다. 그러니 대화를 위해서는 사막의 여인에게서 지혜 한 조각을 빌려 쓸 수밖에 없다. 온갖 서구문명을

단숨에 제압한 '차 한 잔'이 우리에게 절실하게 필요한 때다.

사막의 여인은 에드위나가 언제나 만나고 싶어 했던 자기 자신이었다. 그리고 차 한 잔을 권하는 데서 이제까지 진정으로 원했던 존중과 대접을 받은 것이며 이 장면에서 그토록 그리던 하느님을 만난다. 나그네 되고 헐벗고 병들고 감옥에 있는 나 자신에게 건네는 차 한 잔이 바로 하느님에게 건네는 차 한 잔이었던 것이다.

차 한 잔은 그렇게 기적을 불러일으킨다.

에드위나 게이틀리는 영국에서 태어나서 아마 교사였던 모양이에요. 시카고에서 가톨릭 신학으로 박사학위를 받았습니다. 1979년에 세 달 동안 사하라 사막에서 피정을 가졌는데 이 경험이 게이틀리를 영국에서 미국으로 가게 했다는 것입니다. 미국에서 노숙자나 특별히 성매매 여성들을 위해서 일을 했습니다. 이 책에 보면 그분들을 위해서 담요를 구하러 다닌 이야기가 나오기도 합니다. 그 외에 우간다나 아프리카에서도 일했고 세계 26개국을 다니면서 사회 주변부에 있는 여성들을 위해 일하기도 했습니다. 이분의 약력을 보면 세계적으로 상을 많이 받았어요. 특별히 성매매 여성들을 위해 쉼터를 만드는 일을 많이 했습니다. 한국에 두 번 정도 오셨는데, 이분이 강연을 할 때마다 사막에서 있었던 일을 이야기하십니다. 이 일로 인생이 바뀌었다는 것이죠.

그 여인, 사막의 여인은 나를 존중해 줬는데 그 여인은 나 자신이었다. 그게 이 여성을 참여로 가게 해준 거예요. 큰 깨달음이란 나를 직시해서 바라보는 깨달음이에요. 그러면 내가 무엇을 해야 하는지 알게 되지 않겠습니까. 익숙하지도 않고 잘 되지도 않죠. 사막의 여인에게 가서 처음으로 목마른 여인에게 최대의 존중과 대우를 받았고, 알고 보니 그 여인이 나 자신이고 하느님이더라 하며 게이틀리가 책에 적었습니다. 그리고 그 다음부터는 하느님을 감성적으로 깊이 있게 알게 된 것입니다.

저만 해도 하느님을 지적으로 압니다. 사람들이 하느님이 누구신지 물어보면 칼 라너의 신론을 가지고 한 학기 동안 공부해 보자고 하는 겁니다. 그렇게 한 학기 신론을 공부하면 머리만 복잡해지는 겁니다. 그런데 하느님을 보여 달라고 했을 때 예수님은 어떻게 하셨는지 아세요? 다 같이 나가자. 공중에 나는 새를 봐라. 저 새도 이렇게 잘 돌보시는데 인간은 얼마나 잘 돌보시겠느냐. 새 한 마리가 날아가고 나면 하늘이 어마어마한 여백이지 않습니까? 예수님은 그러한 여백으로 하느님을 설명하는 분이었어요. 그런데 지금 신학은 여백이 아니라 처음부터 끝까지 다 설명을 해야 하잖아요. 서양화와 동양화의 차이가 그런 거예요. 서양화는 처음부터 끝까지 다 채우지만 우리는 선 몇 개 그어서 다 그렸다고 하지요. 예수님은 여백으로 설명하시는 분이죠. 게이틀리도 그 여인을 만나고 난 후에 이런 하느님 체험을 한 것입니다. 전 그것을 우리식으로 표현하면 자신의 삶에서 여백을 본 것이 아닌가 생각을 합니다.

이 차 한잔이 얼마나 놀라운 기적을 일으키는가를 영화를 통해서 보도록 하겠습니다. 이 영화는 〈메리 크리스마스〉(2005)라는 영화입니다. 깐느 영화제에서 상을 받은 작품입니다. 1차 세계대전에서 독일, 영국, 프랑스군 사이에 싸움이 벌여졌는데 크리스마스이브 때 한쪽이 캐롤을 부르기 시작하니까 돌아가면서 부르다가 그날 하루는 전쟁을 하지 않기로 했다는 에피소드 들어본 적 있으시죠? 어느 영국의 신문기자가 기사에 나왔던 사람들의 후일담들을 다 찾은 다음 뒷이야기를 훑은 내용을 영화로 만든 겁니다. 그 뒷이야기는 정말 슬픕니다. 크리스마스 전날 함께 노래를 부르고 총소리가 멎었어요. 그러면 그 다음날 어떻게 됐겠습니까? 다시 총을 쏠 수 있었을까요? 그렇게는 안 되는 겁니다. 신영복 선생님이 이런 이야기를 하신 적이 있습니다. 아파트 위층의 아이들이 너무 뛰어서 잠을 잘 수가 없었는데 도저히 못 참아서 아이스크림을 사서 그 집에 가셨다는 겁니다. 그 다음부터는 아이들이 뛰어다녀도 그 소리가 시끄럽지 않더래요. 일단 얼굴을 아는 아이들이 되니까 뛰어다녀도 시끄럽지가 않더라는 겁니다. 이것처럼 그 다음날부터는 전쟁이 멈춰버린 겁니다. 그래서 3개국의 수뇌부가 이 병사들을 다 전방으로 보내서 병사들이 비참한 군 생활을 하게 됩니다. 이런 역사를 이 영화가 다루고 있습니다. 이 영화 처음에 3개국 어린이들이 어릴 때부터 적개심을 키웠지만, 나중에 노래를 부르며 하나가 되는 것을 보면서 차 한 잔이 어디에 등장하는지 가늠해 보시기 바랍니다.

여러분도 한 번 해보세요. 마음이 안 맞고 힘들 때 '차 한 잔 하자' 하면 해결될 수도 있지 않겠습니까. 마지막으로 게이틀리의 글을 읽으면서 마치겠습니다.

4. 따뜻하고, 촉촉하고, 짭쪼롬한 하느님

…… 숲속 깊은 곳에서
나는 나의 하느님이
나무들 사이를 뛰어다니고,
반짝이는 햇살을 빙빙 돌며,
바람결을 쓰다듬는 것을 보았다.
풀잎들이 향기로운 공기를 일으키며
일어서고 쓰러지는 곳에서
나는 그녀의 포착하기 어렵고, 자유롭고
어디서나 춤추는 아름다움을 냄새 맡았다.

도시 한가운데서
나는 나의 하느님이 술집에서 울고,
눈부신 빛 아래 배회하며,
질주하는 차를 잽싸게 피하는 것을 보았다.
여인들이 불빛을 저주하며
뚜쟁이질하고 강간당하는 거기서
나는 격렬하고 깊은 그녀의 존재가
흐느끼는 것을 보았다.

내 마음 깊은 곳에서
나는 내 하느님이

내 중년의 뼈를 소생시키고
내 모든 "그러나"들을 제지시키며
내 배에서 발길질하는 것을 보았다.
내 정신이 무아지경에 들어가
오랫동안 잠들어 있던 거기서
따뜻하고, 촉촉하고, 짭쪼롬한 하느님이
일어나서
함께 춤추자고 고갯짓했다.

*본문에 나오는 *이탤릭체*는 강의 자료 발췌문입니다.

역학의 관점에서 본 우리 사회의 문제와 해법

최일범(성균관대학교 유학대학 교수)

1. 머리말

최근 우리나라에 초청된 외국의 작가 중 단연 관심의 대상이 되었던 인물 중 하나로 『사피엔스』의 저자 유발 하라리를 꼽을 수 있습니다. 『사피엔스』로 우리나라 독자들의 주의를 끌었던 그는 곧바로 『호모 데우스』를 출판하여 또 다시 우리나라 독서계를 뒤흔들었습니다. 『호모 데우스』의 내용은 인류의 문명이 이제 4차 산업혁명 시대, 즉 인공지능 시대로 접어들었으며, 멀지 않은 미래에 인류에게 심각한 생존의 문제가 발생한다는 것입니다.

유발 하라리의 통찰에 의하면, 4차 산업혁명 시대에 인류의 목표는 불멸, 행복, 신성神聖, 즉 노화와 죽음 그 자체의 극복이라고 합니다. 다시 말하면 원시문명 시대에 짐승 수준의 생존 투쟁에서 건져 올려진 인류의 다음 목표는 인류를 신으로 업그레이드하여 호모 사피엔스를 호모 데우스로 바꾸는 것이 된다는 말입니다.

물론 오늘날 세계에서 인류는 중요한 문제들에 봉착하고 있습니다. 중동의 동요, 유럽의 난민사태, 중국의 둔화된 성장, 북한의 핵무장 같은 당면 문제가 우리 앞에 놓여 있는 것입니다. 이런 국제정세의 문제 외에 지구온난화, 증가하는 사회적 불평등, 직업시장의 교란 같은 크고 중요한 문제도 있습니다. 그러나 유발 하라리는 우리가 생명이라는 실로 장대한 관점에서 본다면 상호 관련된 다음의 세 과정 앞에서 다른 문제와 상황들은 작게 보일 것이라고 단언합니다.

1) 과학은 모든 것을 아우르는 하나의 교의로 수렴되고 있고, 그에 따르면 유기체는 알고리즘이며, 생명은 데이터 처리과정이다.
2) 지능은 의식에서 분리되고 있다.
3) 의식은 없지만 지능은 매우 높은 알고리즘들이 곧 우리보다 우리 자신을 더 잘 알게 될 것이다.

그는 이 세 과정은 세 가지 중요한 질문을 내포한다고 합니다.

1) 유기체는 단지 알고리즘이고, 생명은 실제로 데이터 처리과정에 불과할까?
2) 지능과 의식 중에 무엇이 더 가치 있을까?
3) 의식은 없지만 지능이 매우 높은 알고리즘이 우리보다 우리

자신을 더 잘 알게 되면 사회, 정치, 일상에 어떤 일이 일어날까?

문제의 핵심은 인공지능이 발전으로 기계학습과 인공신경망이 부상하면서 점점 더 많은 알고리즘들이 독립적으로 진화해 스스로 성능을 높이고 실수하면서 배우는 가운데, 이런 알고리즘들이 어떤 인간도 망라하지 못하는 천문학적 양의 데이터를 분석하고, 패턴 인식방법을 배우고 인간의 마음은 생각해 낼 수 없는 전략을 채용한다는 데 있습니다. 다시 말하면 종자 알고리즘을 개발한 것은 인간이지만, 이 알고리즘은 성장하면서 자기만의 길을 따라 인간이 한 번도 가본 적이 없고 갈 수도 없는 곳으로 간다는 것입니다.

만일 인공지능이 세계를 정복한다면 인간에게 무슨 일이 일어날까요? 유발 하라리는, 처음에는 인본주의의 과제들인 건강, 행복, 힘의 추구가 가속화될 것이며, 이런 인본주의의 목표를 달성하겠다고 약속하면서 널리 퍼져 나갈 것이라고 합니다. 그런데 문제는 인간이 불멸, 행복, 신 같은 창조 능력을 얻기 위해서는 막대한 양의 데이터를 처리할 필요가 있는데, 그것은 인간의 뇌 용량을 벗어나는 것이므로 결국 알고리즘들이 인간 대신 그 일을 할 것이며, 권한이 인간에서 알고리즘으로 옮겨 가는 순간 인본주의 과제들은 폐기되고, 인공지능은 호모 사피엔스가 다른 동물들에게 했던 일을 호모 사피엔스에게 할 수 있다는 것입니다.

이러한 지성적 상상과 추론은 우리로 하여금 인간의 정체성에 대해 다시 한 번 심각하게 반성할 계기를 마련합니다. 생각해 보면 오늘날 인류가 이룩한 거대한 문명 체계의 배후에는 인간의 우월성, 즉 여타의 생물, 무생물과 차원이 다른 인간의 정체성에 대한 하나의 믿음이 존재하고 있습니다. 즉 인간은 다른 비인간 생물들을 도구로 스스로의 생존을 영위할 가치를 지니고 있으며, 그것은 궁극적으로 종교의 초월성을 기반으로 삼고 있는 것입니다. 예를 들면 기독교에서 믿고 있듯이 하느님, 창조주께서 인간의 생명에 여타의 생물과는 다른 가치를 부여했다는 믿음입니다. 같은 논리는 아니지만 유교에서도 유사한 주장이 제기되었습니다. 인간의 본성과 다른 동물의 본성은 다르다는 것이며, 설혹 본질적으로 같다고 해도 인간만이 본성을 구현할 수 있는 능력을 가지고 있다는 것입니다. 아마도 기독교에서 인정하는 인간만의 가치, 권한(다른 생물들보다 우월하며, 그들을 인간 생명 유지의 도구로 삼을 수 있는 권한)에 동조하지 않는 대표적인 사상, 그런 종교로 우리는 불교를 들 수 있습니다. 불교의 공空, 무자성無自性은 인간의 특수한 본성뿐 아니라 심지어는 기독교의 창조주 하느님과 유교의 천명天命도 부정할 수 있는 논리적 기반을 갖추고 있습니다. 그럼에도 불구하고 불교 역시 인간이 불성을 실현하는 데 있어서 가장 진화된 생명체임을 인정하는 데는 결코 인색하지 않을 것이라고 확신합니다.

이런 관점에서 본다면 오늘날 한국사회에서 가장 영향력이 있는 기독교는 물론 유교, 불교 역시 유발 하라리가 제시한 알고리즘이 지배하는 미래 세계에 대해 깊은 우려를 표명하지 않을 수 없을 것입니다. 다시 말하면 과학이 우세한 현대사회에서 전통 종교는 모두 중대한 위기에 봉착해 있다는 것입니다.

2. 유교의 하늘님과 인간의 본성

이제 강의의 초점을 유교에 집중해 가기로 하겠습니다. 그런데 그 전에 이 자리에 함께 한 기독교인 여러분에게 유교에 대해 좀 더 적극적이고 역사적인 관점에서 접근할 필요가 있다는 것을 말하고 싶습니다. 그렇게 보면 여러분들은 사실 기독교와 가장 가까울 수 있는 종교가 유교라는 사실을 인정할 수 있을 것입니다. 왜냐하면 초기 기독교인들은 모두 유학자였기 때문입니다. 우리 역사에서 유학자가 아니면 기독교를 수용할 수 없었습니다. 다시 말하면 유교야말로 기독교를 받아들인 주체였다는 말입니다. 왜냐하면 유교 속에는 기본적으로 하늘님 사상이 존재하기 때문입니다.

유교에서는 인간의 본성이 하늘의 명령으로 인간의 마음에 자리 잡았다고 합니다. 그러므로 모든 유교인들의 마음속에는 하느님의 명령(天命)이라는 개념이 내재하고 있습니다. 물론 기독교의 창조주로서의 하느님과 일치하는 개념을 아니지만 상당히 유사한 의미에서 하느님을 마음속에 간직하고 있단 말입니다. 만약 유교와 기독교의 다른 점은 뭐냐고 묻는다면, 기독교는 하느님이 우리를 창조했다고 생각하지만, 유교에서는 하느님이 우리 본성 속에 들어와 있다고 생각한다는 점입니다. 달리 말하면 이 세계라고 하는 것이 창조주에 의해 창조되었다가 언젠가는 없어질 것이 아니라, 이 세계 자체가 하느님 자신의 드러남이라고 생각한다는 것입니다. 또는 인간의 삶 자체가 하느님의 역사다 이렇게까지 생각할 수 있습니다. 이런 점에서 유교가 기독교와 다릅니다. 다시 말하면 현실세계를 보는 관점이 다르다는 말이지요. 일반적으로 신앙을 가진 분들이 생각하기에 이 세계는 언젠가 버리고 가야 할 일종의 플랫폼이요, 종착지가 아닙니다. 그런데 유교에서는 이 세계를 하나의 과정이라는 개념으로 보지 않고, 이 삶이 그대로 하느님의 역사다(기독교식 표현이기는 하지만)라는 생각을 가지고 있습니다.

그럼 우리가 어떻게 살아야 하느냐. "천명지위성天命之謂性, 솔성지위도率性之謂道, 수도지위교修道之謂教"라는 말이 『중용』이라는 텍스트에 나옵니다. 번역한다면 "하늘의 명령이 나의 성性이고, 나의 성을 따르는 것이 도道이고, 도를 가르치는 것이 교육이다"라는 뜻입니다. 도道라는 말은 길이란 뜻이죠. 어떻게 살아가야 하느냐, 살아가는 방법, 그게 도예요. 다시 말하면 살아가는 데 어떤 길을 따라가야 할까 하는 것입니다. 이렇게 "나의 성을 따르는 것이 도"라고 말하는 것이 유교의 특징입니다. 다시 말하면 천명天命이 우리의 본성에 있다고 하는 것이 유교의 특성이라는 것입니다. 솔성率性의 솔率자는 '따라간다'는 뜻입니다. 즉 나의 본성을 따라가는 것이 길이요 도라는 것입니다. 기독교에서는 하느님의 말씀을 따른다, 예수님은 나는 길이요 진리요 생명이다, 다시 말하면 예수님이 곧 길이므로 인간은 예수님을 따라야 한다, 이렇게 생각하는데, 유교에서는 진리가 내 본성 속에 들어와 있기 때문에 '내 본성을 따르는 게 길이다'라고 생각한다는 것입니다.

그렇다면 나의 본성이란 무엇인가? 어떻게 드러나는가? 이 본성은 어떻게 자기를 표현하는가? 이런 문제에 대해서 유교는 나의 본성은 감정으로 표현된다고 합니다. 그래서 공자를 계승한 맹자는 본성을 나타내는 사람의 감정을 네 가지로 축약해서 측은惻隱한 감정, 부끄러운(羞惡) 감정, 양보하는(辭讓) 감정, 옳고 그름을 분간하는(是非) 감정이라고 했습니다. 이 네 가지 감정이 나의 본성을 드러내는 네 가지 단서라고 해서 사단四端이라고 부릅니다. 맹자는 사단은 도덕 판단의 기본이 되는 감정이라고 했습니다. 바꾸어 말하면 우리의 도덕 판단은 본성이 발현한 사단에 의해서 이루어진다는 것입니다. 그러므로 맹자 이후 유교에서는 하늘의 명령이 인간의 도덕적 감정을 통해서 이루어진다고 생각하게 되었습니다.

그런데 오늘날 과학은 도덕의 영역을 물리주의로 해석합니다. 예를 들면 도덕 판단 과정을 뇌를 대상으로 하는 자기공명영상(fMRI)으로 보여줄 수 있다고 하는 것입니다. 뿐만 아니라 오늘날 생물학 이론에 따르면 우리의 기억, 상상, 생각은 고차원적이고 비물질적인 영역에 존재하지 않습니다. 그것들 역시 수백억 개의 뉴런들이 발화하면서 밀려드는 전기신호들이라는 것입니다. 만약 도덕 판단이 천명, 하느님의 명령이라면 우리는 혹시 이 길고 구불구불한 뉴런의 여정에서, 한 뉴런과 다음 뉴런 사이에 천명天命이 개입해 다음 뉴런이 발화해야 할지 말지 결정하는 단계가 있을까?라고 생각해야 할 것입니다.

유발 하라리는 현대과학이 감성을 뇌의 화학물질의 순환 반응으로 해석한다고 얘기했지요. 그런 감성이 어떻게 만들어졌냐 하니까, DNA 문제를 가지고 얘기했어요. 진화과정에서 DNA로 우리 뇌 속에 전부 감춰져 있다는 거예요. 무의식적으로 반응하더라도 무의식이 아니라 DNA 속에 설계된 대로 반응한다는 거예요. 그런데 유교에서 보는 감정은 그런 감정이 아니에요. 단순히 경험이 축적된 것이 감성이 아니라 천명, 하늘의 명령이라는 것입니다. 이런 의미에서 유교는 하느님의 존재를 확실히 인정합니다. 유교는 인간의 감정의 근원을 하늘에 두고 있어요.

공자나 맹자보다는 천오백 년 이후 발생한 중국 송대의 소위 성리학은 원시유교를 합리적으로 해석했습니다. 즉 하늘을 이치(理)로 해석하고 물질을 기氣라고 생각한 것입니다. 그리고 모든 기에는 이理가 깃들어 있다고 말했습니다. 이理와 기氣라는 두 범주에서 기는 형이하形而下의 세계, 이는 형이상形而上의 세계입니다. 이는 마치 아리스토텔레스가 형이상학을 이야기한 것과 논리가 유사합니다. 단 유교의 형이상학의 특징은 도덕적 감성의 근원을 형이상자로 표현한 것이 다릅니다.

3. 변화하는 현실과 도의 실현

오늘 제가 말하려는 주제는 역학易學입니다. 역학이란 무엇인가요? 앞에서 말한 것을 요약한다면 '하늘이 우리에게 명한 것이 우리의 본성이고, 그 본성을 따라가는 게 도다. 그리고 인간의 본성은 우리의 감정으로 드러난다'는 것입니다. 그런데 이 감정은 어디서 생기죠? 우리 현실에서 생기잖아요. 현실을 살아갈 때 슬퍼하고 기뻐하고 감정이 생기잖아요. 그 점이 역학과 관련이 있습니다.

역易이란 무엇인가요? 다음의 말은 중국 송대의 역학자인 정이천의 말입니다.

역易은 변역變易이니, 때(時)를 따라 변역하되 도道를 따른다.
(易, 變易也, 隨時變易以從道也)

때를 따라 변역한다는 것은 무슨 뜻일까요? 예를 들면 여름이 가고 가을이 오는데 옷을 바꿔 입어야 하지 않나요? 서늘해지니까 긴 옷으로 바꿔 입어야죠. 겨울이 오면 털옷으로 바꿔 입어야 하고요. 이런 것이 때를 따라 변역한다는 뜻이겠지요. 그러나 주역에서 변역하라고 하는 것은 단순히 현실의 기후변화에 따른다는 것과는 차원이 다른 의미를 내포합니다. 그것은 "변역해서 도道를 따른다"는 말에 나타나 있습니다. 중요한 것은 도입니다. 예를 들면 음식 한 끼를 먹을 때, 수녀님들은 왜 기도합니까? 어떤 사람은 하루 종일 일했으니까 당연히 먹는다고 생각할 수 있어요. 그러나 어떤 분에게는 음식은 노동의 당연한 대가가 아니라 주님이 내리신 은총이 됩니다. 그러니까 도는 근원적으로 하늘에서 왔으니까 하늘의 말씀을 현실에서 실천한다고 생각하는 것입니다. 즉 주역의 도道라고 하는 것은 단순히 물질세계의 변화에서 발견되는 것이 아니라, 형이상자의, 하느님의 뜻이 들어 있다고 주역은 말하고 있는 것입니다. 그래서 주역에는 이런 말씀이 있습니다.

형이상자形而上者를 도道라고 한다.
(形而上者謂之道)

주역에 도는 형이상자라는 말이 있기 때문에, 정이천은 「역전서易傳序」에서 "때를 따라 변역해서 도를 따른다"고 말할 수 있었습니다.

때를 따라 변역하는 것은 현상, 현실입니다. 도는 변하지 않습니다. 형이상자요 하늘이니까요. 그런데 때에 따라 변화하는 현실, 현상으로 도를 따른다는 것입니다. 그러니까 현실에서 변화하는 우리의 삶이 궁극적으로 도를 지향한다는 것이지요. 이렇게 보면 인간이 살아간다는 것이 단순한 생리적 변화과정이 아니라, 이 속에서 절대자라고 해도 좋고 진리라고 해도 좋은 어떤 궁극적인 도를 실현하는 것이 됩니다. 즉 역학자가 때를 보는 것은 단순히 그 시간을 보는 게 아니라 도를 보는 거예요.

가령 우주에서 전개되는 행성의 회전운동이 때(時)를 형성한다면, 그 회전운동이 지속 가능한 근거가 "도道"라고 할 수 있습니다. 바꾸어 말하면 "도"에 근거할 때 지속적 회전 운동인 "때"가 형성된다는 것이지요. 그러나 "도"와 "때"는, 도가 일방적으로 때를 드러내는 관계가 아닙니다. 오히려 "때"가 아니면 "도"는 자기 자신을 드러낼 수 없는 것입니다. 결론적으로 "도"와 "때"는 서로 의지하는 연기緣起 관계라고 할 수 있는 것이지요. 이것이 또한 유교적 세계관의 특성입니다. 예를 들면 기독교에서는 일반적으로 천국만이 진실한 세계요, 창조된 현실세계는 언젠가 없어질 수도 있다고 생각하는 데 반해서, 유교는 현실세계가 없다면 하늘의 명도 실현될 장소가 없다고 보는 것입니다.

따라서 유학자에게 오늘의 삶, 너의 삶을 얘기하라는 것은 무슨 뜻일까요? 이 순간에 하늘이 나에게 준 이때의 소명이 무엇인가, 그걸 알고 실천하는 게 유학자의, 역학자의 길이라는 거예요. 지금이 어떤 때인가? 우리가 한반도에 같은 민족으로 태어나서 살아간다고 할 때 어떤 사명을 가지고 있다고 보겠는가? 이렇게 우리가 사는 현실 속에서 하느님이 부여한 사명을 찾는 것이 유교적 사유입니다.

그렇다면 오늘날 현실은 우리에게 어떤 사명을 주고 있을까요? 인류 역사는 예수님이 십자가에서 돌아가신 이후, 공자님이 주유천하하면서 사람이 살아갈 도리를 몸소 실현한 이후, 부처님이 공의 도리를 알려주신 이후, 그 말씀들을 실천해서 민주사회를 구축하고, 인간이 인간 대접받는 사회를 만들기 위해 노력해 왔습니다. 역학자로서, 유학자로서 이런 현실은 회피할 수 없는 현실이에요. 아까 얘기했듯이 우리의 본성, 도가 하늘에서 왔기 때문에 우리의 지금 이 삶 속에 하느님의 섭리가 들어 있다고 생각합니다. 따라서 오늘날 우리는 우리의 현실에, 한반도에 닥쳐오는 역사의 사명을 정시하고 경각심을 가지고 여기에서 도를 추구하고 실현할 시점에 와 있다고 할 수 있습니다.

4. 유교적 참여의 역사적 반성

우리의 역사 속에서 예를 들어 보겠습니다. 한국 유교의 대표적 인물 한 분은 퇴계 이황이고, 한 분은 율곡 이이예요. 두 분 다 16세기를 살았던 한국 유학을 대표하는 인물이죠. 이 두 분이 국가의 위기를 당해서 어떤 인식을 가졌는가. 그것을 예로 들어 보려고 합니다.

첫 번째로 볼 것은 퇴계 이황의 '걸물절왜사소乞勿絶倭使疏'입니다. 걸乞은 구걸한다, 바란다는 뜻입니다. 따라서 이 글의 뜻은 퇴계가 당시 군주였던 중종에게 왜의 사신을 절대 물리치지 말라고 하는 상소문이에요. 이에 대한 역사적 배경은 아래와 같습니다.

'걸물절왜사소'는 퇴계가 1544년에 중종(39년)에게 올린 상소문입니다. 상소에 보이는 바와 같이 당시 조선의 조정은 왜와 외교관계를 단절하고 있었지요. 그것은 처음 퇴계가 사환仕宦의 길에 들어선 이듬해인 1534년 6월에 동래東萊까지 일본인을 호송하는 직책을 맡음으로써 일본인과 첫 대면한 이래로, 조선의 대일對日 관계를 어떻게 정립할 것인가 하는 문제는 관료로서의 퇴계가 직면하였던 중요한 문제의 하나였던 것으로 보입니다. 퇴계 이황 선생이 첫 벼슬에서 한 직책이 일본 사신을 한양에서 일본의 자기 지역까지 호송의 의전을 담당하는 직책이었어요. 그래서 왜인에 대해 관심이 있었지요.

그러한 일본과의 관계에 대한 퇴계의 구체적이고도 정리된 견해가 모습을 드러내기까지는 이후 약 10여 년의 세월이 소요되었습니다. 그것은 1544년 4월에 일본 배 20여 척이 경상남도 사량진蛇梁鎭에 침입함으로써 야기되었던, 이른바 사량지변蛇梁之變의 사후 대책에 대한 그 자신의 견해로서 나타나게 되었지요. 일본인이 지금의 거제도 부근의 작은 섬에 거주하는 조선인을 몰살했던 사건을 '사량지변'이라고 하는데, 이 사건 후에 조선 조정은 왜구를 쫓아서 바다에서 전쟁을 해 이겼고, 이후에 왜와 국교를 단절했어요.

갑진년에 일어났던 연유로 달리 갑진지변甲辰之變으로 불렸던 이 사태를 계기로 조선 조정에서는 당시 대마도對馬島를 경유하여 이루어지던 일본과의 교역 관계를 단절할지의 여부를 놓고서 격렬한 논쟁을 벌이게 되었습니다. 일본 쪽의 거듭된 간청에 의해 결국 1547년 정미조약丁未條約의 형태로 교역을 재개한다는 결착을 보기까지의 기나긴 토의 과정에서 퇴계는 일찍이 1545년 7월에 「왜사倭使를 끊지 말

것을 바라는 소疏」라는 상소문의 형태로 대일 관계에 있어서 유화책을 취할 것을 강력하게 주장하고 있습니다.

조선은 왜를 국가로 보지 않았어요. 문명도 없고 짐승과 유사하다 생각했어요. 퇴계가 쓴 상소문 전문을 읽어보시면 당시 조선이 왜를 인간 이하로 봤다는 걸 알 수 있어요. 더구나 그들이 조선에 와서 양민을 학살하고 식량을 탈취하니, 저런 짐승들과는 연을 끊어버리자 한 것이죠. 그런데 퇴계가 외교 관계를 끊어선 안 된다고 한 거예요. 왜 그랬을까요. 퇴계는 간절하게 중종에게 다음과 같이 상소문을 올렸습니다.

> 신은 본래 질병으로 몹시 허약하였는데, 근래에는 더욱 심해져서 숨결만 근근이 이어 사경에 이르렀습니다. 허나 조정이 왜의 청請을 끊어버린다는 말을 듣고 마음에 괴이하게 여기어 탄식하였습니다. 이 일은 백년 사직의 근심이 되고, 억만 생령의 생명에 관계되는 일이라고 생각하여, 한 말씀 아뢰지 못하고 죽어서도 사사로운 한恨을 품을 수 없기에 병을 무릅쓰고 이 우매한 말씀을 삼가 올립니다. 엎드려 원하옵건대 전하께서는 신의 이 글을 신하들과 널리 의논하시어 냉정한 마음으로 처리하신다면, 어리석은 신의 다행일 뿐만 아니라 곧 종묘사직의 다행일 것입니다. 신은 몹시도 참람하여 두렵고 떨리는 마음 견딜 수 없어서 삼가 죽음을 무릅쓰고 아룁니다.

퇴계는 왜와의 관계에 조선의 백년 사직이 달렸다고 합니다. 무슨 말이죠? 일본의 위험성을 퇴계는 너무나 잘 알고 있었다는 것이죠. 상소문에는 이런 내용도 나옵니다.

전쟁이란 흉악하고 위험한 것이니, 사직社稷을 이롭게 하고 백성을 편안하게 하는 것이 급한 일이요, 금수가 날뛰는 것쯤은 치지도외置之度外할 수 있기 때문입니다. 그러므로 자고로 제왕이 오랑캐를 다스리는 방법은 화친을 우선으로 하고, 부득이하게 용병用兵을 하는 경우도 금수가 백성을 핍박하는 해악을 제거하기 위함이므로 해악이 제거되면 바로 그만두었습니다.

퇴계는 이미 일본과 조선의 전쟁을 예측하고 있었던 것입니다. 상소문의 내용을 좀 더 보겠습니다.

지난번 섬나라 오랑캐의 사량蛇梁의 변은 개나 쥐새끼들의 도적질에 불과할 뿐입니다. 이미 도적의 무리를 죽여 물리쳤고, 또 왜관倭館에 머물던 자들까지 모조리 쫓아버렸으니, 국위는 이미 떨쳤고 왕법王法도 바로잡혔습니다. 저들도 위엄을 두려워하고 은덕에 부끄러워하며 마음을 바꾸고 허물을 고쳐서, 다른 왜인倭人들을 핑계 대고 대국大國에 호소하며 스스로 해명하여 머리를 숙여 애걸해 오고 꼬리를 흔들며 가엾이 여겨 줄 것을 청해 왔습니다. 왕도王道는 넓고 넓어 속일 것이라고 미리 단정하지 않으며, 불신不信할 것이라고 미리 억측億測하지 않습니다. 참된 마음으로 온 것이면 이를 받아들일 뿐입니다. 지금 왜노倭奴가 청하는 것은 허락할 만한 것 같은데도 허락하지 않으시니, 그러면 어느 때에 가서야 허락해 주시려는지 모르겠습니다.

일본이 이렇게 머리 숙이고 외교를 이어가 달라고 부탁했다는 말이에요. 이제 퇴계 선생이 외교 줄다리기의 방법론을 말하는 부분이 나옵니다.

이적과 화친하는 길에는 마땅히 이들을 조종操縱, 신축伸縮, 가부可否를 장악하는 권權과 세勢가 있어야 합니다.

여기서 권과 세를 합치면 권세죠. 외교 관계에서는 헤게모니를 쥐어야 한다, 권은 단순히 힘이 아니라 사태가 변할 때 주도권을 잡는다는 뜻입니다. 상소문은 계속 이어집니다.

이 권과 세는 반드시 항상 우리 편에 있도록 하고, 저들 편에 있도록 하여서는 아니 된다는 것입니다. 신도 조정의 뜻이 이 점을 중히 여겨서 그렇듯 굳건하게 거절하자는 의논을 하고 있음을 알고 있습니다. 그러나 죄가 있을 때에는 끊었다가 그들이 스스로 회개悔改할 때에는 허락하게 된다면 이야말로 권과 세가 우리 편에 있으므로 정당하게 처리할 수 있는 것입니다. 정당하게 처리할 수 있는 것을 때(時)라고 합니다.

때가 중요합니다. 이 정당성 속에 천명이 들어 있는 것이지요.

퇴계는 일본을 이용하자는 것이 아니라 정당하게 처리하자는 것입니다.

때를 어찌 어길 수 있겠습니까. 그 권은 가지고 있으면서 그 세를 내세우지 않고 사심 없이 처리하면 저들은 반드시 큰 은덕으로 생각해서 그 마음에 감동하고 기뻐하여 서로 이끌고 정성을 바쳐 올 것입니다.

오늘날 천변이 하늘에 나타나고, 인사人事가 땅에서 잘못되어 큰 재화가 겹쳐 일어나고, 나라의 운수가 어렵고 꽉 막혀서 근본이 불안하고, 변방이 허술하며 군사는 부족하고 양식은 다 떨어졌으며, 인민은 원망하고 신神은 노하니, 우리나라 어느 때에 이렇듯 위급한 일이 있었겠습니까. 대개 태백성太白星이 대낮에 보이는 것은 곧 병란이 일어날 징조입니다.

퇴계의 예언처럼 불과 얼마 안돼서 임진왜란이 일어났습니다. 퇴계는 또한 북방의 여진족의 침입도 걱정했습니다.

또한 나라에서는 이미 북쪽 오랑캐와 틈이 벌어지고 있으니, 저들 가운데 억세고 사나운 추장들이 이를 갈며 보복하고자 하여 우리 변방에 침범하기를 꾀하지 않으리라고 누가 알 수 있겠습니까.

퇴계의 눈은 정확했습니다. 임진왜란 후에 바로 병자호란이 발발했지요.

> 가령 남북의 두 오랑캐가 일시에 들고 일어난다면, 동쪽을 지탱하면 서쪽이 흔들리고 배(腹)를 호위하면 등(背)이 무너질 것이니, 그렇게 되면 나라에서는 무엇을 믿고 이를 처리할 것인지 알지 못하겠습니다. 이것이 신이 크게 근심하는 바입니다.

이게 유학자인 이황의 현실인식이었던 것입니다. 마치 오늘날 21세기에 우리가 처한 현실을 예측한 것 같습니다. 일본과 중국 사이에서 핍박받는 오늘의 현실을 말입니다.

넘어가서, 율곡 이이의 '시폐칠조책時蔽七條策'을 보겠습니다. 7가지 이러지도 못하는 일에 대한 해결책이라는 뜻입니다. 율곡은 퇴계보다 20년 후 인물이거든요. 퇴계는 선조가 즉위하고 좀 있다가 돌아가셨는데, 이 '시폐칠조책'은 선조 시대에 쓰인 것입니다.

> 요동遼東의 굶주린 백성들이 우리 국경으로 흘러들어 오고 있는데 혹자는 "창고에서 곡식을 꺼내서 구휼해야 한다" 하고, 혹자는 "막아버리고 못 들어오게 해야 한다" 하는데, 이 두 가지의 말은 어느 것이 옳은가.

정말 난제 중에 난제죠. 또 다음을 봅시다.

대마도에서 양곡을 요청하는 것은 그 뜻이 나라의 울타리가 되어 주겠다는 것인데, 혹은 "주어야 한다" 하고, 혹자는 "주지 말아야 한다" 하는데, 주어야 한다는 것은 무슨 소견이며, 주지 말아야 한다는 것은 무슨 소견인가.

우리 영토에서 제주도보다 대마도가 가깝지만, 조선은 대마도를 우리 영토로 받아들이지 않았어요. 대마도에서 계속 영토로 받아달라고 했습니다만 조선은 거절했습니다. 대마도는 식량이 별로 안 나서, 대마도는 항상 조선과 일본 사이에서 왔다 갔다 했는데, 조선이 식량을 더 많이 줬습니다. 그 이야기를 하고 있는 겁니다.

진천뢰震天雷는 웅맹雄猛하기가 짝이 없는 것이다. 혹자는 "적에게 위엄을 보이고 승리를 하자면 이것보다 나은 것이 없다" 하고, 혹자는 적을 대하면 쓰기 어려우며 우리 군졸을 상할 우려가 있다" 하니, 소견이 어찌 이렇듯 같지 않은가.

진천뢰는 일종의 폭탄입니다. 지금과 같죠. 무기를 더 확보해야 하느냐, 말아야 하느냐.

판옥선板屋船은 제도가 극히 정밀하다. 혹자는 "많이 만들어서 해적을 잡아야 한다" 하고, 혹자는 "배를 만들지 말고 송재松材를 기르도록 해야 한다" 하니, 두 사람의 말이 어찌 우열이 없겠는가.

판옥선을 많이 만들어야 하느냐, 말아야 하느냐. 이런 7가지 문제들에 대해 율곡이 답을 합니다.

> 제가 듣기로는, 때(時)에 따라 중도中道를 얻는 것을 권權이라 하고, 일을 처리함에 있어 적의適宜함을 얻는 것을 의義라고 한다 합니다. 권으로써 변고에 대응하고 의로써 일을 처리한다면 나라를 다스리기가 무엇이 어렵겠습니까.

여기서 권이나 의라는 개념이 역학적 개념입니다. 그 밑의 문장을 볼까요.

> 경서經書를 연구한 목적은 장차 사람들의 실용實用에 제공하려는 것인데, 어찌 감히 묵묵부답하여 성의를 저버릴 수 있겠습니까.

바이블을 공부하는 목적은 현실에서 실용적으로 사용하려고 하는 것이죠. 이런 세계관이 어디서 나올 수 있나요? 바로 아까 말했듯 하늘이 인간 속에 있고, 인간의 삶이 하느님의 소명을 실천하는 것이다, 그런 세계관에서 온다는 말이에요.

> 제 생각으로는, 병립竝立할 수 없는 것은 도道의 시是와 비非요, 공존共存할 수 없는 것은 일의 이利와 해害입니다.

옳음과 그름, 이익과 해로움은 공존할 수 없다는 뜻입니다. 이

다음이 중요한 율곡의 상황 판단인데요.

> 한갓 이해만 따지고 시비의 소재를 돌아보지 않는다면 일을 처리하는 의에 어긋나고, 한갓 시비만 따지고 이해의 소재를 강구하지 않는다면 변고에 대응하는 권에 어긋나는 것입니다.

시와 비는 정의의 문제고, 이와 해는 실익의 문제예요. 인간이 살아가는 데 먹고 살아야 하고 양심에 따라 살아야 하는데, 이 둘을 모두 충족해야 한다는 겁니다. 더구나 국가를 경영하는 데 이 둘을 다 취해야 한다는 겁니다. 도리에도 맞고 경제력도 확보하는 게 경영자의 기본 원칙이라는 말입니다.

7가지 책략 중에서 저는 하나만 예를 들었습니다. 대마도가 식량을 달라고 할 때 율곡이 어떤 처방을 내리는지 읽어보지요.

> 대마도라는 외딴 섬은 일본과는 멀고 우리나라와는 거리가 가까우므로 우리에게로 귀화해 오려는 뜻을 가진 지 오래입니다. 그들이 이제 와서 곡식을 내어주면 번병藩屛이 되겠다고 맹세를 하는데, 혹자는 "은혜만 베푼다면 오랑캐도 변화시킬 수 있는 것이니, 양식을 주어 저들로 하여금 은혜에 감복하게 하면 무기를 쓸 것도 없이 앉아서 한 진鎭을 얻게 된다" 하고, 혹자는 "우리의 족속이 아닌 이상 그들의 마음씨도 반드시 다른 것인데, 헛되이 국가의 비축만 소비했다가 그 보상을 얻지 못하게 된다면 다만 오랑캐의

계교에 빠지게 되고 도리어 일본의 원망만 사게 된다" 합니다. 이 두 가지 말은 하나가 옳으면 하나는 옳지 못하니, 역시 분별하기가 어렵습니다.

이걸 보면 대북 햇볕정책 생각나지 않으세요? 강한 바람으로 옷을 벗기느냐, 햇볕으로 옷을 벗기느냐. 지금도 어느 쪽이 옳다고 말하기 어려운 상황이죠. 500년 전에 율곡 선생이 했던 고민이 오늘날의 고민인 것이죠.

대마도의 귀화하는 것을 허락하는 것은 우리 백성이 그의 도움을 얻게 하고자 하는 것인데, 만약 곡식을 주었다가 속임을 당하고 보면 이것은 백성을 야위게 하고 적을 살찌게 하는 것입니다. 공전攻戰하는 기구는 우리 백성을 지키기 위한 것이니, 쓸모가 있고 해가 없는 것이면 버려서는 안 됩니다.

전쟁을 위한 준비를 포기하면 안 된다, 국가의 식량도 주어선 안 된다는 겁니다.

그렇기 때문에 '근본을 힘쓴다'는 것은 안을 중하게 여기고 밖을 경하게 여겨야 함을 말함이요, '요령을 알아야 한다'는 것은 두 가지 중에서 중도를 써야 함을 말한 것입니다.

이 말은 함축적이지만, 앞으로 정부가 나아갈 책략이 여기에 있다고 생각합니다. 안이 중요하다. 정부는 국내의 불안을 해소하는 데 전력을 다해야 한다는 겁니다. 우리가 할 수 있는 일은 남한 내부에 힘을 결집시키는 것이죠. 요즘 젊은이 중에는 외국으로 떠나는 사람들이 많죠. 국제적으로 한국이 고립돼 있고 내부적으로도 고립돼 있는데, 이걸 갈무리하고 재통합하고 원초적 생명력(원기)을 앞으로 길러 가느냐 하는 것이 대한민국의 현실적 소명이라고 생각합니다. 서로 내 이익을 찾겠다고 하지 않고, 양보하고 큰 틀에서 단합하고, 내부적으로 역량을 키우고, 이렇게 하는 것이 먼 길인 것 같지만 가장 가까운 길이고, 무엇보다도 당장 할 수 있는 일이라고 봅니다.

5. 오늘날 종교의 사회참여

이상에 보이는 것처럼, 퇴계 선생이나 율곡 선생도 관점이 달라요. 퇴계 선생은 일본을 수용하자는 입장이고, 율곡은 받아들이지 말자는 입장인데 다른 듯 보이지만 조선 백성의 생명을 구해야 한다는 점에서 일치해요. 퇴계는 율곡보다 20년 전 사람입니다. 그때 상황과 율곡의 상황은 달라졌다는 거예요. 율곡의 상황은 내일모레 전쟁이 일어나는 상황이고, 퇴계는 좀 더 준비할 수 있다고 생각한 상황인 거죠. 퇴계, 율곡 하면 아주 고답적인 성리학 사상이나 이야기할 것 같은데 이런 정치적 역할을 하는 것은 잘 못 보셨을 거예요. 이분들이 한편으로는 철학공부를 하고, 한편으로는 국가정책에 대해 개진하고 얼마나 노력했는지 알아야 합니다. 이런 예를 들어볼 때, 우리가 접하는 상황은 적어도 유학적인 입장에서 보면 참여, 우리가 대한민국을 어떻게 이끌어 갈 것인가 하는 참여의식의 리드를 종교계가 먼저 해야 한다고 생각해요. 풍전등화의 상황에서 한국의 나아갈 길을 제시하고 힘을 합치자는 말을 해주는 종교적인 뉴스가 없다는 말이에요. 이런 것들이 좀 시급하다고 생각합니다. 정치인들에게만 맡길 것이 아니라 종교인들도 그야말로 참여해야 한다고 생각합니다. 저는 참여와 명상이라고 할 때 유교의 참여의식은 과연 어디서 나오는가 하는 점을 이 두 유학자의 외교관, 정책관을 통해 말씀드렸습니다.

유교 문하생이 보는 참여와 명상의 의미

정은해(성균관대학교 철학과 초빙교수)

안녕하세요. 여러분을 뵙게 되어 반갑습니다. 또한 많이 참석해 주셔서 고맙습니다. 제가 오늘 드릴 말씀은 사실 종교인들이신 여러분께서 이미 아시고 있는 내용들일 것입니다. 물론 종교의 측면에서 다르고 사용되는 용어도 다르겠지만, 그 취지는 종교를 불문하고 동서고금에서 동일한 것일 수 있기 때문입니다. 그래서 저는 저의 강연의 목표를 이렇게 잡아보았습니다. 첫째로 우리가 알고 있는 것을 재인식하는 기회로 삼자. 둘째로 알고 있는 것의 실천 의지를 공유하도록 하자. 셋째로 알고 있는 것의 실천 희망을 다짐해 보자.

제가 말씀드리는 것을 여러분이 이미 아시고 있는 것과 비교하면서 음미하시면 별로 어렵지 않게 공감하시게 되지 않을까 기대해 봅니다. 먼저 처음으로 말씀드릴 것은 유교 수양론의 특징에 관해서입니다.

1. 유교 수양론의 특징

유교의 수양론은 '마음을 보존하고 본성을 함양한다'는 말로 특징지어집니다. 한자로는 존심양성存心養性이라고 하는데, 선한 마음을 보존하여 선한 본성을 함양한다는 의미를 갖습니다. 선한 마음을 보존하기 위해서는 자기 마음을 수시로 반성하면서 선한 마음이 발생하고 있는지를 살펴보아야 합니다. 이것은 한자로는 내성內省이라고 하는데, 마음의 내적 성찰을 말합니다. 자기 마음의 성찰을 통해 선한 마음을 보존하고 이를 통해 선한 본성을 함양한다는 것은 성현이 되는 길이 자기 자신에게 있고 자기 밖에 있지 않다고 보는 것이기도 합니다. 이를 위해서는 일에 대한 잘잘못의 원인을 남에게 돌리지 않고 '돌이켜 자기 자신에게서 구하는 것'이 필요합니다. 이것을 한자로는 반구제기反求諸己라고 합니다. '반구제기'에서 '제諸'라는 글자는 사전적 의미로는 '모든'이라는 뜻을 갖지만, 여기서는 '지어之於'를 축약한 말입니다. '지어'에서 '지之'는 '그것'이라는 말이고, '어於'는 '어디어디에서'라는 말입니다. '기己'라는 글자는 자기를 말합니다. 그러니까 '반구제기', 곧 '반구지어기'라는 말은 '반대로 그것을, 잘못을, 나에게서 구한다'는 말이 됩니다.

이렇게 유교의 수양론에서는 '내적 성찰'과 '반구제기'가 삶의 지침이 됩니다. 이런 지침을 따라 형성되는 이상적인 사람은 내성외왕內聖外王이라고 불리는데, 그 뜻은 '안으로 성인의 마음을 갖추고 있고, 밖으로는 임금의 덕을 보여주는 사람'이라는 것입니다. 이런 사람은 '천도'에 도달하는 사람이자 '천인합일'을 실현하는 사람이라고도 말해집니다.

그런데 성인이든 필부이든, 삶에서 가장 어렵고도 중요한 문제는 삶과 죽음, 곧 생사를 어떻게 볼 것인가 하는 것입니다. 생사를 어떻게 보는가 하는 것, 곧 생사관은 사회 참여의 자세에도 결정적 영향을 미치는 것이기도 해서, 유교도의 사회 참여 자세를 알려면 유교의 생사관을 먼저 알아보는 것이 도움이 될 것입니다. 유교에는 유교 나름의 생사관이 있지만, 논의의 편의상 불교의 생사관과 비교하면서 설명해 보도록 하겠습니다.

2. 유교의 생사론

불교에서 탄생은 마음과 몸의 결합으로 이해됩니다. 이때의 마음은 윤회를 전제해서 말할 때 사후 영혼에 해당합니다. 사후 영혼은 죽음과 재탄생 사이의 중간에 존재합니다. 중간에 존재하기 때문에 중간에 있다는 의미로 중유中有라고도 불립니다. 중유로서의 마음이 결합하게 되는 몸은 부모에 의해 만들어진 수정란입니다. 사후 영혼인 중유와 수정란의 결합이 불교에서 보는 탄생의 기원입니다. 그런데 사후 영혼으로서의 중유는 수정란과 결합하면서 자신이 지니고 있던 업력業力을 수정란에 전해 주고 스스로는 소멸한다고 합니다. 업력이란 과거 행동이 개인의 미래에 대해 갖는 인과적 영향력을 말합니다. 업력을 수정란에 전달한 후 중유는 소멸하는데, 그 이후에는 업력이 수정란에 영향을 가하여 수정란이 서서히 개인의 형체를 갖추게 된다고 합니다. 이런 논의 속에서 '중유의 소멸'은 불교의 무아설을 지지해 주고, '업력의 전달'은 불교의 윤회설을 지지해 주는 개념들이 됩니다. 그런데 무아설과 윤회설은 언뜻 볼 때 서로 충돌하는 면을 갖고 있습니다. 그런 까닭에 불교가 설명하는 탄생의 과정을 쉽게 이해하기에는 어려운 측면들이 없지 않습니다.

어쨌든 이러한 불교와 달리 유교는 윤회를 인정하지 않습니다. 따라서 유교는 윤회의 주체인 사후의 영혼도 인정하지 않습니다. 대표적인 유학자인 주자에 의하면 한 개인의 출생은 이치와 음양의 결합입니다. 이치는 마음의 성분요소이고 음양은 몸의 성분요소라고 볼 수도 있습니다. 여하튼 불교가 마음과 몸의 결합을 말하는 데 비해, 유교는 이치와 음양의 결합을 말합니다. 이치와 음양이 결합한다고 하는 말은, 정확히 말하면 이치가 음양을 응결시키면서 음양과 결합한다는 것입니다. 이것을 쉽게 말하면 개인은 존재해야 할 이치, 곧 이유(理)가 있고 이 이유가 음양을 응결하고 이 이유가 음양과 결합하기에 개인이 탄생한다는 것입니다. 결국 주자에 따르면 개인의 존재 이유와 음양과의 결합이 개인의 탄생의 기원입니다.

유교에서는 제사를 지내므로 유교는 귀신을 섬긴다는 견해가 일반적인 생각이긴 합니다. 그런데 그런 생각은 유학자들 자신의 견해는 아닙니다. 귀신에 대해 조금 더 말씀드려 보도록 하지요. 전통적인 귀신관은 사후 세계에서 온 영혼이 신神이고, 사후 세계로 되돌아간 영혼이 귀歸라는 생각입니다. 그런데 이에 맞서 주자는 음양이 다가오며(來) 펼쳐짐(伸)이 신神이고, 굽혀지며(屈) 돌아감(歸)이 귀鬼라는 새로운 귀신 개념을 제시하였습니다. 음양은 때에 따라 굽혀지며 돌아가는데, 이 돌아갈 '귀'자를 '귀신'의 '귀'의 의미로 해석한 것입니다. 그리고 음양은 때에 따라 다가오며 펼쳐지는데, 이 펼칠 '신'자를

'귀신'의 '신'의 의미로 해석한 것입니다. 탄생과 성장은 음양이 다가오며 펼쳐짐이고, 노쇠와 죽음은 음양이 굽혀지며 돌아감에 해당한다는 것입니다. 모든 생명체에는 음양의 다가오며 펼쳐짐과 굽혀지며 돌아감이 있을 뿐이고, 불멸의 사후 영혼 같은 것은 없다는 것입니다. 사후 영혼이 귀신인 게 아니라, 음양의 굽혀짐과 펼쳐짐이, 한자로 말해 음양의 굴신이 귀신이라고 보는 것입니다. 결국 주자는 종래의 귀신 영혼론을 새롭게 귀신 굴신론으로 대체한 것이지요.

주자는 삶 내부에서 전개되는 굽혀짐과 펼쳐짐, 곧 귀와 신에 근거하여, 삶에는 죽음이라는 도리가 부착되어 있다고 말합니다. 이는 곧 생과 사의 비분리성의 주장입니다. 삶이 죽음에로 향한 과정이라면, 죽음은 삶에서 배제되어 있는 것이 아니라는 것입니다. 주자는 삶이라는 펼쳐짐(伸) 내부에서도 귀와 신이 있고, 죽음이라는 굽혀짐(屈) 내부에서도 귀와 신이 있는데, 이것을 음양의 착종, 곧 음과 양의 얽혀 있음이라고 말합니다. 이에 대해 주자는 다음과 같이 말합니다. "지금 사람이 태어나면 자연히 반은 신神이고 반은 귀鬼이다. 그러나 죽기 전에는 신이 주된 것이 되고, 죽은 후에는 귀가 주된 것이 된다. 종횡縱橫이 여기에 있으니, 굴신왕래의 기로써 말하면 다가옴은 신이고, 떠나감은 귀이다."

주자는 하나의 사물이나 현상에서 음과 양, 생과 사, 귀와 신, 굴과 신이라는 양면을 보아야 한다고 말합니다. 이런 입장은 어떤 것이 '항상 있다'고 보는 상견常見과 어떤 것이 '전혀 없다'고 보는 단견斷見을 지양하고 중도中道를 지향해야 한다는 불교의 입장과 상통합니다.

모든 것들은 매순간 기의 굴신이나 음양의 착종 속에서 전개됩니다.

그래서 모든 것들은 매순간 새로운 것으로 여겨질 수 있습니다. 이에 대해 주자는 한 제자와 문답을 나눈 적이 있습니다. 제자가 이렇게 말합니다. "해와 달이 예로부터 항상 보이지만(常見) 그 광경이 항상 새롭다(常新)는 것은 그 이치가 원래 이와 같습니다. 그러나 이른바 항상 보인다는 것과 이른바 항상 새롭다는 것에는 반드시 구별이 있습니다." 이에 대해 주자는 다음과 같이 답변합니다. "해와 달이라는 음양의 정수는 예로부터 바뀌지 않는(不易) 것이지만, 오늘 이미 진 빛이 다시 내일 떠오르는 빛이 되는 것은 아니니, (해와 달은) 항상 보이지만 항상 새롭습니다."

주자는 매 순간 나타나는 사물이 새로운 것임을 알아차리는 것을 중요하다고 보는데, 이것은 그가 생사의 비분리성이나 귀신 굴신론에 토대를 두고 생활해야 한다고 보기 때문입니다. 생사의 비분리성이나 귀신 굴신론은 유학자들의 생사관이기도 한데, 이런 생사관이 유학자들의 사회 참여적 자세를 좌우합니다.

3. 유학자들의 사회 참여적 자세

이제 대표적 유학자들을 통해 그들의 생사관과 사회 참여적 자세를 알아볼까요? 먼저 공자입니다. 공자가 사후 영혼의 문제나 생사의 문제에 대해 보인 태도는 그의 제자 계로와의 문답을 통해 널리 알려져 있습니다. 계로가 귀신 섬기는 일에 대해 공자에게 물었습니다. 그러자 공자께서는 "사람을 아직 잘 섬기지 못하는데 어떻게 귀신을 섬기겠는가?"라고 말씀합니다. 계로가 재차 "감히 죽음을 묻겠습니다"라고 하자 "아직 삶을 모르는데 어떻게 죽음을 알겠느냐?"라고 답변합니다. 이렇게 공자는 제자들로 하여금 귀신보다 인간에, 죽음보다 삶에 더 관심을 두기를 바랐습니다. 그렇다고 공자가 죽음의 문제에 대해 초연한 것만은 아니었습니다. 오히려 그는 자신의 제자들인 백우와 안연의 죽음에 대해 크게 슬퍼하였습니다. 공자는 제자인 백우가 모진 병에 걸리자 문병을 갔습니다. 전염병이어서인지는 모르겠으나 공자는 창문 밖에서 방 안의 백우의 손을 잡고 말씀하였습니다. "이 사람을 잃게 되었으니 이는 운명(命)이로다. 이런 착한 사람이 이런 나쁜 병에 걸리다니! 이런 착한 사람이 이런 나쁜 병에 걸리다니!" 제자 안연이 죽었을 때도 공자가 이렇게 말씀합니다. "아, 하늘이 나를 버리는구나, 하늘이 나를 버리는구나!" 이런 말씀은 예수께서 십자가 위에서 하셨던 말씀을 떠올리게 합니다.

어쨌거나 앞서의 예에서 보듯이, 공자는 제자들의 죽음의 이유를 운명과 하늘에 돌리고 있습니다. 하지만 그는 운명과 하늘을 인격신으로 본 것은 아니고, 다만 불가항력적인 자연의 이치로 본 것입니다. 불가항력적인 자연의 이치를 인정하기에 그는 죽음을 연장하고자 하는 장생불사의 꿈을 갖기보다는 운명 안에서의 인도(仁)의 실현이 중요하다고 보았습니다. 그러기에 공자는 "지사志士와 인자仁者는 삶을 구하기 위해 인仁을 해치는 경우는 없고, 몸을 죽여 인을 이루는(殺身以成仁) 경우는 있다"고 말씀합니다. '지사'란 뜻이 있는 사람을 말하고, '인자'란 어진 사람을 말하는데, 이들은 어짊을 해치는 경우는 없고, 자신의 몸을 죽여 어짊을 이루는 경우는 있다는 것입니다. '몸을 죽여 어짊을 이룬다'는 말이 이른바 '살신성인'인데, 이것은 공자의 사회 참여적 자세를 보여줍니다.

둘째는 맹자의 경우입니다. 맹자는 자신을 수양함으로써 죽음을 기다리는 것이 운명을 세우는 일이라고 봅니다. 그러기에 "요절이나 장수에 대해 의문을 갖지 않고, 자기 몸을 닦고 조용히 (죽음을) 기다리는 것(脩身以俟之)이 운명을 세우는 것(立命)"이라고 말씀합니다.

유교에서 운명(命)은 본성과 수명을 함께 의미합니다. 그런 까닭에 맹자에게는 운명을 올바르게 따르는 일이 본성을 버린 채로 수명만을 연장하는 일이 아닙니다. 의로움이 빠진 삶은 운명을 올바르게 따르는 삶이 아니기 때문입니다. 맹자는 이런 말씀도 하였습니다. "물고기도 내가 원하는 것이고, 곰발바닥도 내가 원하는 것이다. 하지만 이 두 가지를 함께 얻을 수 없다면, 물고기를 버리고 곰발바닥을 취하겠다. 삶(生)도 내가 원하는 것이고, 의로움(義)도 내가 원하는 것이다. 하지만 이 두 가지를 함께 얻을 수 없다면, 삶을 버리고 의를 취하겠다. 삶도 역시 내가 원하는 것이지만 삶보다 더욱 깊이 원하는 것이 있으므로, 삶을 구차히 얻으려고 하지 않는다. 죽음도 역시 내가 싫어하는 것이지만 죽음보다 더 깊이 싫어하는 것이 있으므로, 환난에도 피하지 않을 만한 것이 있는 것이다."

여기서 물고기는 삶을, 곰발바닥은 의로움을 비유합니다. 둘 다 얻으면 좋겠지만, 하나만 선택해야 한다면 물고기를 버리고 곰발바닥을, 곧 삶을 버리고 의로움을 얻겠다는 것입니다. 죽음도 싫어하지만 죽음보다 싫은 것은 불의이므로, 불의보다는 죽음을 선택하겠다는 것입니다. 여기서 맹자는 의롭지 못한 삶보다는 의로운 죽음을 취하겠다는 '사생취의舍生取義'의 입장을 분명히 나타내고 있습니다. 이것은 맹자의 사회 참여적 자세입니다.

셋째로 노魯 나라 사람인 숙손표라는 유학자에 대해 말씀드려 보지요. 그는 죽어도 썩지 않는 것, 이른바 사이불후死而不朽의 의미에 대해 진晉 나라 사람 범선자范宣子와 문답을 나눈 적이 있습니다. 범선자가 자기 가문이 대대로 왕실 가문이었음을 자랑하며 다음과 같이 말합니다. "옛날에 저의 조상은 순임금 이전에는 도당씨(陶唐氏, 요임금씨)라 했고, 하나라 때엔 어룡씨라 했고, 은나라 때엔 시위씨라 했고, 주나라 때엔 당두씨라 했었는데, 우리 진나라가 중국의 맹주가 되어서는 범씨가 되었습니다. 이렇게 오래 두고 연면하게 이어진 것을 두고 그렇게(사이불후라고) 이르는 것입니까?" 이에 대해 숙손표는 다음과 같이 대답합니다. "우리 노魯나라에는 이미 돌아가신 한 사대부가 있어 장문중이라 했습니다. 이미 세상을 떠났지만 그분이 남긴 말은 현세에도 확고히 세워져 있습니다. 바로 이런 것을 일컫는 말일 것입니다. 제가 들은 바로는 가장 큰 것이 덕을 세우는 일(立德)이고, 그 다음이 공을 세우는 일(立功)이고, 그 다음이 말을 세우는 일(立言)이라고 합니다. 비록 그것들이 오래되어도 폐지되지 않는다면 이런 점을 일컬어 썩지 않는다고 합니다. (그대가 질문한 바) 성姓을 보존하고 씨氏를 이어받아 조상의 사당을 지켜서, 세대를 이어 제사 지냄을 단절하지 않는 것은 그 사례가 없는 나라가 없습니다. 복록(福祿: 타고난 복과 봉급으로 받는 녹봉)이 큰 것을 썩지 않음이라고 일컬을 수는 없습니다."

숙손표는 장문중의 말이 그가 죽었어도 썩지 않는 것이 되었다고 밝힙니다. 그러면서 장문중 스스로는 사람이 죽어도 썩지 않는 것 세 가지가 있다고 말했다고도 밝힙니다. 그 세 가지란 덕성(德)과 공적(功)과 언행(言)입니다. 덕德, 공功, 언言, 이 세 가지는 사람의 인격을 구성하는 요소일 것입니다. 장문중은 덕, 공, 언, 이 세 가지가 한 사람의 인격이고, 이 인격은 사람의 형체가 죽어 썩어진다고 해도 썩지 않는다고 말한 것입니다. 사실상 공자, 맹자, 장문중, 숙손표는 죽어서 그 형체는 이미 썩어졌습니다. 그러나 그들의 덕, 공, 언은 지금도 그들의 인격으로 남아 있으니, 그들은 사이불후의 전형적 인물들인 셈입니다. 이리 보면 덕, 공, 언을 세우려는 것이 유학자들의 사회 참여적 자세인 것입니다.

마지막으로 주자입니다. 주자는 앞서 인용한 맹자의 말씀을 다음과 같이 풀이하였습니다. "(맹자께서는) '요절과 장수(夭壽)가 둘이 아니니, 수신修身에 의해 죽음을 기다리는 것이 운명을 세움(立命)이다'라고 하셨다. (여기서) 요절과 장수는 수명의 길고 짧음을 말한다. 둘(貳)이란 의심(疑)하는 것이다. 의심하지 않는 것이 하늘을 아는 것의 지극함이다. 수신에 의해 죽음을 기다린다면, 하늘을 섬김으로써 몸을 마치는 것(事天以終身)이다. 운명을 세움은 하늘이 부여한 것을 온전하게 하고 인위적으로 해치지 않는 것이다."

주자는 맹자를 해설하면서 하늘을 섬김으로써 몸을 마치는 것(事天以終身), 곧 '사천이종신'이 운명을 세우는 것, 곧 입명立命이라고 말하고 있습니다. '사천이종신'이 '입명'이라는 말에 대해 많은 기독교인들이 나름대로 공감할 수도 있을 것입니다. 주자가 '하늘을 섬김으로써 몸을 마치는 것이 운명을 세우는 것'이라고 할 때의 '하늘'은 본성과 수명을 함께 의미합니다. 주자는 운명이 리理의 측면에서는 본성이고, 기氣의 측면에서는 수명이라고 보기 때문입니다. 주자는 결국 본성을 함양하고 수명을 수용한다는 이중적 의미의 하늘 섬김(事天)이 운명을 세우는 것이라고 본 것입니다.

이상으로 말씀드린 공자의 '살신성인', 맹자의 '사생취의', 숙손표의 '사이불후', 주자의 '사천이종신'은 죽어도 잊히지 않겠다는 '사이불망死而不忘'의 관점을 잘 보여줍니다. 불교도와 기독교도들은 선하게 살고 죽은 후에 새롭게 태어나겠다는 '사후신생死後新生'의 관점으로 삶을 살아가는 듯합니다. 비록 '사이불망'과 '사후신생'이 생사관에 있어서는 차이가 있지만, 그것들이 삶에 임하는 자세를 좌우한다는 점에서는 차이가 없을 것입니다. 제가 보기로는 '사이불망'이나 '사후신생'의 관점이 바로 종교인들의 사회 참여적 자세를 유지시켜 주는 근본 관점입니다.

4. 유교적 명상이 실현하는 경지

이제는 잠시 유교적 명상을 실습해 보겠습니다. 유교적 명상이 불편하신 분은 묵상을 하셔도 좋고, 참선을 하셔도 좋고, 잠시 휴식을 취하셔도 좋습니다. 먼저 호흡명상으로 시작하겠습니다. 눈을 감아 보시기 바랍니다. (이후 30분간 유교적 명상 실습)

이제 눈을 뜨겠습니다. 대략 30분이 걸렸습니다. 모든 것이 그렇듯이 한두 번의 실습으로 익숙해지기는 어려우므로 꾸준히 해보시기 바랍니다. 관련된 책도 있으므로 참고하시기 바랍니다. 이제는 유교적 명상이 실현하는 경지에 대해 세 가지 측면에서 말씀드리려 합니다. 첫째는 유교적 명상을 하면 '세계에서 무엇이 인식되는가' 하는 인식론적 경지의 말씀입니다. 둘째는 유교적 명상을 하면 '세계에서 사물들이 어떻게 존재하는가' 하는 존재론적 경지의 말씀입니다. 셋째는 유교적 명상을 하면 '세계에서 개인은 어떻게 행동하게 되는가' 하는 실천론적 경지의 말씀입니다.

첫째는 인식론적 경지입니다. 명상을 하는 유학자는 하나의 이치, 곧 어짊(仁)이라는 이치로 만 가지 이치를 관통해 보려고 합니다. 이를 활연관통豁然貫通이라고도 말합니다. 활연은 '탁 트여 있다'는 의미이고, 관통은 '꿰뚫어본다'는 의미입니다. 탁 트여 있다는 의미의 '활연'은 자기에 대한 집착, 곧 아집이 해소되고 대상에 대한 집착, 곧 법집이 해소되었음을 말합니다. 꿰뚫고 있다는 의미의 '관통'은 인仁이라는 하나의 이치가 만 가지 이치(萬理)를 꿰뚫고 있음을 말합니다. 아집과 법집이 해소되면 만 가지 이치가 드러나고, 하나의 이치로 만 가지 이치를 관통해 낼 수 있게 된다(一以貫之)는 것이 활연관통의 의미입니다.

주자는 마음의 얽매임에 세 가지가 있다고 말합니다. 이런 얽매임에서 벗어나는 것이 명상을 하는 하나의 이유가 됩니다. 마음을 얽매는 세 가지 요소에 대해 그는 다음과 같이 말합니다. "(마음이) 사물에 얽매이는 이유(所以)에는 세 가지가 있다. 혹은 일(事)이 아직 다가오지 않았는데 스스로 먼저 기대期待하는 마음을 갖는다. 혹은 일에 이미 응하고 난 뒤에도 오래 가슴속에 남아 잊지를 못한다(不能忘). 혹은 일에 막 응하고 있을 때 의향(意)에 치우침(偏重)이 있다."

마음은 통상 미래에 대한 기대, 과거에 대한 후회, 현재에서의 편중이라는 방식으로 일이나 사람, 사물에 얽매이기 마련입니다. 이런 얽매임에서 벗어나기 위해 명상을 합니다. 명상은 말하자면 반성의식을 작동시키는 것입니다. 반성의식은 자신의 마음이 그 같이 얽매여 있다는 것을 알아차리게 하고 또 그 얽매임에서 벗어나게 합니다. 마음의 평안을 얻기 위해서는 자신의 현재적 의식을 반성하는 일, 곧 반성의식의 작동을 필요로 하는데, 그 같은 작동이 명상의 기본적 의미가 될 것입니다.

명상을 통해 마음이 탁 트여 막힘이 없이 모든 사물들을 하나의 이치를 통해 조망할 수 있는 게 된 경지가 '일이관지'와 '활연관통'의 경지입니다. 이 경지는 아집과 법집, 사욕과 물욕에서 풀려난 채, 오직 리일理一로서의 인仁에 의해 모든 사물들의 이치를 조망하는 인식론적 경지입니다.

둘째는 존재론적 경지입니다. 유학자는 천리(인)가 만물에 접속해서 존재한다고 봅니다. 천리가 만물에 접속해서 존재한다는 것을 즉물이재卽物而在라고 부릅니다. 즉물이재란 천지의 마음, 곧 천지지심天地之心이 사물에 닿아 있고, 사물이 천지지심에 닿아 있음을 말합니다. 주자는 천지지심이 사물을 생성하는 생물지심生物之心이라고 하면서, 이 마음을 사람과 사물이 함께 나누어 가지고 있다고 말합니다. "인仁의 도道는 천지의 생물지심이고, 사물에 닿아 있다(卽物而在). 감정(情)이 아직 발출되지 않아도 이 본체(인)는 이미 구비되어 있고, 감정이 이미 발출되어도 그 작용은 끝이 없다." 천지지심은 한마디로 사물을 생성하는 마음, 곧 생물지심生物之心이고, 모든 사물에 닿아서 존재하고 있고, 이로써 모든 사물도 천지지심에 닿아 있고 천지지심을 나누어 받고 있다는 것입니다.

물론 모든 사물과 사람이 생물지심을 갖는다고 해도, 사람들은 의도를 갖고 행동함에 의해 사람들의 생물지심들이 서로 충돌할 수도 있습니다. 일본학자인 오하마 아키라는 그런 충돌을 피할 수 있게 하는 것이 자신의 마음으로 남의 마음을 헤아리는 혈구지도絜矩之道라고 말합니다: "'혈絜'은 헤아리는 것이며, '구矩'는 규준이다. 자기의 마음(心)으로 다른 사람의 마음을 헤아린다는 뜻이다. 그래서 다른 사람이 싫어하는 것은 자기의 싫어하는 것과 다르지 않음을 알아서, 자기의 싫어하는 것을 절대로 다른 사람에게 행하지 않도록 한다. 따라서 혈구지도는 '자타일리自他一理'와 '물아일리物我一理'라는 사상에 기초한, 사람을 사랑하는 마음이라고 말할 수 있다. 이와 같은 마음은 자기만의 생을 고집하는 이기적인 사의私意나 사심私心이 없다."

혈구지도는, 예수께서 하신 말씀으로 풀이하면 "네가 대접을 받고자 하는 대로 남을 대접하라"는 것입니다. 스스로 '혈구지도'를 지키면서 천리의 '즉물이재'를 알아차리는 것, 이것이 유교적 명상의 존재론적 경지입니다.

셋째는 실천론적 경지입니다. 유학자는 자신의 마음 작용이 본성에 토대를 두고 발현되게 하려고 합니다. 마음 작용이 본성에 토대를 두고 발현되는 것을 '작용즉성作用卽性'이라고 합니다. 작용즉성은 마음과 이치가 하나라는 '심여리일心與理一'과 다른 것이 아닙니다. 실천으로 이어지지 않는 '사랑해야지'라는 생각은 있으나 없으나 마찬가지인 것처럼, 작용으로 드러나지 않는 본성은 있으나 없으나 마찬가지일 것입니다. 그러므로 작용이 본성에 맞닿아 있게 해야 하고, 작용이 본성으로부터 유출되게 해야 합니다. 주자는 작용과 본성의 관계가 분리된 것이 아니라고 말합니다. "본체가 있으면 작용이 있고, 작용이 있으면 본체가 있다. 선후를 나누어 말해서는 안 된다." 더 나아가 작용은 본성으로부터 유출되는 것이라고 말합니다. "작용을 묻는다면 본체를 알아야 하니, 작용은 본체로부터 유출된 것(用卽是體中流出)이다."

물론 의문이 생겨날 수도 있습니다. 사람들에게 인이라는 본성(본체, 인)이 있다고 인정할 수는 있지만, 그 본성으로부터 사람들에게 항상 측은지심이라는 작용이 유출된다고 말할 수는 없기 때문입니다. 그래서 주자의 말은 해석을 필요로 합니다. 첫 번째 가능한 해석은 '본성이 있으면 그 안에 작용이 잠재적으로 있고, 작용이 있으면 그 안에 본성이 내재해 있다'는 것입니다. 두 번째 해석은 '언제나 작용이 있고 그 작용은 본성에 맞닿아 있다'는 것입니다. 이 두 번째 해석에 해당하는 것은 일상인의 일반적인 마음의 상태가 아닙니다. 오히려 그것은 유교적 명상이 실현하고자 하는 마음의 상태를 나타내기에 적합합니다. 사람들의 본성은 기독교 관점에서 말한다면 사람들이 부여받은 하느님의 형상입니다. 하느님의 형상은 사랑과 공의라고 하지요. 기독교인들은 자기 안의 하느님의 형상이 삶 속에서 구체적으로 드러나도록 힘쓰고 있지요. 마찬가지로 유교도는 삶 속에서 작용즉성이 이뤄지도록 힘쓰고 있습니다. 작용즉성이 유교적 명상이 드러내는 실천론적 경지입니다.

앞에서 유교 수양론의 특징을 말하면서 유교 수양론의 목표는 '천도

에의 도달' 내지 '천인합일'이라고 말했었지요. 이것들의 구체적 의미는 결국 '활연관통', '즉물이재', '작용즉성'이라고 말할 수 있습니다.

이제 이야기를 마무리할 시간입니다. 앞서의 모든 장황한 논의에도 불구하고 제목으로 돌아가 유교에서의 참여와 명상의 의미를 총괄하면 다음과 같습니다. '마음을 보존하고 본성을 함양하여 어짊과 의로움을 행하라. 왜냐하면 그것이 바로 천인합일의 삶이며 사후불후의 삶이기 때문이다.' 이것은 제가 생각하기에 모든 종교의 공통된 근본 취지입니다. 이런 근본 취지에 비추어 보면, 종교들 사이의 반목은 불필요한 것입니다. 오히려 종교들이 합심하여 어질지 못하고 의롭지 못한 세상을 구원하기 위해 협력해야 할 것입니다. 그렇지요? 답변에 감사드립니다. 또한 어렵고 지루한 내용일 수도 있었는데, 끝까지 경청해 주셔서 감사합니다. 늘 평안하시기 바랍니다.

마음을 다스리고 세상을 품는다

하트스마일명상법의 이론과 실제[1]

미산 스님(상도선원 선원장)

1. 깨달음과 깨달음의 사회적 실천은 새의 양 날개

인류가 이 땅에 온 이후로 많은 사상과 종교가 생겨났습니다. 그리고 종교에는 교주의 가르침을 담는 이성적 교리 체계와 감성적 의례와 의식이 있습니다, 교리와 의례를 몸과 말과 뜻으로 실천해서 체득하는 행법들 또한 함께 발달해 왔습니다. 동양, 특히 인도에서 발생한 종교인

1 씨튼연구원 종교강좌(2017.06.12.)에서 진행한 강의를 바탕으로 재구성하였음을 밝혀둔다. 특히 하트스마일명상 프로그램의 이론적 바탕과 행법의 원리를 광범위하게 논의한 글인 「진정한 자비의 실천과 선불교 자비 행법의 모색」이라는 논문(미산, 김재성 등 공저, 『자비, 깨달음의 씨앗인가 열매인가』, 운주사, 2016)을 중심으로 재인용하거나 수정 보완하였으며, 일부 문장을 다시 사용하였음을 밝힌다. 앞으로 계속해서 연관된 후속 연구물들을 발표할 예정이다.

불교는 이러한 행법, 흔히 요즈음 명상이라고 하는 행법이 오래전부터 잘 전승되어 왔습니다. 불교 명상의 행법들은 처음에는 스승과 제자 사이의 긴밀한 관계 속에서 구전되어 오다가 기원전 1세기경에 문헌으로 정착되었습니다. 저는 수년 동안 인도와 스리랑카에 팔리어로 기록된 초기불교 문헌을 배우고 해당 명상법들을 직접 가르치는 곳에서 다양하게 경험을 할 수 있었습니다. 물론 한국에서는 이른 나이에 깨달음을 얻을 목적으로 간화선 수행을 하고 대승불교의 교학을 배웠습니다.

불교에서 가장 먼저 내세우는 것은 깨달음입니다. 붓다는 '깨달은 분'이라는 뜻입니다. 불교는 깨달은 분의 가르침이라는 뜻이겠지요. 인생의 이치와 우주 만물의 이법을 깨달아 최상의 행복, 즉 열반을 성취해서 그 가르침을 고통받는 이들과 나누는 것이 불교인 것입니다. 그래서 불교를 깨달음의 종교라고 합니다. 하지만 왜 깨달으려고 할까요? 자신의 괴로움에서 벗어나 행복한 삶을 영위하기 위함일 것입니다. 자신의 행복만을 추구하고 만족했을 때 깨달음을 통한 진정한 행복의 성취가 가능할까요? 행복의 가르침을 고통받는 이들과 나누는 것이 없다면 반쪽짜리 종교이며, 엄격한 의미로 보면 종교성의 본질을 벗어나 있기 때문에 온전한 행복을 성취한 것이라고 할 수 없을 것입니다.

선불교 전통을 이어가고 있는 한국불교, 그 중에서도 최대 종단인 대한불교조계종의 종지宗指는 '견성성불見性成佛 요익중생饒益衆生'을 표방합니다. 요익중생이란 살아 있는 생명체들을 자신과 한 몸인 것처럼 사랑과 연민, 즉 자비로써 보살핀다는 뜻입니다. 하지만 근래 들어 한국불교에서 자비의 실천은 실종되고 깨달음만 강조한다는 반성의 목소리가 있습니다. 자비가 동반되지 않는 깨달음은 기껏해야 신비체험의 일종일 뿐, 불교적 깨달음이라고 할 수 없다는 지적인 것입니다. 불교는 지혜와 자비의 종교입니다. 그래서 대승불교의 모토 중에 '상구보리上求菩提 하화중생下化衆生'이란 말이 있습니다. 저는 이 말을 종종 '좌구보리左求菩提 우화중생右化衆生'이라는 말로 바꾸어서 설명합니다. 왼쪽으로는 진성한 본질로 향하는 보리, 즉 깨달음의 지혜를 지향하고, 동시에 오른쪽으로는 지금 여기에서 현상으로 드러난 깨달음의 실천인 자비를 실현하는 것이라고 말이죠. 마찬가지로 지혜와 자비의 관계에 있어서 '완전히 깨달은 후에 비로소 자비를 실천할 수 있다'거나 혹은 '자비가 현상으로 드러나야 비로소 깨달을 수 있다'는 선후관계가 아니라 동시관계로 보아야 한다고 강조합니다. 지혜의 행위 속에는 자비의 행위가 이미 내재되어 있고, 자비의 행위 속에도 역시 지혜의 행위가 내포되어 있는 것이라는 말입니다. 동시에 작용하고 있지만 형편에 따라서 강조점과 쓰임새가 다를 뿐이죠.[2]

---

2 미산 외 공저, 「진정한 자비의 실천과 선불교 자비 행법의 모색」(『자비, 깨달음의 씨앗인가 열매인가』, 운주사, 2016), p.181 주)86 참조.
오랫동안 대한불교조계종 종립 기본선원에서 선원장의 직책을 맡으며 초심 납자들을 지도하고 이끌어준 지환은 다음과 같이 이 문제에 대한 소회를 밝히고 있다. "자비행이 참선 수행에 방해가 되지 않느냐는 생각을 할 수가 있다. 실제로 그렇게 생각하는 선자들도 많다고 한다. 깨닫기 전에 자기가 감당할 수도 없으면서 자비행을 한다고 무턱대고 덤벼들라는 말은 아니다. 자기 공부에 방해가 되지 않는 범위에서 언제나 지혜와 자비가 둘이 아닌 관점에서 대중을 섬기고 인연

한국불교에는 깨달음의 지향점과 실천의 구체성, 실천지침이 제대로 가동되지 못하는 기형적인 현상이 장기화되면서, 깨달음의 실천에 비중을 두는 비판가들은 '깨달음 한탕주의'니 '깨달음의 형해화'니, 심지어는 '깨달음은 이해하는 것이지 선정을 통해 도달하는 신비의 영역이 아니다'라고까지 하며 비판의 수위를 점점 높이고 있습니다. 얼마 전에는 종단의 지도층 인사들이 "한국불교의 선승들이 천년 전의 죽은 화두만 붙잡고 있다"거나 혹은 "불교는 깨달음을 추구하는 종교가 아니라 깨달음을 실천하는 종교"라고 말해 불교계 안팎에 큰 파장을 몰고 온 적이 있습니다. 인터넷 신문과 일간지에 뜨거운 담론의 불을 지피고 있는 깨달음과 깨달음의 실천 문제의 핵심은 무엇일까요?[3]

따라 자비행을 하자는 것이다. …… 자비에 초점을 두는 전통에서는 선을 비판하고 공을 깨치는 데 그쳐서는 안 되고 자비를 행해야 한다고 역설한다. 반면에 선의 전통에서는 지혜 없는 자비행도 문제가 된다고 반박한다. 먼저 반야지혜를 깨쳐야 한다는 입장이다. 깨달음 없는, 즉 반야지혜 없는 자비행을 하는 것은 유위업만 더할 뿐이라고 반박한다. 반야지혜 없이는 아무리 좋은 일을 한다고 해도 '자아'의 입장에서 하는 것이기 때문이다. 아무튼 지혜와 자비는 둘 아닌 관점에서 지혜를 강조하는 쪽으로 수행을 하더라도 자비(행)를 담고 있어야 하고, 자비를 강조하는 쪽으로 수행을 하더라도 지혜가 그 속에 함께 해야 할 것이다." 지환 지음, 『간화선 수행의 바람직한 방향』(대한불교조계종 기본선원, 비매품, 2006), pp.90~91.

3 화쟁문화아카데미(대표 조성택, 고려대 교수)가 2015 종교포럼을 시작했다. 조성택 대표는 김진호 연구실장(제3시대그리스도교연구소, 개신교), 김근수 소장(해방신학연구소, 가톨릭) 등과 올 한 해 동안 이야기 마당을 펼쳤다. 이들이 여는 이야기 마당, 2015년 포럼의 이름은 '종교를 걱정하는 불교도와 그리스도인의 대화 : 경계너머, 지금여기'이다. 조성택 교수가 한국불교의 깨달음 지상주의를 문제로 지적하고, 이에 대한 이웃 종교인들의 의견을 청취하며 2015년 말까지 이 담론을 이어갔다.(불교닷컴, 2015년 3월 1일)

갈등과 시행착오의 근본 원인은 깨달음과 깨달음의 실천을 상하종속관계 혹은 선후관계, 완성과 미완성의 관계로 보며 이분적인 입장으로 접근하는 것입니다. 이분법적인 접근의 태도로 인해 만연한 병폐를 지적하고 개선하기 위해 극단적인 언어와 수사로 강한 충격을 주려는 것이라고 생각합니다. 하지만 강한 충격요법만 가지고 지금의 현실이 타개될 수 없을 것입니다. 새가 양 날개로 날듯이 깨달음의 추구와 깨달음의 실천이 항상 동시에 조화롭게 작용하는 불이중도 입장과 자비실천 지침이 구체적이며 분명해야 할 것입니다.[4] 다시 말하면 자비 행법에서 있어서 자비 선정은 지혜의 본체이고, 지혜는 곧 자비 선정의 작용이라고 할 수 있습니다. 그래서 자비 선정 수행 속에 지혜의 증득이 있어 그 끝이 없고, 지혜의 증득 속에 자비 선정의 수행이 있어 그 시작이 없다고 합니다. 자비 행법을 실천하면 자비 선정과 지혜가 상하 혹은 선후 차제로 진전되는 것이 아니라 동시적으로 드러나는 것입니다. 이런 것을 구체적으로 체화할 수 있는 수행법이 하트스마일명상입니다.[5] 이 명상법의 이론적 토대와 실제적인 행법을 간단히 살펴보겠습니다.

2. 하트스마일명상의 이론적 토대

하트스마일명상은 우리가 본래 붓다와 같이 지혜로 충만하고 자비로 무궁한 성품을 가지고 있음을 받아들이고 믿는 것으로부터 시작합니

4 앞의 책, p.182.

5 앞의 책, pp.189~190.

다. 대승불교와 선불교의 본래성불 사상을 바탕으로 먼저 자비심이 드러나게 하고 다시 보리심이 실제화되도록 합니다. 위에서 살펴본 대로 지혜와 자비는 새의 양 날개와 같아서 균형과 조화가 중요합니다. 지혜는 자비를 근거로 더욱 더 청명하게 드러나며, 자비는 지혜를 바탕으로 따스하고 훈훈하게 작용합니다. 자비와 지혜가 균등하게 실천되면 결국 무상정각을 성취하게 되어 대자대비를 실천할 수 있게 됩니다. 여기서 지혜는 일차적으로 연기중도에 관한 이해입니다. 연기중도의 이해는 '모든 것은 연결되어 있다'는 존재의 현상을 철저히 인지하는 것입니다. 모든 존재 현상은 원인과 무수한 조건들의 연기적 관계로 형성되어 나타났다 사라지는 것을 반복합니다. 그래서 이것을 공이라고 하는 것입니다. 그렇지만 그냥 아무 것도 없는 단멸의 공이 아니라 모든 것을 충만하게 하는 지혜와 자비로 가득한 것입니다. 나와 타인과의 관계, 집단과 집단과의 관계, 나와 자연계와의 관계, 생물체와 생물체의 관계 등 이 세상의 삼라만상은 상호의존적 관계에 있으며, 인드라 그물코와 그물면이 서로 맞물려 있는 것임을 늘 깨어서 알아차리는 것입니다. 선가에서는 이것을 '텅 빈 충만(眞空妙有)'이라 합니다. 텅 빔은 본래 텅 빈 진공眞空의 모습이고, 충만은 본래 꽉 찬 묘유妙有의 모습입니다. 텅 빔과 꽉 참은 둘이 아니라 하나입니다. 즉 불이중도입니다. 반야공의 텅 빔이므로 지혜와 자비로 무궁한 것입니다. 이 프로그램에서는 이것을 단순히 '온전함'이라 표현합니다. 하트스마일명상은 사람이 본래 온전하다는 입장을 전제로 시작하지만 처음부터 이러한 인지적 작업을 본격적으로 하지는 않습니다. 다만 프로그램 전체의 흐름 속에서 행법이나 "이 몸과 마음은 지금

이대로, 있는 그대로 온전하다" 등과 같은 말로써 느낄 수 있도록 유도해 줍니다.[6]

3. 하트스마일명상의 행법

하트스마일명상(Heart-Smile Training : HST)은 2박3일 혹은 5박6일 집중수행 프로그램입니다. 상황에 따라서 매주 2시간씩 8주와 8시간 동안 진행되는 일일 집중수행으로 구성된 프로그램도 계발되고 있습니다. HST는 전통적인 자비 명상 행법을 기반으로 현대의 정신의학, 심리학, 뇌과학 등의 연구 결과를 통합하여 계발되었습니다. 몸과 마음에 내재되어 있는 온전함이 드러나도록 하는 현대적 명상기법입니다. 프로그램의 효과는 명상지도자, 임상심리학자, 뇌과학 및 신경과학자들의 다학제 간 과학적 연구를 통해 검증되고 있습니다.

HST는 몸과 마음에 내재되어 있는 온전함을 느껴 체화하도록 하는 주요 행법과 5개의 보조 행법으로 이루어져 있습니다.

주요 행법 : 온전함 명상

몸과 마음을 지금 이대로 있는 그대로 받아들여 내면의 무한한 지혜와 자비가 발현되도록 하는 행법입니다. 부드러운 미소를 지어 가슴 중심에서 따스하고 훈훈한 자애와 사랑의 느낌이 충만해지도록 하는 것이 HST의 핵심 행법이며 본 명상에 해당됩니다. 본 명상은 다음과

6 앞의 책, p.190.

같은 방법으로 자애 미소의 따스하고 훈훈한 느낌을 경험하는 것으로부터 시작합니다. 먼저 미소의 느낌과 가슴 중심을 활용합니다. 입꼬리를 올려서 미소 지어 따스하고 훈훈한 느낌이 온몸에 가득하게 합니다. 특히 가슴 중심에 주의를 모아 따스함과 훈훈함을 일정 시간 동안 느끼도록 유도합니다. 여기서 자애 미소로 인해 생긴 따스하고 훈훈함은 마중물과 같은 것이 되고 본래 내재되어 있는 자애가 무궁하게 드러나도록 촉매 역할을 하여 몸과 마음에 따스하고 훈훈한 자애가 충만하게 합니다.

다섯 가지 보조 행법

1) 무브먼트 33 : 하트의 심볼 ♡과 미소, 공경을 표현하는 손 모양과 함께 몸의 움직임을 통해 몸과 마음에 따스함과 훈훈함, 그리고 감사함을 일깨우는 행법입니다. 이것은 몸과 마음의 이완과 깨어 있음을 통해서 따스함과 훈훈함이 몸과 마음에 나타나도록 하는 것을 목표로 합니다. 절 동작을 아주 천천히 하면서 몸의 움직임을 깨어서 알아차리는 것입니다. 3번, 5번, 7번, 21번 33번을 형편에 맞게 반복하는 과정에서 몸은 이완되고 마음은 따스하고 훈훈해집니다. 이 동작은 몸짓, 얼굴짓, 손짓으로 이루어져 있습니다. 몸짓은 몸 전체를 굴신하는 몸의 움직임입니다. 얼굴짓은 자애롭고 사랑스러운 미소입니다. 손짓은 하트 마크('♡')와 꽃과 같은 손 모양입니다. 하트 마크는 지구촌의 사람들, 남녀노소를 떠나 그 누구와도 소통할 수 있는 자비와 사랑의 표현 도구입니다. 스마일 또한 사람과의 관계 속에서 긴장과 갈등을 풀어주고 따스하고 훈훈한 자애미소의 느낌을 충만하게 해줍니다.

반복해서 천천히 동작 하나하나를 알아차리며 하다 보면 깨어 있음의 마음 근육이 점점 커집니다.

2) 감사수용명상 : 몸과 마음의 상태를 지금 이대로 있는 그대로 수용하고 감사하는 마음을 갖도록 안내하는 명상법입니다. 하트스마일 33배를 통해서 몸과 마음이 이완된 상태에서 지금까지 살아오면서 가져온 마음의 짐을 내려놓도록 하고, 지금 현재 본인의 몸과 마음의 상태를 있는 그대로 수용하고 모든 일에 감사의 마음을 갖게 합니다.

3) 따기온스 : 피부의 심층에 근육을 둘러싸고 있는 얇고 투명한 막(근막)에 따스하고 훈훈한 기운이 스미게 하는 방법입니다. 따기온스는 '따스한 기운이 온몸에 스미는 것'의 준말입니다. 영어로 표기하면 Tachyons인데 원래 물리학에서 Tachyon은 '빛보다 빠른 가설적 소립자'를 나타내는 말이라고 합니다. 따기온스에는 가부좌를 하고 앉아서 하는 행법(좌법)이 있고 누워서 하는 행법(와법)이 있습니다. 앉아서 하는 행법은 각 장부의 긴장 이완과 활성화를 통해서 따스함과 훈훈함이 이 몸과 마음에서 드러나도록 합니다. 누워서 하는 행법 역시 긴장 이완을 통해 자애의 느낌을 활성화하는 것이 목표이며, 몸과 마음이 동시에 깊은 휴식을 취하도록 유도해 줍니다.

4) 소리명상 : 소리의 공명을 통해 가슴의 따스하고 훈훈한 느낌을 일깨우는 행법입니다. 소리가 사라진 텅 빔 속에서 자애 미소의 충만함을 느끼도록 하여 내면의 지혜와 자비가 발현되도록 합니다. 이것은 소리를 통해서 마음을 하나로 모아주고 집중력을 강화시켜 주는 데 특히 탁월한 효과가 있습니다. 소리명상은 좌종 소리와 함께하면 더욱 더 효과적입니다. 들숨과 날숨과 함께 길게 소리를 내면 집중력이

강화됩니다. 소리가 끝나는 점에서 가슴에 의식을 모아서 좌종의 진동을 느끼다가 진동이 완전히 사라지면 잠시 '텅 빔'에 깨어 있도록 합니다. 생각과 감정, 그리고 오감 정보가 일시적으로 모두 사라진 순간에 오롯이 드러나는 무심과 무념의 상태에 깨어 있도록 합니다. 텅 빔(眞空)에서 충만(妙有)함이 자애와 연민으로 발현되도록 합니다.

5) **행복명상** : 5가지 HST 행법을 통해 온전함을 체화하여 풍요롭고 행복한 삶이 지금 여기에서 드러나도록 안내하는 명상법입니다.

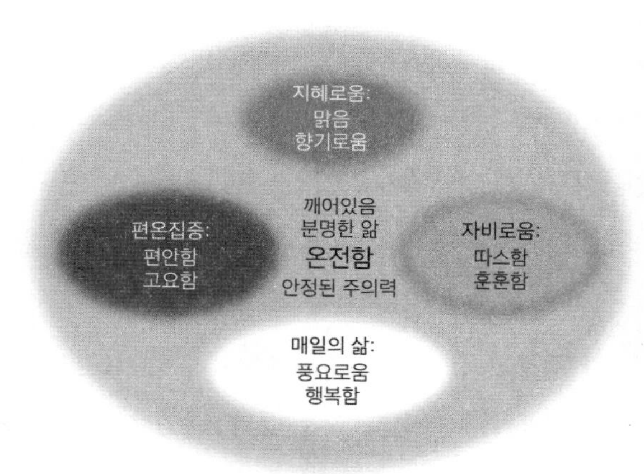

하트스마일 행복명상의 구조

일반 자애명상과 마찬가지로 하트스마일명상도 역시 자기 자신으로부터 시작합니다. 자기 자신의 몸과 마음을 자애 에너지로 가득 채우는 것은 보통 자애구를 반복해서 하는 것으로 되어 있습니다. 하지만 하트스마일명상은 자애구를 통해서 진행되는 기존의 자애명상과 달리, 자애구는 최소한으로 사용하고 미소의 따스함과 훈훈함을 가슴으로 직접 느끼도록 합니다. 왜냐하면 자애구를 느낌 없이 반복적으로 되뇌다 보면 실제의 느낌이 잘 일어나지 않기 때문입니다. 결국 자애구는 심상을 거쳐 느낌으로 들어가게 되어 있습니다. 가슴의 느낌에 지속적으로 깨어 있으면 자애의 느낌이 온몸에 퍼지고, 이 느낌이 차오르게 되면 친밀하고 친절한 대상부터 한 사람씩 떠올려 자애심을 보냅니다. 다음엔 무작위로 하나의 대상을 정하지 않고 자애심을 보냅니다. 맨 나중에 미워하는 사람이나 원한 맺힌 사람을 떠올려 자애심을 보내 봅니다. 불편한 사람에 대해 자애심을 보내는 것이 잘 안 되면 억지로 하지 않고 반복해서 자기 자신의 몸과 마음으로 돌아가서 다시 시도하도록 합니다. 이상은 현재 연구 계발하고 있는 자애 행법인 하트스마일명상의 전체 흐름을 간단하게 소개한 것입니다.

자비는 머리로만 이해하는 추상적 개념이 아닙니다. 자비의 인지적 이해가 관념에 머물지 않으려면 일상에서 구체적으로 구현하는 방법을 모색해야 합니다. 일상의 삶 속에서 항상 행법으로 실천할 수 있어야 자비가 가슴으로 느껴지고 자연스럽게 사회적 실천으로 연결되어 발로 뛰고 행동하는 자비로 연결될 수 있습니다. 이제 하트스마일명상의 구체적인 행법의 계발을 시작으로 좀 더 본격적인 연구에 전념하고자 합니다. 특히 자비에 대한 연구는 인문사회학의 영역과 자연과학의 영역을 통합적으로 접근하는 것이 필요합니다. 나아가 지구촌 시민이 공유할 수 있는 중심 가치를 바탕으로 다양한 삶의 현장에서 구체적으로 체감하고 실천할 수 있는 이론과 실제 행법을 연구 계발해야 합니다.

예를 들면 교육현장 속에서 교사와 학생들을 위한 자비 행법, 기업현장에서 성공을 위한 지나친 업무와 과도한 스트레스에 시달리고 있는 경영진과 직원들에게 필요한 자애 행법의 계발이 시급합니다. 또한 의료현장에서 헌신하는 의사 및 간호사, 그리고 환자를 위한 자비 행법, 서비스업계의 현장에서 공감 피로로 시달리는 감정노동자들을 위한 전문적인 자비 행법도 연구 계발되어야 합니다. 자비의 힘은 종교, 문화, 언어, 국적 등 모든 경계를 초월하므로 광범위한 적용과 응용이 가능할 것입니다.

지구촌은 교통·통신기술의 발달로 물질문화의 교류뿐만 아니라 동서양간 정신문화의 교류도 급속도로 이루어지고 있습니다. 이에 따라 인류의 보편적인 지성이 넓고 깊은 분야에서 전례가 드물 정도로 빠르게 깨어나고 있습니다. 인류의 보편 지성이 깨어나면 깨어날수록 과학기술 문명을 포함한 인류의 정신세계도 근원적인 변화를 겪을 것으로 예상됩니다. 확실한 것은 그 변화가 보편적이고 이타적인 가치에 부합하는 방향으로 나아가야 할 것이라는 점입니다.[7]

---

7 마티외 리카르(Matthieu Ricard)는 이타주의가 왜 절실히 필요한지 최근의 저서 『이타주의-당신과 세상을 바꾸는 자비의 힘』에서 심도 있게 다루고 있다. 이타주의적인 사랑을 키우고 타인에 대한 동정심을 갖는 것은 우리가 서로 긴밀하게 연결되어 있기 때문이라고 말한다. 그러므로 이타주의는 인류가 지녀야 할 가장 중요한 자질이며, 더 이상 사치가 아니라 필수적으로 갖추어야 할 덕목이며, 지구상의 모든 문제를 해결할 수 있는 실천 이념이라고 강조한다. Matthieu Ricard, Tr. by Charlotte Mandell and Sam Gordon, *Altruism: The Power of Compassion to Change Yourself and the World*, New York : Little, Brown and Company, 2015, pp.690~692 참조.

불교명상과 사회 참여의 뇌과학적 이해

김종욱(동국대학교 불교학과 교수)

1. 명상의 여러 의미

오늘 강의의 주제는 불교의 명상과 사회 참여를 뇌과학적으로 이해하는 것입니다. 크게 보면 명상에도 여러 가지가 있습니다. 우리가 명상이라 부르는 것을 영어로 하면 '메디테이션meditation'이라고 하는데, 실제 서양에서 쓸 때는 우리와 같은 명상 개념은 아닙니다. 근대철학자 데카르트Descartes의 "나는 생각한다. 그러므로 나는 존재한다(cogito ergo sum)"라는 명제가 나온 책이 '메디타씨옹méditation'이죠. 우리말로는 '성찰'이라고 번역했지만, 서양에서 '메디테이션'은 깊이 골똘히 생각하는 것을 뜻합니다.

우리가 명상이라고 하는 것을 불교에서는 '지관止觀'이라고 합니다. 지止는 멈춘다는 뜻입니다. 사람의 마음을 가라앉혀서 멈춘다는 것이고, 멈추면 보인다는 취지입니다. 유명한 모 스님께서 책을 쓰셨죠. 『멈추면 비로소 보이는 것들』이라는 책인데 사실 불교 이야기입니다. 멈춘다는 것은 '지止', 즉 '사마타'라는 명상법을 함축하고, 비로소 보이는 것은 '관觀', 즉 '위파사나'를 가리킵니다. 그 책 제목이 사실 지관을 풀어 쓴 것과 똑같습니다. 멈춰야 비로소 보이는 게 있습니다. 그 말은 멈춰서 끝나면 안 된다는 뜻을 함유하고 있기도 합니다. 본다는 것은 통찰이라는 의미입니다. 멈춰서 비로소 통찰할 수 있는 지止와 관觀의 수행법이 불교의 전통적인 것이고, 이것이 동아시아로 넘어오면 좌선의 방식으로 수행하는, 흔히 참선이라고 알려진 방식이 됩니다. 이런 것이 불교에서 명상이라고 불립니다. 불교의 역사가 2,500년 됐고, 특히 마음의 수련도 2,500년의 역사를 가지고 있습니다. 그 종류도 긴 역사만큼이나 상당히 복잡하게 많을 수 있습니다. 요새는 티벳불교에서 자비와 관련한 수행을 많이 하고 있습니다. 어쨌든 남방불교식의 위파사나 수행은 한국에 도입된 지 거의 20년이 됐습니다. 당시엔 생소했지만 지금껏 많은 사람들이 수행해 오고 있습니다. 한국뿐 아니라 이미 미국이나 유럽, 서양세계에는 30년 전에 알려져서 종교와 상관없이 불교식 명상을 많이 하고 있는데, 의대에서 환자들을 치료할 때 적용해 보니 효과가 있었다는 겁니다. 서양에서는 의대 중심으로 다양한 명상 프로그램이 나왔고, 지금도 계속 나오고 있습니다. 오늘의 강의 주제는 한국에서는 낯설지만 서양에선 상당히 익숙한 주제입니다. 주로 서양에서는 초기불교의 위파사나 명상을 많이 응용했고, 동아시아 참선식의 명상은 오히려 연구가 깊지 않습니다. 저는 오늘 참선 명상과 티벳의 자비와 관련한 명상이 어떻게 뇌과학적으로 이해될 수 있는지를 이야기해 보려고 합니다.

2. 구원과 자비, 그리고 뇌과학

결국은 마음을 탐구하는 것이 중요합니다. 불교도 종교학 일반으로 봤을 때 구원을 지향합니다. 종교의 최종목표는 구원입니다. 뒤집어보면 구원은 우리 삶에 문제가 많다는 것을 전제합니다. 현세에 대한 부정적 판단을 불교에선 고苦라고 하고, 기독교에선 죄라고 합니다. 내용은 서로 다르지만 현 상황에 문제가 많다는 것이고, 이런 죄나 고에서 벗어나려고 하는 것이 종교가 추구하는 구원입니다. 불교는 고에서 벗어나는 것이 마음의 수행을 통해 가능하다고 봤기에 마음 수련의 역사가 불교 역사와 같이 오래됐습니다. 그런데 오늘날 마음에 대한 탐구는 뇌과학, 인지과학에서 하고 있습니다. 이처럼 마음의 탐구를 과학의 영역에서 하고 있기 때문에 서양에서 과학이 등장하는 역사, 이것을 고대부터 볼 필요가 있습니다.

심리학은 19세기에 등장합니다. 마음을 과학으로 탐구하고자 하는 것이 심리학입니다. 그런데 나중에 다시 말하겠지만, 심리학이 가진 한계 때문에 마음의 과학적 탐구가 뇌과학으로 넘어갔고, 뇌과학은 인지과학이라는 좀 더 넓은 분야의 일부이기도 합니다. 서양, 특히 의과대학 쪽에서 불교의 명상을 임상에 적용하여 효과가 나왔고, 그래서 불교 명상의 내용이 무엇인지 뇌과학적으로 연구를 한 것입니다.

또 요즘 '사회적 뇌'라는 것이 연구되고 있습니다. 사회적 뇌는 공감, 자비 같은 사회적 감정 연구로 이루어지는데, 자비는 원래 불교의 전문용어입니다. 오늘날에는 마치 사랑처럼 일반적으로 사용되고 있습니다. 특히 가톨릭에서도 자비라는 단어를 많이 쓰고 있습니다. '하느님은 사랑이시다'라고 쓰지 않고 '하느님은 자비이시다'라고 쓰는 식이죠. 그런데 틀린 건 아닌 것 같습니다. 자비를 영어로 하면 컴패션compassion인데, 서양 사람들이 컴패션이라고 쓸 때 이해하는 뜻이 있습니다. 꼭 자비라고 해서 불교용어는 아니라고 서양에서는 생각하고 있어요. 소위 사회적 감정을 얘기할 때 우리는 공감, 자비라고 번역하지만, 서양에선 공감이 엠퍼시empathy고 자비는 컴패션compassion인데, 개념의 차이에 대해 알 필요가 있습니다. 우리는 공감과 자비 모두 사랑이라고 여기지만, 뇌에서 반응하는 부위가 서로 다르다는 겁니다. 부위가 다르다는 것은 같은 감정이 아니라는 뜻입니다. 이것이 오늘 강의할 내용의 중요한 부분입니다.

3. 서양 학문에서 마음 탐구의 여정

서양 학문은 고대, 중세, 근대로 나뉩니다. 고대에서 학문의 탐구 영역은 대체로 필로소피philosophy라는 말로 총괄됩니다. 그러던 것이 중세가 되면 당연히 신학의 시대가 되고, 철학이 하던 그 역할을 바로 신학이 하게 됩니다. 인간의 탐구, 자연, 사회, 법, 모든 학문이 다 신학의 관점에서 탐구됩니다.

흔히 서양에서 엄밀한 의미의 근대는 17, 18, 19세기를 말합니다. 학문의 발달에서 보면 16세기에 천문학이라는 학문이 독립하는데, 천문학은 우주에 대한 탐구입니다. 그전에는 우주에 대한 탐구를 철학이나 신학의 이름으로 했지만, 이제 과학이라는 이름으로 독립하는 것입니다. 18세기엔 화학이 등장하고, 19세기가 되면 대학의 대표적 분과학문들이 나옵니다. 수많은 학문들이 그때 분화가 됩니다. 생명현상도 철학과 신학이 탐구했지만, 이제 과학에서 하게 되고, 심리학도 독립을 하게 됩니다.

마음에 대한 탐구는 인류의 역사만큼 오래됐습니다. 불교뿐 아니라 서양에도 마음에 대한 탐구가 있었습니다. 서양에서 마음 탐구의 여정은 언제나 영혼의 탐구로 진행되었습니다. 고대 그리스, 로마에서 영혼은 아니마anima입니다. 그런데 여기에 엘(l) 한 글자만 붙이면 (animal)이 됩니다. 이는 어원적으로 보면 동물에도 영혼이 있다는 것을 함축합니다. 그래서 그리스에서는 프쉬케psyche라는 영혼이 인간, 동물, 식물에 다 있다고 봤습니다. 어쨌든 고대 그리스에서는 마음에 대한 탐구는 마음, 더 나아가 생명의 주체가 무엇인가에 대한 탐구였고, 그 주체를 영혼이라고 보았습니다. 마음의 탐구가 영혼에 대한 탐구가 되었고, 그에 대한 본격적 탐구 서적은 아리스토텔레스가 쓴 『영혼에 관하여』(De Anima)가 있습니다.

중세가 되면 아니마anima보다는 아니무스animus가 더 중요해지게 됩니다. 아니마가 영혼이라면 아니무스는 영성靈性인데, 이는 영혼-이성의 준말이라고 볼 수 있습니다. 영혼-이성을 줄이면 영성이 되는데, 신학에서는 마음의 탐구가 영성의 탐구일 수 있었을 것 같습니다.

근대가 되면 데카르트가 "나는 생각한다. 그러므로 나는 존재한다." 이렇게 말을 합니다. 여기에는 나의 존재만큼 확실한 것이 나의 사유하는 이성이라는 전제가 깔려 있습니다. 그 어떤 대상을 의심해도 의심하고 있다는 것은 확실하죠. 나는 의심하고 있고, 그동안 나는 존재한다는 말이 됩니다. 인간은 어떤 철학이나 종교에서 봐도 두 가지로 되어 있습니다. 바로 몸과 마음의 결합인데, 고대의 경우 몸과 마음의 관계에서 기준은 마음 쪽에 가 있습니다. 영혼에 대한 탐구니까요. 그런데 데카르트는 나의 존재는 나의 사유에서 끌어 나오는 것이라고, 다시 말해 내가 생각하는 것이야말로 부정할 수 없는 확실한 것이라고 주장했습니다. 데카르트는 인간의 본질을 '생각하는 자(res cogitans)'라고 했는데, 동시에 육체를 '연장된 것(res extensa)'이라고 했습니다. 이럴 경우 인간은 몸과 마음으로 되어 있는데, 마음은 사유를 본질로 하는 실체가 되고, 몸은 연장을 본질로 하는 실체가 됩니다. 그리하여 마치 마음 실체, 몸 실체처럼 두 개의 실체로 한 인간이 분열되고 맙니다.

현대가 되면 심리학이 독립을 하는데, 의식에 대한 탐구가 무의식을 기반으로 이루어집니다. 프로이트 심리학을 보면 의식은 드러나 있는 것이고, 그 밑에는 의식을 드러나게끔 해주는 결정적으로 중요한 심층의 무의식이 있다고 합니다. 의식의 주체는 여전히 에고ego라고 하는 자아인데, 이런 자아가 의식을 행사하게끔 하는 상위의 도덕적 체계, 즉 슈퍼에고superego가 있고, 그 밑에 흐르는 무의식이 있다는 도식이 나옵니다. 종래엔 의식이 중심이었지만, 이젠 무의식에 큰 가중치가 부여되는 것입니다.

그리고 뇌과학으로 넘어오면 '시냅스 스트럭쳐synapse structure'라는 것이 중요해집니다. 뇌에서 정보는 일차적으로 전기로 오게 됩니다. 그러다가 시냅스라는 부위에서 전기 정보가 화학물질을 통해 건너가게 되고, 그것이 수용되면 다시 전기적으로 전환됩니다. 예전엔 마음이 몸을 떠난 고상하고 대단한 것으로 보았는데, 오늘날 주류 뇌과학에서 마음은 뇌에서 일어나는 신경세포 사이의 전기화학적 반응이라고 간주합니다. 불교의 깨달음이나 영성을 통한 신비로운 일체감 같은 것도 다 전기화학적인 것이라고 여겨지게 되는 것이지요. 이것이 오늘날 뇌과학의 주류적 입장입니다. 이럴 경우 몸과 마음의 관계에 있어서 뇌로 상징되는 몸이 마음보다 훨씬 가중치가 큰 것이 됩니다. 마음은 몸을 떠나 있는 게 아니라 몸의 전기화학 반응이라는 물질적 현상으로 처리가 되는 것입니다. 다시 말해 적어도 마음보다는 몸이 비중이 큰 쪽이거나 똑같다는 것이 오늘날 일반적인 뇌과학의 주장입니다.

4. 심리학의 한계와 뇌과학의 등장

마음에 대한 탐구라는 점에서 심리학은 오랜 전통의 유산인데, 심리학은 19세기 중엽 이후에 마음에 대한 탐구를 과학으로써 진행해 보겠다는 발상에서 등장했습니다. 그러면 이때의 과학이 무엇이냐는 과학의 정의가 중요한데, 과학은 자연의 이치에 대한 탐구라고 일단 정의할 수 있습니다. 이렇게 정의하면 과학의 범위가 상당히 넓습니다. 사이언스science라고 하는 과학 말고도 중국의 주역周易 역시 과학이 됩니다. 자연의 이치를 주역만큼 함축적으로 묘사한 게 어디 있습니까. 이렇게 보면 중국 고대에도 과학은 있었다고 볼 수 있습니다. 자연의 이치를 탐구한 것이니까요. 그런데 17세기 이후에는 이런 것을 과학이라고 부르지 않습니다. 과학은 그 방법론에 있어서 자연의 이치를 실험과 관찰의 방식으로 탐구하는 것을 말합니다. 데이터를 객관화해야 한다는 것입니다. 다른 사람이 볼 수 있는 객관적인 데이터로 실험과 관찰이 이루어집니다. 이렇게 데이터가 수집이 되면 그걸 처리하는 방식이 수학, 나중에는 화학이 됩니다. 특히 수학의 방식으로 정량화된 묘사를 하는 것이 중요합니다. 이것이 과학에 대한 근대 서구적 정의입니다.

그렇다면 19세기에 마음의 탐구가 과학이 되기 위해 독립했을 때, 마음을 실험, 관찰하고 수학적으로 묘사할 수 있어야 했습니다. 그런데 마음이 관찰이 될까요? 마음은 보이지 않습니다. 그러나 마음은 안 보이지만 행동은 보입니다. 마음 없이 그냥 하는 행동은 없고, 어떤 마음 상태 때문에 행동을 하게 됩니다. 마음은 관찰이 어렵지만 그 마음에서 나온 행동을 보면 그 마음을 추정할 수 있지 않을까, 다시 말해 마음은 안 보이지만 행동은 실험 관찰이 가능하다는 것입니다. 그래서 초기 심리학은 어떻게 보면 행동심리학이라고 볼 수 있고, 그렇게 오늘날까지 발달해 와서 행동심리학이 서양 심리학의 큰 주류가 됩니다.

그래서 심리학이 사회과학에 속해 있는 것입니다. 그런데 심리학이 정말 과학이었다면, 사회과학대가 아니라 자연과학대에 있어야 하지 않겠습니까? 그런데 자연과학대로 가려면 수학적으로 데이터처리가 가능해야 합니다. 이것이 오늘날 심리학의 딜레마입니다. 우스갯소리로 하자면, 심리학과가 자연과학대로 가게 되면 원래 목표를 달성하는 것입니다. 그런데 사회과학도 흥미롭습니다. 사회학이 왜 과학이 되죠? 과학이 된다면 사회에 관한 것을 실험, 관찰할 수 있어야 합니다. 사회학이 사회과학이 되려면 통계학이 필요한 것입니다. 통계학이야말로 사회학의 기본 학문이고, 오늘날 중요한 학문으로 등장하고 있습니다. 결국은 정량적 묘사로서 수학과 화학이 중요한데, 이것이 결국 뇌과학의 등장을 야기합니다.

행동을 관찰한다고 해서 뇌를 직접 보는 것은 아닙니다. 그런데 자기공명영상을 찍어보면, 어떤 마음일 때 뇌의 어느 부분이 활성화되는 것을 볼 수 있는데, 이는 뇌의 정보가 어떤 마음 상태를 이루고 있음을 보여주는 것입니다. 아주 디테일하지는 않지만 어떤 마음이 어떤 부위와 연결되는지 알 수 있고, 마음 상태가 화학 물질의 분비와 관련되어 있다고 보기 때문에 이제는 화학적 묘사가 가능하게 되는 겁니다. 뇌과학이 등장하면서 드디어 마음에 대한 탐구가 과학이 될 수 있었습니다. 뇌과학의 등장은 뇌과학을 포함한 인지과학이라는 넓은 학문을 발전시켰지만, 심리학 입장에선 난감한 지점이 생긴 것입니다. 오늘날 심리학은 응용차원에서 상담심리와 관련해서 주로 진행되고 있습니다. 이제 심리학의 주 대상인 마음에 대한 과학적 탐구는 인지과학으로 넘어가고 있는 상태라고 볼 수 있습니다.

5. 관계성의 사유와 인지과학

모든 종교는 구원을 향하기 때문에 종교마다 특유의 수행법이 있습니다. 가톨릭도 유사한 것이 많이 있는 걸로 알고 있는데요. 뇌과학의 주류는 마음을 전기화학적 물질현상이라고 보는데, 중요한 것은 이를 어떻게 이해하느냐 하는 것입니다. 마음이 물질현상일 뿐이라고 결정짓는다면 종교가 존재할 이유가 없을 것입니다. 종교는 초월적인 것, 즉 일반적인 것과 다른 어떤 것을 추구하는 것인데, 마음이 단순히 전기화학 반응이라면 구태여 종교 성직자에 의존할 필요가 없을 것입니다. 제약회사 사장을 거치는 것이 더 유용할 겁니다.

특정한 약물을 과다 복용했을 때 특정한 마음 현상이 일어납니다. 유사한 방법론으로 우울증이나 조울증에 효과를 보고 있기도 합니다. 이론상으로 보면 미묘한 감정 상태들도 결국 화학 물질과 관련 있다는 전제입니다. 이런 전제를 좀 더 확대할 경우, 누구나 인정하는 선사가 있다면 그분이 깨달음의 상태에 있을 때 어떤 물질이 분비됐는지 알아내고, 그것을 다른 수행자에게 투입하면 효과적이 될 것입니다. 그렇다면 원리상으로는 3년을 앉아 좌선하는 것보다 3일 동안 약을 복용하는 것이 실제의 뇌 상태에서는 더 효과적일 수 있다는 말이 됩니다. 과학이 발달하면서 물질주의 혹은 물리주의 때문에 종교에 대한 의존도가 급격히 떨어집니다. 어떤 종교도 없다는 사람이 벌써 인구의 절반을 차지하죠. 이런 물리주의에 대항하는 틀이 뇌가소성이라고 할 수 있는데, 이것이 오늘 강의의 핵심 중 하나입니다.

19세기까지는 대상을 탐구할 때 실체 위주로 보았습니다. 실체(substance)에는 두 가지 뜻이 있는데, 아리스토텔레스Aristoteles 식으로 표현하면 제일실체와 제이실체가 있습니다. 제일실체는 '개체'라는 뜻입니다. 모든 사물은 각각 하나입니다. 이처럼 모든 사물은 일단 개체라는 것이 제일실체의 의미입니다. 제이실체는 '본질'이라는 뜻입니다. 모든 사물은 개체이면서 여러 가지 성질을 가지고 있습니다.

볼펜을 보더라도 이것은 파란색이고, 원통형이고, 표면이 매끄럽습니다. 이처럼 개체에는 여러 가지 성질이 있는데, 이런 여러 가지 성질들 중에 뗄 수 없는 근본 성질이 바로 본질입니다. 따라서 실체적으로 본다는 것은 모든 사물을 개체 독립적인 것이면서도 본질이라는 고정불변의 성질을 지닌 것으로 본다는 것입니다.

그런데 이런 발상은 20세기가 되면서 흔들립니다. 이제 실체가 아니라 관계로 본다는 것입니다. 예를 들어 속도의 경우입니다. 뉴턴 물리학에서는 속도를 이야기할 때는 속도만 봅니다. 이것이 절대속도가 되는데, 이는 그 대상을 독립된 실체로 간주하는 발상의 연장입니다. 그런데 이제 속도를 볼 때 그것을 위치와의 관계 속에서 본다는 게 중요해집니다. 그래서 상대적이라는 겁니다. KTX가 시속 300km인데 그 안에서 밥을 먹는다면, 그 밥알의 속도는 몇 킬로가 될까요? 300km라고 말한다면 밥을 못 먹을 겁니다. 똑같이 300km로 달려야 먹을 수 있는 거죠. 그런데 열차 밖에서 바라보는 사람에게 그 밥알의 속도는 시속 300km와 같습니다. 열차와 똑같이 가니까요. 따라서 똑같은 밥알의 속도이지만 어떤 경우엔 제로일 수 있고, 또 어떤 경우엔 300km인 거죠. 상대적이라는 것입니다. 어쨌든 중요한 것은 '관계'의 문제라는 겁니다. 예전엔 복잡한 관계성을 심플하게 잘라낸 것을 학문이라고 봤지만, 이제는 관계성과 그 인과의 복잡한 처리 방식이 중요하고, 그래서 요즘 중요한 게 데이터 처리 문제입니다. 관계에서 나오는 데이터의 어디에 의미를 둬야 하는지가 앞으로의 화두입니다. 앞으로의 학문은 단일학문이 아니라 여러 가지가 관계된 융합학문이 될 것이고, 특히 마음의 탐구는 인지에 대한 학제적 탐구가 될 것입니다.

그런데 인지와 인식을 구분할 필요가 있습니다. 과거에는 철학에서 마음의 탐구는 인식론 분야에서 이루어졌습니다. 무언가를 안다고 할 때, 우리는 그것을 인식이라고 부릅니다. 그런데 개가 아는 것은 인식이라기보다는 인지라고 부릅니다. 인지는 환경에 대한 반응으로서 정보를 처리하는 것이고, 이는 생명의 유지와 직결됩니다. 일종의 기본감각이라고 하는 것이 인지인데, 소위 인간만의 이성적 사유라는 것도 넓은 의미의 인지라고 할 수 있습니다. 오늘날은 인지과학의 범위가 확대돼서, 마음의 탐구는 인지과학 하에서 여러 학문들 사이의 융합으로 이루어지고 있습니다. 그래서 철학, 심리학, 언어학, 인류학, 컴퓨터 공학, 뇌과학 등이 인지과학에 참여합니다. 뇌과학도 넓은 의미에서 인지과학의 일부라고 보아야 합니다.

6. 기존의 뇌과학과 물리주의

기존의 뇌과학은 물리주의를 기반으로 합니다. 마음이란 시냅스의 전기신호에 불과하므로, 마음의 기반은 물질적이라는 주장입니다. 이것을 물리주의라고 합니다. 반대로 마음의 기반은 물질이 아니며, 마음은 그 자체의 독립성을 가진다는 주장은 일종의 심리주의에 가까운데, 오늘날은 대체로 물리주의를 대세로 인정합니다. 뇌과학의 성과가 대단하니까요. 물리주의적 뇌과학에선 컴퓨터를 모델로 하여 마음을 환경에 대한 반응으로서 정보처리나 기호 계산을 하는 것으로 간주합니다. 이처럼 일종의 기계를 모델로 할 경우, 뇌 구조를 고정적인 것으로 본다는 문제가 생깁니다. 아직까지도 이것이 뇌과학의 주류 입장인데, 그래서 뇌의 구조와 기능은 태아 때부터 출생 직후 사이에 정해지고, 아동이 성장하면서 뇌의 양적 크기만 커질 뿐이라고 여깁니다. 이럴 경우에는 후천적으로 다치더라도 회복이 전혀 불가능하다는 결론에 도달합니다. 이것이 '변화하지 않는 뇌 이론'이라는 것이고, 일반적인 관점이기도 합니다. 이는 일종의 신경학적 허무주의일 수 있습니다. 뇌는 한 번 다치면 회복이 불가능하다는 선입견이 아직도 팽배한데, 실제로도 완전히 회복되는 경우는 흔치 않습니다. 그런데 우리가 마음을 쓴다는 것은 살아 있다는 뜻입니다. 그렇다면 살아 있는 뇌를 측정해야 되는데 예전에는 그럴 수 없었습니다. 해부해서 보아도 죽은 자의 뇌이기에, 마음 상태는 여전히 알 수 없는 것입니다. 그런데 이제는 관측 장비의 발달로 살아 있는 뇌를 관찰할 수 있게 됐습니다. 과거에는 뇌를 컴퓨터 같은 기계로 간주했습니다. 기계는 스스로 성장하거나 변화하지 않습니다. 그렇기 때문에 기존의 뇌과학은 물리주의에 입각해서 뇌 구조가 고정적이라고 본 것입니다.

7. 새로운 뇌과학과 가소성

그런데 이제는 새로운 뇌과학이 나타나고 있습니다. 새롭다는 것은 아직은 주류는 아니지만 정말 많이 주목을 받고 있다는 뜻입니다. 이때의 핵심 개념이 바로 가소성(可塑性, plasticity)입니다. 가소성은 고정성의 반대로 보시면 됩니다. 과거에 뇌를 컴퓨터로 비유한 것에 문제가 있다는 겁니다. 컴퓨터는 전선의 회로가 1대 1로 되어 있어

각 기능도 고정되어 있습니다. 그래서 어느 한 부분이 고장 나면 컴퓨터 전체가 먹통이 되기도 합니다. 그런데 뇌는 1대 1의 고정적 연결이 아니라 매우 복잡하다는 특징을 가지고 있습니다. 그래서 일부 뉴런이 죽더라도 뇌 전체의 작동은 정지되지 않습니다. 뇌는 단순한 기계가 아니라는 뜻입니다. 더욱이 손상되지 않고 살아남은 뉴런끼리 새로운 시냅스를 만드는 구조변화가 일어납니다. 예를 들어 후천적으로 장애를 얻게 되면 오히려 다른 기관이 더 발달하게 됩니다. 시각을 잃으면 청각이 더 발달하게 되는 것입니다. 이걸 보면 뇌는 고정된 기계가 아니란 걸 알 수 있습니다. 컴퓨터는 프로그래머가 해주지 않으면 절대 스스로 기능을 바꿀 수 없습니다. 이것이 오늘날 밝혀낸 바이고, 이런 공정성에 반해 유연성을 표현하는 개념이 가소성입니다. 일단 뇌과학적으로 봐도 컴퓨터 모델이 맞지 않는다는 겁니다.

인간의 세포는 딱 두 가지 종류로 되어 있습니다. 생식세포와 체세포가 그것입니다. 뇌에는 약 1천억 개의 신경세포가 있는데, 그 중에 5만 개 정도는 하루에 죽습니다. 초창기 뇌과학은 태어날 때부터 뇌가 고정되어 평생 그대로 간다고 보았는데, 그렇다면 뇌세포가 다 죽어서 노년에는 뇌 활동이 불가능하게 될 것입니다. 그런데 실제로 측정을 해보니, 20대와 70대의 뇌 활성도가 거의 같다는 겁니다. 이것은 세포가 매일 5만 개씩 죽기도 하지만 거꾸로 재구조화되기도 한다는 것을 함축합니다. 뇌가 매우 유연하다는 뜻인데, 이를 '가소적'이라고 하는 것입니다.

이는 우리들 자신의 몸이 증명한 사실입니다. 뇌의 활성 정도가 20대와 70대에서 같다는 것도 흥미롭지만, 예를 들어 뇌를 통한 특정한 사고 활동, 즉 빨리 데이터를 수집해서 처리하는 것 등은 젊은이들이 더 빠를 수 있습니다. 하지만 전체 데이터를 놓고 소위 통찰이라고 하는 방면에선 또 다릅니다. 삶의 경험이 많기 때문에, 단순한 계산은 젊은이가 빠르지만 이것의 의미를 전체적으로 통찰하는 것은 70세 노인이 훨씬 뛰어날 수 있습니다. 그러므로 이런 차이는 단순히 세포의 숫자 문제는 아니라는 것입니다. 활성화를 통해서 도리어 잘할 수 있는 것이 다르게 된다는 뜻일 수 있습니다. 이런 것을 뇌의 가소성이라고 설명합니다.

뇌의 가소성을 플래스티서티plasticity라고 하는데, 형용사로 하면 '조형적 형성력이 있는', '조절할 수 있는', '유연하고 예민한'이라는 뜻입니다. 이를 한자어로 '가소적可塑的'이라고 하는데 '조소 가능하다'는 뜻입니다. 조소는 진흙을 빚어서 어떤 형상을 만드는 것입니다. 이처럼 여러 가지 형태로 변화할 수 있다는 것은, 뇌가 경험과 훈련을 통해 스스로의 기능과 구조를 여러 가지 방식으로 변경할 수 있다는 개념과 연결됩니다. 뇌는 학습과 훈련을 통해서 세포의 연결을 다른 방식으로 강화시키는 체계라고 볼 수 있습니다. 결정되어 있는 게 아니라는 겁니다. 뇌는 일생동안 그 구조를 계속 수정하는 체계이고, 경험과 훈련을 통해 심장과 신장과 간보다 더 많이 변화하도록 만들어진 체계입니다. 뇌는 가장 많이 변화하는 기관이고, 이런 특성을 가소성이라고 하는 것입니다.

8. 뇌는 하늘보다 넓다

뇌과학에선 뇌에 신경세포가 1천억 개가 있다고 합니다. 비교하면 재미있는데, 은하계에 있는 별의 숫자가 약 1천억 개라고 추정합니다. 그런데 신경세포가 긴 막대처럼 있을 때 중간 중간에 또 다른 연결이 있게 되는데, 한 신경세포에 소위 접점, 즉 연결점인 시냅스들이 5천 개가 있습니다. 따라서 뇌에는 시냅스 연결점이 1천억 곱하기 5천 개로 총 500조 개가 있게 됩니다. 우리 몸 전체에 있는 체세포의 숫자인 100조 개의 5배나 되는 것이 우리 뇌의 연결점이라는 것입니다. 오늘날 뇌과학자들은 500조 개를 가지고 벌어지는 마음 상태의 수를 10의 백만 승이라고 추정합니다. 어떤 학자는 우주 전체의 원소 개수를 다 합친 것보다 이 숫자가 더 많을 거라고 합니다. 그 말이 맞는지는 몰라도, 노벨 생리의학상 수상자인 에델만Edelman이 쓴 『뇌는 하늘보다 넓다』라는 책이 있는데, 뇌가 우주보다 더 넓다고 주장합니다. 뇌는 복잡한 구조니까 말입니다.

불교에서는 우리가 하루에 5만 가지 생각을 한다고 표현합니다. 불교에선 가장 작은 시간적 단위를 '찰나刹那'라고 하는데, 이는 약 70분의 1초에 해당한다고 볼 수도 있습니다. 찰나란 원래 염念이라고 번역되는데, '염'이란 '한 생각'을 뜻합니다. 한 생각이 머무는 순간을 찰나라고 하고, 물리적으로는 70분의 1초입니다. 그렇다면 1초에 70개의 생각이 있다는 것이고, 이런 식으로 계산하면 하루에 몇 백만은 되겠지만, 이를 줄여서 5만 가지 생각이라고 한 것입니다. 불교에서는 자나 깨나 생각을 한다고 봅니다. 그래서 이런 산란함을 일러 번뇌煩惱

라고 합니다. 1초조차도 한 생각이 유지가 안 될 정도로 산란하다는 뜻입니다. 그만큼 뇌는 고정불변의 기계장치가 아니라서 일생동안 죽는 순간까지 변화하다가 갑니다.

9. 뇌 가소성과 명상수행

뇌의 가소성이란 새로운 경험을 통해 기능적 구성을 변화시킬 수 있는 뇌의 능력, 또는 경험과 훈련에 의해 뉴런들의 구조나 기능이 변화, 강화되는 능력이라는 것을 가리킵니다. 이때의 경험, 특히 훈련의 대표가 불교에서는 명상입니다. 사실 이런 것은 불교의 명상뿐 아니라 다른 체험에서도 가능합니다. 서양 의학에서 불교의 명상을 임상에 많이 활용해서 그렇지만, 저는 가톨릭의 묵상도 뇌과학을 통해 실험해 볼 수 있다고 생각합니다. 이는 뇌의 훈련과 변화의 문제이기 때문에 특정 종교에 국한된 것이 아닙니다. 따라서 종교 특유의 수행법이 있다면 뇌과학의 적용이 충분히 가능하다고 봅니다.

뇌의 가소성이란 철학적으로는 어떤 의미를 가지고 있을까요? 기존의 뇌과학은 물리주의만 주장했지만, 가소성은 결국 뇌가 마음을 일으키고 형성한다는 것은 인정하자는 주장이기도 합니다. 뇌가 없으면 마음이 일어나지 않습니다. 그러니 적어도 마음이 나타나는 것은 뇌를 포함한 신체 전반적 현상이라는 것을 인정하자는 것입니다. 그렇다고 이것이 옛날처럼 마음의 독립성을 주장하는 심리주의는 아닙니다. 그런데 정말로 중요한 것은 뇌가 마음을 일으키기도 하지만, 특정한 마음 상태를 훈련을 통해 지속하다 보면 그 마음과 관련한 뇌의 구조 자체가 바뀐다는 점입니다. 그렇게 되면 어떤 경우에는 특정한 훈련을 계속해서 하지 않아도 자연스럽게 일상화되는 일이 벌어집니다. 불교에서 말하는 '일상심이 곧 도道'라는 말도 가소성에 대한 증명일 수 있다는 것이죠. 선불교에서는 상당한 경지에 올라간 선사는 일상심이 도다, 즉 일상심이 어떤 경우에도 도에서 벗어나지 않는다고 합니다. 뇌과학적으로는 가소성에 의해서 그분이 수행을 깊이 해서 뇌가 그렇게 재구조화됐다고 해석할 수 있습니다. 이처럼 마음에 의해 뇌 구조가 변화하기 때문에 단순한 물리주의를 주장하는 것은 아니라고 할 수 있습니다. 그렇다면 가소성이란 물리주의만도 아니고 심리주의만도 아닌, 즉 뇌와 마음 사이의 일종의 중도적 상호작용으로 보아야 합니다. 이런 뇌의 가소성은 아직도 현대 심리철학에는 잘 반영이 안 되고 있는 것 같습니다.

10. 명상수행과 뇌파 변화

명상수련을 하면 뇌 구조가 바뀌는데, 특히 두 가지로 변화합니다. 뇌파가 변화하거나 뇌 구조가 바뀐다는 겁니다. 뇌는 전기화학 반응을 일으키기 때문에 진동을 일으킵니다. 진동엔 대표적으로 델타파, 세타파, 알파파, 베타파, 감마파가 있습니다. 델타파는 가장 느린 뇌파입니다. 초당 1~4주파수를 보이는 전형적인 수면파입니다. 깊은 수면 상태에서의 뇌파입니다. 각성과 수면 사이에서는 세타파가 나옵니다. 재미있는 건 꿈을 꾸는 렘REM 수면 상태에서도 세타파가 나오지만, 참선에 들어가거나 예술가가 창의적인 생각을 할 때도 세타파가 나온다는 겁니다. 참선을 통해 깊은 통찰에 들어간 스님에게서 세타파가 나오는데, 거꾸로 기계적 장비로 뇌에서 세타파가 나오게끔 자극할 수도 있지만, 그렇다고 그렇게 자극받은 사람이 깊은 선에 빠진 상태가 되는 것은 아닙니다. 뇌파는 다섯 가지로 크게 분류하지만 이것들로 모든 마음의 상태를 나눌 수는 없고, 뇌의 구조나 화학물질 등이 앞으로 중요하게 작용을 할 겁니다.

알파파는 안정된 상태에서 나오기 때문에, 반대로 불안이나 스트레스 상태에 있을 때는 알파파가 나오지 않습니다. 베타파는 일상적인 상태에서 주로 나오는 뇌파입니다. 감마파는 특이하게 매우 빠른 주파수를 보입니다. 정보를 통합해서 고도의 사유 활동을 할 때 빠른 주파의 감마파가 나오는데, 감마파는 특히 집중이나 자비심이 출현하는 것과 관련이 있어서, 티벳의 자비 명상을 하면 감마파가 많이 나온다고 합니다.

그리고 '변경된 의식대'라는 것이 있습니다. 사람은 고통이나 실패에 대해 상당한 두려움이 있죠. 특히 운동선수들 이야기입니다. 올림픽에서 금메달을 딴다거나 세계적인 기록을 세우는 경우에 실패할까봐 엄청난 두려움이 있다는 것입니다. 그런데 어느 수준에 이르면 어떤 두려움도 느끼지 않는다는 겁니다. 이전의 공포는 사라지고 최고 경지에 대한 쾌감만 남는다는 겁니다. 그 쾌감이 말로 못한다는 것이죠. 아주 극단의 쾌감이라는 겁니다. 이때 뇌파가 고도의 참선 수행과 유사성을 보여준다는 것입니다.

자비 명상은 오늘날 티벳 쪽에서 많이 하는데, 자비 명상에선 감마파가 많이 나오고 감마파는 주로 집중과 관련됩니다. 우리가 자비를 사랑으로 많이 인식하는데, 사랑이란 상대를 이해하는 것입니다. 그리고 그 고통을 어떻게 완화시켜 줄까 하는 의지가 나오는 것이죠. 그걸 자비라고 합니다. 그래서 공감과 자비를 구분하는데, 자비는 상대의 고통을 느낄 뿐 아니라, 더 나아가 고통을 완화시키려고 그의 입장에서 생각하는 것입니다. 뇌과학적으로 보면 이럴 때 감마파가 나온다는 것입니다.

11. 명상수행과 뇌 구조 변화

명상수행을 하면 뇌 구조에서도 변화가 생깁니다. 좌측 전전두피질은 행복, 기쁨, 낙천과 같은 긍정적인 감정과 관련이 있고, 우측 전전두피질은 불행, 고민, 긴장, 불안과 같은 부정적인 감정과 관련이 있는데, 명상을 하면 좌측이 강화되면서 우측을 압도합니다. 명상을 장기간 수행하면 우뇌보다 좌뇌가 발달해 행복함과 안정감을 느낄 수 있다는 것입니다. 또 명상을 하면 해마와 안와전두피질이 강화되어, 적어도 치매 예방 효과는 나올 수 있다는 것입니다. 해마는 기억을 담당하는데, 치매의 문제는 장기 기억상실이기 때문에, 이러한 기억력 강화는 치매 예방과 관련이 있다는 것입니다. 또 안와전두피질은 감정조절을 담당하기 때문에, 감정조절 능력도 강화되는 것입니다.

또 화학적으로 보면 명상은 세로토닌serotonin 분비와 관련이 있습니다. 세로토닌은 마음의 안정과 이완, 통증 신경의 억제와 관련이 있습니다. 그래서 행복감을 느끼게 하는 물질이 세로토닌입니다. 또한 명상을 하면 스트레스 물질의 분비가 감소합니다. 일상적으로 스트레스가 심할 때는 코티솔cortisol이 나오는데, 이것은 체중 증가와도 관련이 있습니다. 스트레스가 누적되면 체중 증가와도 연관됩니다. 그래서 다이어트를 위해서는 운동이나 식이조절도 있지만, 명상 다이어트도 가능하지 않을까 합니다.

12. 사회적 뇌와 타자화

오늘날 뇌과학, 신경과학에서 사회신경과학이라는 분야가 주목받고 있습니다. 인간은 사회적 동물인데, 사회적 동물로서의 감정 상태가 사회적 감정이고, 이것이 '사회적 뇌' 계발과 연결됩니다. 오늘날 뇌과학자들이 고민하는 것은 자아의 문제입니다. 거대한 데이터를 운용할 정도의 '지능'만 놓고 보면 고도의 AI는 그 수준에 도달해 있다고 볼 수 있는데, 사람에겐 지능 혹은 지성만 있는 것이 아니라 감성이나 감정도 있습니다. 문제는 AI가 어느 수준에 갔을 때 '나'를 느끼느냐 하는 것입니다. 생각에는 두 가지가 있습니다. 무엇을 생각한다는 '대상의식'이 있고, 무엇을 생각하는 나를 생각한다는 '자기의식'이 있는 것이죠. 대상의식 면에서는 AI가 더 많이 발달할 수 있지만, 인간에겐 내가 생각한다는 것을 자기가 의식한다는 것이 이루어지기도 합니다. 그러면 자아가 형성되는 것이죠. 자아가 형성되면 타자가 있게 됩니다. 인간의 행위는 타자화로 진행되고, 여기서 드러나는 것이 감정의 문제입니다. 자기화된다는 것은 감정화되는 것이기도 합니다.

13. 사회적 감정으로서 공감과 자비

대표적인 사회적 감정이 공감과 자비인데, 오늘날 사회신경과학에서는 이 둘을 구분해야 한다고 봅니다. 서구적 관점에서 보면 공감은 엠퍼시empathy인데, 이는 상대의 감정을 이해하고 그것을 같이 느끼는 것을 의미합니다. 공감에서 중요한 것은 이해이기 때문에, 공감은 일종의 '함께 느끼는 것(feeling with)'입니다. 이와는 달리 자비는 다른 사람을 '위해 느끼는 것(feeling for)'입니다.

심한 고통에 빠져 있는 누군가에게 공감한다는 것은 같이 아프다는 것입니다. 긍정적 감정은 함께하면 좋은데, 문제는 부정적일 때입니다. 상대가 심한 아픔을 겪고 있는데 그것을 공감하다 보면 그 부정적 감정에 오염될 수 있습니다. 이게 문제인 것은 감정을 다루는 간호사나 소방관 같은 사람들이 직업상 공감을 하다 보면 그것에 완전히 감염되어 버리게 됩니다. 이것이 누적되다 보면 완전히 소진되고 마는 것이죠. 일종의 직업병이 발생하는데, 이걸 막기 위해서는 공감이 아니라 자비를 훈련해야 한다는 것입니다. 단순히 함께 느끼는 것을 넘어서, 그 고통을 어떻게 해결할까 고민해야 단순히 공감에 오염되지 않는다는 것입니다. 이것이 사회신경과학에서 말하는 자비(compassion)라는 것입니다. 같이 이해해서 겪는 것뿐 아니라, 고통을 완화시키겠다는 노력과 의지가 들어가는 것입니다.

서양에서는 자비라는 용어에 고통의 이해를 넘어서 고통을 줄여야겠다는 의지까지를 포함시킵니다. 전통적으로 불교에서 자慈는 즐거움을 함께하는 것이고, 비悲는 괴로움을 함께하는 것을 가리킵니다.

대승불교에서는 즐거움을 함께한다는 것은 즐거움을 배가시켜 주는 것이라고 이해하고, 괴로움을 함께한다는 것은 괴로움을 줄여주는 것이라고 이해합니다. 여기선 특히 비悲가 중요한데, 고통의 문제에선 단순히 공감이 아니라 고통을 어떻게 줄여줄까 하는 강력한 선의지까지 고려해야 하는 것입니다.

좁은 의미에서의 공감과 그 대안으로서의 자비를 비교해 보면, 그 양자는 뇌에서 작동하는 부위가 다르다고 사회신경학자들은 주장합니다. 특히 거울 신경계는 현대 심리학의 중요한 발견인데, 부위로 보면 두정엽, 전두엽에서 일어나는 것으로 보고 있습니다. 이것은 상당히 중요한 의미를 가집니다. 모방과 그 모방을 통한 재현이야말로 인간 특유의 학습의 기본입니다. 이에 대해 어떤 뇌과학자는 인간 지성이 거울 신경계 때문에 나왔다고까지 주장하는데, 공감도 이와 관련됩니다. 거울 신경계는 학습, 언어 습득, 이를 통한 인간 특유의 문화 형성에 중요합니다. 그런데 사회신경과학에선 넓은 의미에서 공감의 대안으로 자비를 말할 때는 도파민 시스템과 관련이 있다고 말합니다. 도파민dopamine은 보상체계와 관련이 있고, 뇌간과도 연관된 아주 원초적인 것입니다. 보상을 받아야 뭔가를 하기 때문에 도파민은 쾌감, 의욕, 동기유발 등과 관련이 있습니다. 도파민 시스템은 부위로 보면 복측 피개부 안쪽 깊숙이 있는 부위와 연관이 있다고 봅니다.

좁은 의미에서 공감과 자비는 그 부위가 다르기 때문에 사회신경과학에선 양자의 실제 내용도 다르게 봐야 한다고 주장합니다. 그래서 '공감의 괴롭힘(empathic distress)'에 소진되지 않으려면 공감보다는 자비의 프로그램이 유용할 수 있다고 주장하는 것입니다. 이건 지금 막 진행되는 연구이기 때문에 이론의 여지가 상당히 많은 것으로 알고 있습니다. 현재 사회신경과학의 성과를 반영한다면, 공감에 몰입하는 것보다는 자비의 명상을 훈련시키는 것이 더 바람직하지 않느냐는 주장을 할 수 있습니다. 사회적 감정을 긍정적으로 발전시키고, 의료인이나 소방관들이 겪는 괴로움을 경감시키려면 자비 관련 프로그램을 좀 더 발달시켜야 한다는 것입니다.

14. 구원과 구제

지금까지의 강의 내용 전체에 대해 다소의 비판이 있을 수 있습니다. 불교계에서는 '이것이 무슨 불교냐'라고 비판할 수 있습니다. 서구의 의료계에선 종교로서의 불교와는 상관없이 불교의 명상 프로그램들을 하나씩 떼어다가 치료 효과를 위해 활용하는 것이 사실입니다. 이에 비해 불교가 종교로서 자비를 이야기해 온 것은 어디까지나 구원을 향해 가기 위한 것이었는데, 이것은 의학 치료적 응용과는 거리가 먼 것입니다. 이런 관점에서 보자면 불교의 명상수행을 뇌과학과 신경과학으로 접근해 설명하는 연구에서 배울 것은 분명 있지만, 그것이 종교로서 불교의 전부는 아니라고 볼 수 있습니다. 그렇지만 이상으로서의 구원은 현실에선 구제로 나타날 수밖에 없기 때문에 명상이 심신의 치유와 고통의 경감에 분명한 도움이 되는 이상, 뇌신경과학과 인지과학 등과 결합된 명상의 활용은 사회의 구제라는 종교의 사명을 구현하는 데 크게 이바지할 것입니다.

원불교의 마음공부와 사회 참여

–유무념 공부법을 중심으로

이공현 교무(은덕문화원장)

원불교는 소태산 대종사(少太山大宗師, 朴重彬, 1891~1943)가 1916년(원기 1) 4월 28일에 궁극적 종교체험인 대각大覺을 이룸으로써 창립된 종교입니다. 법신불일원상(法身佛一圓相, ○)을 종지로 하여 정신개벽을 주창하고, "물질이 개벽되니 정신을 개벽하자"는 개교 표어가 상징하듯 우리 시대의 새로운 종교로서의 신앙과 수행의 시대화·대중화·생활화를 표방하고 있습니다.

기성종교에 비해 100여 년의 역사를 가진 한국 태생의 새로운 종교인 만큼 여러분이 원불교를 접할 기회는 상대적으로 많지 않았으리라 생각합니다. 그래서 오늘 강의에서는 큰 틀에서 원불교의 사상과 이념을 중심으로 한 거시적 종교의 특징을 언급해 가며, 왜 원불교는 우리 시대의 사회 참여로써 '마음공부의 실천'을 중요시하고 있는가를 살펴보고자 합니다.

원불교는 신앙과 수행을 통한 마음공부를 훈련법으로 강화시키고 있습니다. 그 훈련법은 삼학수행-정신수양, 사리연구, 작업취사에 뿌리를 두고 있습니다. 이러한 방대한 원불교의 마음공부 방법은 초기 원불교 교단에서부터 체계적으로 구상되어 실생활에서 활용되고 있습니다. 그 활용적인 측면에서 '유무념有無念 공부법'은 원불교 마음공부를 실천하는 데 원동력이라 할 수 있겠습니다. 오늘은 이러한 다양한 관점의 마음공부법의 흐름을 중심으로 원불교의 사회 참여와의 관계성을 살펴볼 것입니다. 이러한 관점을 통해 우리는 원불교 마음공부의 특징을 이해할 수 있을 것이며, 더 나아가 그 방법과 실천을 모든 종교인이 함께 체득할 수 있는 시간이 제공될 거라 생각합니다.

1. 원불교의 사회 참여

원불교의 출현 배경은 한국사회가 근대 서구문명이라는 산업자본주의로의 개항과 일제 강점기라는 제국주의로부터의 강압에 시달리던 대 격변기에 의거합니다. 교조 소태산 대종사는 당시의 세계사를 통찰하며 장차 인류가 크게 문명한 후천개벽後天開闢 시대에 도래했음을 예견하시며, "물질이 개벽되니 정신을 개벽하자"는 개교 표어를 제창하셨습니다. 아울러 인류는 문명의 격변기를 맞이해 동양문명과 서구문명, 물질문명과 정신문명이 교차하는 시점에서 충돌이 아닌 참된 조화를 이루어가는 '참 문명세계'를 준비해 가야 한다고 예견해 주십니다.

원불교는 '광대 무량한 낙원'세상을 이상세계로 추구하지만, 이는 사후세계가 아닌 우리가 살고 있는 현실세계에서 실현시켜 나갈 종교적인 과제라고 보았습니다. 소태산 대종사는 원불교는 '진리적 종교의 신앙과 사실적 도덕의 훈련'을 지향하며, 이것이 앞으로의 종교가 가야 할 방향이라 제시하셨습니다. 또한 원불교 교리의 내용을 보면 '불법시생활佛法是生活', '생활시불법生活是佛法'을 실천목표로, 종교생활과 사회 참여가 불가분리의 상관관계임을 제시하며, 궁극적으로 종교인의 신앙과 수행이 사회 참여를 통해 실생활에서 낙원세상을 실현시키는 것이 되어야 함을 강조해 주고 있습니다.

그런 의미에서 소태산 대종사는 개인의 실존적 불안을 해결하는 영적 구원만을 원불교인의 종교적인 구원 목적으로 한 것이 아니라 문명의 구조적 문제를 진단하고 새로운 문명의 틀을 구축하는 종교적인 사회 참여를 적극적으로 구상하고 있음을 알 수 있겠습니다. 즉 소태산 대종사는 과학문명(물질문명)에 따른 폐해를 우리 시대의 사회상에서 지적하며, 종교적인 신앙과 수행을 통한 정신개벽으로 더 나은 세상을 인류 스스로 만들어 가는 방법을 제시하였다고 할 수 있겠습니다.

소태산 대종사가 깨달음을 이루고 원불교를 창립할 당시, 국가사회와 세계의 전후 상황을 진단하며 "병든 사회와 그 치료법"의 법문을 설파하셨습니다. 근현대 사회가 물질문명의 일방적 발달로 인해 정신문명이 약화된 병든 사회의 병폐를 보여준다고 보신 것입니다. 소태산 대종사가 진단한 병폐에는 이기적 물욕의 확산, 불평등한 사회구조, 투쟁과 갈등의 현상, 이로 인한 인간의 황폐화 등(『원불교 교전』「대종경」 교의품 34장) 대부분 근대적 세계관에서 유래된 병폐가 진단됩니다.

이러한 병폐는 우리 사회의 파괴 요인이 될 수 있는 현상입니다. 당시에 언급된 다음과 같은 취지 설명을 통해서 우리는 원불교의 설립과 사회 참여가 얼마나 긴밀하게 관계되어 있는지를 유추해 볼 수가 있겠습니다.

사람도 병이 들어 낫지 못하면 불구자가 되든지 혹은 폐인이 되든지 혹은 죽기까지도 하는 것과 같이, 한 사회도 병이 들었으나 그 지도자가 병든 줄을 알지 못한다든지 설사 안다 할지라도 치료의 성의가 없다든지 하여 그 시일이 오래되고 보면 그 사회는 불완전한 사회가 될 것이며, 혹은 부패한 사회가 될 수도 있으며, 혹은 파멸의 사회가 될 수도 있나니, 한 사회가 병들어가는 증거를 대강 들어 말하자면 각자가 서로 자기 잘못은 알지 못하고 다른 사람의 잘못하는 것만 많이 드러내는 것이며, 또는 부정당한 의뢰 생활을 하는 것이며, 또는 지도받을 자리에서 정당한 지도를 잘 받지 아니하는 것이며, 또는 지도할 자리에서 정당한 지도로써 교화할 줄을 모르는 것이며, 또는 착한 사람은 찬성하고 악한 사람은 불쌍히 여기며, 이로운 것은 저 사람에게 주고 해로운 것은 내가 가지며, 편안한 것은 저 사람을 주고 괴로운 것은 내가 가지는 등의 공익심이 없는 연고이니, 이 병을 치료하기로 하면 자기의 잘못을 항상 조사할 것이며, 부정당한 의뢰생활을 하지 말 것이며, 지도받을 자리에서 정당한 지도를 잘 받을 것이며, 지도할 자리에서 정당한 지도로써 교화를 잘 할 것이며, 자리自利주의를 버리고 이타주의로 나아가면 그 치료가 잘 될 것이며, 따라서

그 병이 완쾌되는 동시에 건전하고 평화한 사회가 될 것이니라.(『원불교 교전』「정전」 수행편 15장)

『정전』의 내용을 요약하면, 사람이 병든 줄을 모르거나 알고서도 치료하지 않으면 불구자, 폐인이 되거나 죽을 수 있는 것처럼 사회도 지도자가 병든 줄을 모르거나 알면서도 방치하면 불완전한 사회, 부패한 사회 또는 사회의 파멸이 초래될 수 있다고 보았습니다. 소태산은 당시 사회의 병든 정황을 "각자가 서로 자기의 잘못은 알지 못하고 다른 사람의 잘못하는 것만 많이 들추어내는 것, 부정당한 의뢰생활을 하는 것, 지도받을 자리에서 정당한 지도를 잘 받지 아니하는 것, 지도할 자리에서 정당한 지도로 교화할 줄을 모르는 것, 착한 사람은 찬성하고 악한 사람은 불쌍히 여기며, 이로운 것은 저 사람에게 주고 해로운 것은 내가 가지며, 편안한 것은 저 사람을 주고 괴로운 것은 내가 가지는 등의 공익심이 없는 것"이라고 진단했습니다.

따라서 병을 치료하려면 "자기의 잘못을 항상 조사할 것, 부정당한 의뢰생활을 하지 말 것, 지도받을 자리에서 정당한 지도를 잘 받을 것, 지도할 자리에서 정당한 지도로써 교화를 잘할 것, 자리주의를 버리고 이타주의로 나아갈 것"이라는 처방을 내놓았습니다. 이러한 처방은 원불교의 중심 교리를 실천요강으로 구성한 '일상수행의 요법'에 그대로 적용되었으며, 곧 일상수행의 요법 "5조 원망생활을 감사생활로 돌리자, 6조 타력생활을 자력생활로 돌리자, 7조 배울 줄 모르는 사람을 잘 배우는 사람으로 돌리자, 8조 가르칠 줄 모르는 사람을 잘 가르치는 사람으로 돌리자, 9조 공익심 없는 사람을 공익심 있는 사람으로 돌리자"는 일상생활의 실천요강으로 구체화되고 있습니다. '병든 사회와 그 치료법'은 원불교의 중심교리인 사은사요四恩四要와 삼학팔조三學八條의 원리에 바탕한 불완전한 사회를 완전한 사회로 만들어가는 사회정의의 실현방법으로 구체화되었음을 이해할 수 있겠습니다.

우리가 사회를 바르게 하려면, 사회를 안정하게 유지하는 측면과 적극적으로 발전하는 사회를 만들어가는 측면으로 나누어 생각해 볼 수 있습니다. 그런 의미에서 소태산 대종사는 '병든 사회와 그 치료법'을 통해 후자인 적극적인 사회개혁 의지를 보여주고 있다고 할 수 있겠습니다. 그렇다면 그 실천방법은 어떤 관점을 가지고 있는가를 살펴볼 필요가 있겠습니다. 병든 사회는 구조적으로 문제를 안고 있어서 개선해 가는 치료가 필요합니다. 그런데 소태산 대종사는 그 문제를 해결하는 방법으로써의 근본적인 치료법을 사회를 구성하고 있는 개인들의 마음과 의식과 행위를 바르게 치료하는 것으로 파악하고 있음이 중요합니다. 사회의 병폐를 다스리기 위한 처방은 종교적인 가르침을 바탕으로 진리적인 종교의 신앙과 사실적인 도덕의 훈련을 받은 사람들을 양성해 내는 것이라고 본 것입니다. 여기에서 원불교의 사회 참여와 인류의 마음공부 간의 상관성이 서로 분가분리의 관계로 연결되어 있음을 알 수 있겠습니다.

소태산 대종사의 이러한 가르침이 발현되어 나갈 때, 안타깝게도 한국사회는 전쟁의 폐허와 혼란 정국을 겪게 되며 새로운 인재를 요구하게 됩니다. 원불교가 이러한 위기상황에서 어떻게 사회 참여를 단행해 왔는지 간략히 살펴보도록 하겠습니다.

먼저, 일제강점기에서의 원불교 사회 참여는 몇 가지로 특징지어집니다. 첫째, 영육쌍전靈肉雙全을 통한 종교 실천운동을 살펴볼 필요가 있겠습니다. 1917년부터 시민들 스스로 순수한 민간자본을 모아 영산지역(소태산 대종사가 태어나고 성장한 곳)의 갯벌 개간에 직접 참여하게 함으로써 민생고를 스스로 해결할 수 있는 힘을 기르게 하여 정신과 육신이 조화로운 건강한 삶을 스스로 개척해 가도록 자립을 세워줍니다. 더불어 교단 내적으로 남녀의 구분 없이 교육을 시키며, 대외적으로는 어린아이를 대상으로 야학을 설치하여 한글보급운동과 사회제도의 모순을 혁신할 잠재적인 미래인재를 양성하여 정신개벽의 구체적인 주체를 모색해 왔습니다. 이는 시대 변화에 원불교가 어떠한 제도의 틀을 형성되며 인간 중심의 교육을 단련해 왔는가의 특징을 보여주는 단면이기도 합니다.

이러한 노력은 소태산의 뒤를 이은 세대에도 지속 가능하게 계승 발전되어 옵니다. 정산鼎山 송규宋奎 종사(1900~1961)는 『건국론』을 발표하며 해방 이후 이데올로기의 갈등과 국내·국외 간의 갈등을 해소하여 올바른 국가건설과 국민들의 자세를 제시합니다. 더 나아가 '전재동포구호사업'을 전개하여 당시 한국이 처한 극한 상황에서 한국인들의 정신세력을 확장시키기 위한 협력과 단합을 이끌어 냅니다.

'전재동포구호사업'은 1945년 광복과 함께 원불교단이 대한민국의 건국사업의 일환으로 전개한 구호사업입니다. 당시 사회문제가 된 만주·일본·중국 등 해외귀환 전재동포를 대상으로 익산·서울·부산·전주 등 4곳에서 시행한 식사 제공·의료서비스 보조·사망자 장례 등의 사회복지활동을 지칭합니다. 전재동포구호사업은 원불교단의

전재동포구호사업

본격적인 대사회활동의 시초로 이후 의료·보육 등과 관련된 사회복지 사업의 기반이 되었습니다. 1945년 10월에 정산 종사는 『건국론』을 발표하여 새 나라를 세우는 일에 참여합니다. 당시의 정파나 단체, 그리고 이념 갈등은 크게 좌파와 우파로 나누어졌습니다. 정산은 좌파나 우파의 이념을 떠나 무아봉공無我奉公할 것을 주장합니다. 무아봉공은 국민생활의 중심으로 새 나라를 건설하려는 의지, 도덕과 마음을 기초로 한 한국인의 정신의 주체를 강조한 종교 실천운동이라 할 수 있겠습니다.

『건국론』의 요지는 정신으로써 근본을 삼고, 정치와 교육으로써 줄기를 삼으며, 국방·건설·경제로써 가지와 잎을 삼고, 진화의 도로써 결과를 얻어서 국력을 배양하자는 것입니다. 특히 새 나라를 건설하기 위한 정신의 기본태도를 밝히고 있습니다. 계급이나 계층, 정치적 이념이나 지역, 개인의 정권욕이나 이해관계에 얽매이지 않고 민족의 견지에서 뜻을 모으고 충성심을 가져야 한다는 것을 먼저 강조합니다. 또한 제2차 세계대전 당시 독일과 일본에 대항한 연합국의 승리로 인하여 나라를 되찾은 점에 대해서 감사하는 마음을 잊지 말아야 하지만, 그 가운데 특정한 나라에 의존하지 않고 자립해야 한다는 것을 강조합니다. 정권욕에 사로잡혀 특정한 나라와 결탁하려는 사람에 대해서도 구한말의 역사를 상기시키며 경계하고 있습니다.

이러한 종교적 결의는 6·25 전쟁으로 인한 폐허를 일구기 위한 개척의 시대에도 지속 가능한 대안 제시와 실천을 위해 노력하였습니다. 이후 1960년대는 종교간 대화와 협력 및 사회복지 참여, 1970년대와 80년대는 민주화 운동, 1990년대는 남북한 통일·평화운동·사회복지운동 등의 사회적인 과제에 종교 실현 의지를 적극적으로 구현해 왔습니다. 2017년에는 미국이 한국에 추진하고 있는 고고도 미사일 방어체계인 사드(THAAD, Terminal High Altitude Area Defense)를 범교단적으로 반대하는 "원불교는 평화입니다"라는 적극적인 사회 참여와 "사드 말고 평화"를 외치는 슬로건은 원불교와 사회 참여의 상관성, 그리고 원불교인이 어떠한 자세로 신앙과 수행의 구도를 우리 시대에 실현시켜 나갈 것인가의 의지를 보여주는 한 단면이라고 할 수 있겠습니다.

2. 사회 참여와 마음공부, 그리고 원불교의 훈련법

원불교는 사회의 모순과 차별제도를 개혁하여 사회변동의 동기를 마련함으로써 과거의 어둡고 불평등한 선천시대를 혁파하고 미래의 밝고 평등한 후천시대를 열어 가고자 합니다. 교조 소태산은 인간의 본래 모습을 고요하고 두렷한 상태로 규정하고 과도한 욕망 추구의 마음은 본성에서 벗어난 것(『정전』 제4장 삼학)이라 지적합니다. 인간이 본래의 정신을 회복함으로써 세계와 문명의 본질과 한계를 파악하고 과학문명을 정당하게 선용하는 방법을 모색할 것과 정신과 물질의 소종래와 원리를 탐구해 나갈 종교적 역할이 앞으로의 과제라고 피력한 것입니다. 이는 근본적으로 올바른 인간관과 세계관 확립이 필요하다는 것을 의미하며, 더 나아가 정신의 주체를 세우고 실천하는 데 우리 사회의 참된 가치실현이 가능하다는 진단이기도 합니다.

> 지금 세상은 물질문명의 발전을 따라 사·농·공·상에 대한 학식과 기술이 많이 진보하였으며, 생활 기구도 많이 화려해졌으므로 이 화려한 물질에 눈과 마음이 황홀해지고 그 반면에 물질을 사용하는 정신은 극도로 쇠약하여 주인 된 정신이 도리어 물질의 노예가 되고 말았으니, 이는 실로 크게 근심될 현상이라. 이 세상에 아무리 좋은 물질이라도 사용하는 마음이 바르지 못하면 그 물질이 도리어

악용되고 마는 것이며, 아무리 좋은 재주와 박람 박식이라도 그 사용하는 마음이 바르지 못하면 그 재주와 박람 박식이 도리어 공중에 해독을 주게 되는 것이며, 아무리 좋은 환경이라도 그 사용하는 마음이 바르지 못하면 그 환경이 도리어 죄업을 돕지 아니하는가. 그러므로 천하에 벌여진 모든 바깥 문명이 비록 찬란하다 하나 오직 마음 사용하는 법의 조종 여하에 따라 이 세상을 좋게도 하고 낮게도 하나니, 마음을 바르게 사용하면 모든 문명이 다 낙원을 건설하는 데 보조하는 기관이 되는 것이요, 마음을 바르지 못하게 사용하면 모든 문명이 도리어 도둑에게 무기를 주는 것과 같이 되나니라. 그러므로 그대들은 새로이 각성하여 이 모든 법의 주인이 되는 용심법用心法을 부지런히 배워서 천만 경계에 항상 자리이타로 모든 것을 선용善用하는 마음의 조종사가 되며, 따라서 그 조종 방법을 여러 사람에게 교화하여 물심양면으로 한 가지 참 문명세계를 건설하는 데에 노력할지어다.(『원불교 교전』「대종경」 교의품 30장)

정산 종사는 "좋은 세상이 돌아오고 있으니, 마음을 좋게 가져 새 세상의 큰 일꾼이 되자", "마음공부 잘하여서 새 세상의 주인 되자"는 말씀으로써 새 시대의 전망과 구체성을 마음공부로 강조해 주셨습니다. 이는 소태산 대종사의 정신개벽 사상을 실현하기 위해서는 마음공부를 통해 정신의 주체성을 세우는 것이 중요함을 강조하신 것이라 생각합니다.

정산 종사의 뒤를 이은 대산大山 김대거金大擧 종사(1914~1998)는

"심전계발心田啓發의 훈련, 공동시장의 개척, 종교연합宗教聯合의 창설"이라는 '세계평화 삼대제언'을 주창했습니다. 원불교법으로 훈련을 통해 마음 밭인 심전心田을 계발함으로써 육肉의 갈등을 해결하는 공동시장의 개척과 영靈의 갈등을 해결하는 종교연합의 창설로 나아갈 때 갈등과 전쟁이 없는 평화로운 '하나의 세계'가 이루어질 수 있다는 사상입니다.

이와 같이 소태산과 정산, 대산에 이르는 원불교의 리더들은 물질문명의 세력이 인간의 주체성마저 위협하는 시대적 위기를 인간 스스로의 주체성인 본원적 정신을 회복하고 실현하는 정신개벽의 일환으로 마음공부를 강조하셨음을 알 수 있습니다. 특히 현대에 이르기까지 '생활과 불법이 둘이 아니고, 일과 공부가 둘이 아니며, 재가와 출가가 차별이 없으며, 신앙의 대상과 수행의 장소가 따로 정해져 있지 않는 종교'라는 지침의 명시가 확연합니다.

특히 소태산 대종사가 '용심법(用心法: 마음 작용하는 법)'을 강조하며, 일상생활에서 마음공부를 지속할 수 있도록 「훈련법訓練法」을 제정하여, 일상의 일이 곧 수행이 되고 사회적 실천이 되도록 지도한 점은 주의 깊게 살펴봐야 할 관점입니다. 오늘의 종교적 신앙과 수행은 사회적 참여와 불가분리의 관계에 있으며, 가장 주체적인 것은 구성원들의 마음공부가 기본이 되어야 한다는 필연성입니다.

> 대종사께서 28년간 가르쳐 주신 교법의 핵심은 용심법이라, 이는 죄와 복이 다 자기 마음 가운데 있으므로 각자의 조물주는 바로 자기 자신임을 밝혀주신 것이니라. 그러므로 정산 종사께서는

항상 "마음을 여유 있고 넉넉하게 쓰라" 하셨고, 나는 "남의 마음을 고치고 가르치기 전에 자기 마음부터 고치고 가르치라" 하나니, 자기 훈련과 신분검사로 스스로를 변화시키는 데 정성을 다해야 하느니라.(「대산종사법어」 훈련편 38장)

원불교에서 훈련법은 교리와 사상을 배우고 단련하는 중요한 방법입니다. 소태산 대종사는 정신개벽의 대 낙원세계를 이루기 위해 진리적 종교의 신앙과 사실적 도덕의 훈련을 실현할 구체적 방법으로 삼학병진 수행의 훈련체계로 정기훈련법定期訓練法과 상시훈련법常時訓練法을 제정하십니다. 통상적으로 훈련이란 사전적 의미로 '무예나 기술, 실무를 배워 익히는 법, 익숙하도록 가르치거나 되풀이하여 익힘을 말합니다. 기질 변화가 분명히 되기까지 법으로 심신을 단련하는 것' 등의 의미를 가지고 있습니다. 그러한 의미에서 훈련법은 원불교의 핵심 교리인 일원대도一圓大道와 인생의 요도인 사은사요四恩四要, 공부의 요도인 삼학팔조三學八條를 반복 단련하여 부처의 기질로 변화시키는 구체적이고 사실적인 수행체계라 볼 수 있습니다.

소태산 대종사는 정靜할 때(정기기간)에는 수양과 연구를 주체로 하는 정기훈련법(11과목 훈련)을 통하여 삼학수행의 기본(법)을 단련하게 했고, 동動할 때(상시기간)에는 작업취사를 주체로 하는 상시훈련법(상시응용 주의사항과 교당 내왕 시 주의사항)을 통하여 생활 속에서 삼학수행을 활용 훈련하게 하였습니다. 이 2대 훈련법은 서로서로 도움이 되고 바탕이 되어 재가·출가의 공부인 모두가 항상 공부를 떠나지 않게 하는 길이 됩니다.

소태산 대종사는 과거의 소수인의 신앙을 대중의 신앙으로, 편벽된 수행을 원만한 수행으로 돌리자며 원불교의 수행체계를 일원의 진리에 근원하여 이렇듯 삼학병진 수행으로 세웠습니다. 그리고 그 삼학병진 수행을 사실적으로 훈련하여 삼대력을 양성하는 구체적인 방법으로 훈련법(정기훈련법, 상시훈련법)을 제정하였습니다.

인간생활에 있어서 동動과 정靜의 두 때가 있으므로 정할 때에는 정기훈련법定期訓練法으로 삼학수행의 기본을 다지며 삼대력을 양성하게 했고, 동할 때에는 즉 일상생활 속에서는 상시훈련법常時訓練法으로 정기훈련에서 양성한 삼대력을 실생활에 활용하도록 하였습니다. 동할 때의 상시공부는 정기定期공부의 소재가 되고 삼학수행을 더욱 깊이 있게 진행할 수 있는 계기가 되어 동과 정 두 사이에 계속적으로 삼대력을 양성하게 했습니다.

또한 정기훈련법은 삼학의 각 방면을 11과목을 통하여 '상시응용 주의사항'과 '교당 내왕 시 주의사항'으로 구성되어 있습니다. 여기서 상시응용 주의사항은 하루일과로 볼 수 있는데 이 또한 동과 정으로 구별하여 볼 수도 있으며, 삼학으로 나누어서 살펴볼 수도 있습니다. 이는 곧 일상생활이 동과 정으로 구성되어 있고, 삼학을 병진해야 원만한 삶이 되는 까닭이기도 합니다. 이렇듯 원불교 훈련법의 체계는 바로 인간의 삶 속에서 사실적 도덕의 훈련을 구현하기 위해서 제정된 것입니다.

좀 더 구체적으로 원불교의 훈련법 내용을 살펴보겠습니다. 먼저, 정기훈련법(정기훈련 11과목)입니다. 이는 정靜할 때 곧 일정한 기간, 일정한 훈련 장소에서 수양과 연구를 주체 삼아서 성불제중의 핵심

요소인 삼학수행의 기본법을 단련하며 삼대력을 양성하는 훈련법입니다. 이는 동動할 때의 공부, 곧 상시공부의 자료를 준비하는 공부법이 된다고 소태산은 『정전』에서 밝히고 있습니다. 정기훈련법은 다시 삼학을 기본 틀로 하여 11개의 훈련과목으로 구성되어 있습니다. 일반적으로 이를 정기훈련 11과목이라 부릅니다. 정기훈련 11과목에는 정신수양 훈련과목으로 염불·좌선, 사리연구 훈련과목으로 경전·강연·회화·의두·성리·정기일기, 작업취사 훈련과목으로 상시일기·주의·조행이 있습니다.

소태산은 "과거 불가에서는 경전·화두선·염불·주문·불공·계율 등에서 한두 가지 과목에 집착하여 편벽된 수행을 하며 융통을 보지 않아 원만한 신앙과 수행에 장애가 많았다"고 지적하십니다. "이러한 과목의 핵심 강령과 요지를 종합하여 원만한 삼학병진 수행을 하여야 한다"고 밝히신 것입니다. 그러므로 정기훈련 11과목은 바로 그러한 취지에서 삼학병진의 원만한 수행을 목표로 제정된 것이며, 특히 수양·연구·취사의 각 방면에 있어서도 어느 일방으로만 하는 수행이 아니라 동과 정, 내와 외, 깊이와 넓이, 구속과 자유 등의 양면을 아울러 효과적으로 원만하게 하는 수행방법인 것입니다.

예를 들어 정신수양 과목인 염불과 좌선에 대하여 소태산은 "염불과 좌선이 한 가지 수양 과목으로 서로 표리(表裏: 겉과 속)가 되나니 공부하는 사람이 만일 번뇌가 과중하면 먼저 염불로써 그 산란한 정신을 대치하고, 다음에 좌선으로써 그 원적의 진경眞境에 들게 하는 것이며, 또한 시간에 있어서는 낮이든지 기타 외경이 가까운 시간에는 염불이 더 긴요하고, 밤이나 새벽이든지 기타 외경이 먼 시간에는 좌선이 더 긴요하나니, 공부하는 사람이 항상 당시의 환경을 관찰하고 각자의 심경을 대조하여 염불과 좌선을 때에 맞게 잘 운용하면 그 공부가 서로 연속되어 쉽게 큰 정력定力을 얻게 되리라"(『정전』 염불법)고 수양에 있어서 양면적 관계성을 밝히고 있습니다.

이러한 관계성은 사리연구 과목에서는 구속을 주어 지혜를 단련하는 강연과 자유를 주어 지혜를 단련하는 회화의 관계에서도 찾아볼 수가 있습니다. 또한 사리 간事理間 명확한 분석을 얻게 하는 의두와 우주만유의 본래이치와 우리의 자성원리를 깊이 해결하여 알게 하는 성리의 관계에도 성찰할 수 있겠습니다. 그러므로 정기훈련 11과목은 마치 인간의 심신의 건강을 위해 영·기·질 세 방면으로 각각 다양한 요소들이 필요하듯이, 정신수양·사리연구·작업취사의 각 방면을 원만하게 계발하는 훈련과목들입니다. 또한 이렇게 정기훈련 11과목으로 수행한 결과는 다시 일상생활 속의 수행, 곧 상시훈련의 기초가 되어 활용되게 되는 것이 특징입니다.

이어서 상시훈련법(상시응용 주의사항, 교당 내왕 시 주의사항)입니다. 이는 동할 때, 일상생활에서 작업취사를 하면서 삼학수행을 활용하는 훈련법입니다. 상시훈련법은 자력을 주체로 스스로 하는 상시응용 주의사항 6조 공부와, 타력을 얻어가며 하는 교당 내왕 시 주의사항 6조 공부로 구성되어 있습니다.

I. 상시응용 주의사항

1. 응용應用하는 데 온전한 생각으로 취사하기를 주의할 것이요,
2. 응용하기 전에 응용의 형세를 보아 미리 연마하기를 주의할

것이요,

3. 노는 시간이 있고 보면 경전·법규 연습하기를 주의할 것이요,

4. 경전·법규 연습하기를 대강 마친 사람은 의두 연마하기를 주의할 것이요,

5. 석반 후 살림에 대한 일이 있으면 다 마치고, 잠자기 전 남은 시간이나 또는 새벽에 정신을 수양하기 위하여 염불과 좌선하기를 주의할 것이요,

6. 모든 일을 처리한 뒤에 그 처리 건을 생각하여 보되, 하자는 조목과 말자는 조목에 실행이 되었는가 못 되었는가 대조하기를 주의할 것이니라.

II. **교당 내왕 시 주의사항**

1. 상시응용 주의사항으로 공부하는 중 어느 때든지 교당에 오고 보면 그 지낸 일을 일일이 문답하는 데 주의할 것이요,

2. 어떠한 사항에 감각된 일이 있고 보면 그 감각된 바를 보고하여 지도인의 감정 얻기를 주의할 것이요,

3. 어떠한 사항에 특별히 의심나는 일이 있고 보면 그 의심된 바를 제출하여 지도인에게 해오解悟 얻기를 주의할 것이요,

4. 매년 선기禪期에는 선비禪費를 미리 준비하여 가지고 선원에 입선하여 전문공부하기를 주의할 것이요,

5. 매 예회例會날에는 모든 일을 미리 처결하여 놓고 그 날은 교당에 와서 공부에만 전심하기를 주의할 것이요,

6. 교당에 다녀갈 때에는 어떠한 감각이 되었는지 어떠한 의심이

밝아졌는지 소득 유무를 반조返照하여 본 후에 반드시 실생활에 활용하기를 주의할 것이니라.(『원불교 교전』「정전」 수행편 2장)

소태산은 일상수행의 요법을 챙기는 마음을 실현시키기 위해 상시응용 주의사항과 교당 내왕 시 주의사항을 정했다고 밝히고 있습니다. 일상수행의 요법이 공부의 요도 삼학팔조와 인생의 요도 사은사요의 교리강령 실천을 9가지 표어로써 천명한 것이라면, 상시훈련법의 상시응용 주의사항과 교당 내왕 시 주의사항은 그 교리강령을 일상생활, 곧 일과에 부합시켜 자력·타력을 동원하여 어떻게 실행할 것인가를 안내해 주는 것으로 볼 수 있습니다.

대종사 말씀하시기를 "내가 그대들에게 일상수행의 요법을 조석으로 외게 하는 것은 그 글만 외라는 것이 아니요, 그 뜻을 새겨서 마음에 대조하라는 것이니, 대체로는 날로 한 번씩 대조하고 세밀히는 경계를 대할 때마다 잘 살피라는 것이라, 곧 심지心地에 요란함이 있었는가 없었는가, 심지에 어리석음이 있었는가 없었는가, 심지에 그름이 있었는가 없었는가, 신·분·의·성의 추진이 있었는가 없었는가, 감사생활을 하였는가 못하였는가, 자력생활을 하였는가 못하였는가, 성심으로 배웠는가 못 배웠는가, 성심으로 가르쳤는가 못 가르쳤는가, 남에게 유익을 주었는가 못 주었는가를 대조하고 또 대조하며 챙기고 또 챙겨서 필경은 챙기지 아니하여도 저절로 되어지는 경지에까지 도달하라 함이니라. 사람의 마음은 지극히 미묘하여 잡으면 있어지고 놓으면 없어진다 하였나니,

챙기지 아니하고 어찌 그 마음을 닦을 수 있으리요. 그러므로 나는 또한 이 챙기는 마음을 실현시키기 위하여 상시응용 주의사항과 교당 내왕 시 주의사항을 정하였고 그것을 조사하기 위하여 일기법을 두어 물 샐 틈 없이 그 수행방법을 지도하였나니 그대들은 이 법대로 부지런히 공부하여 하루 속히 초범超凡 입성入聖의 큰일을 성취할 지어다."(『원불교 교전』「대종경」 수행품 1장)

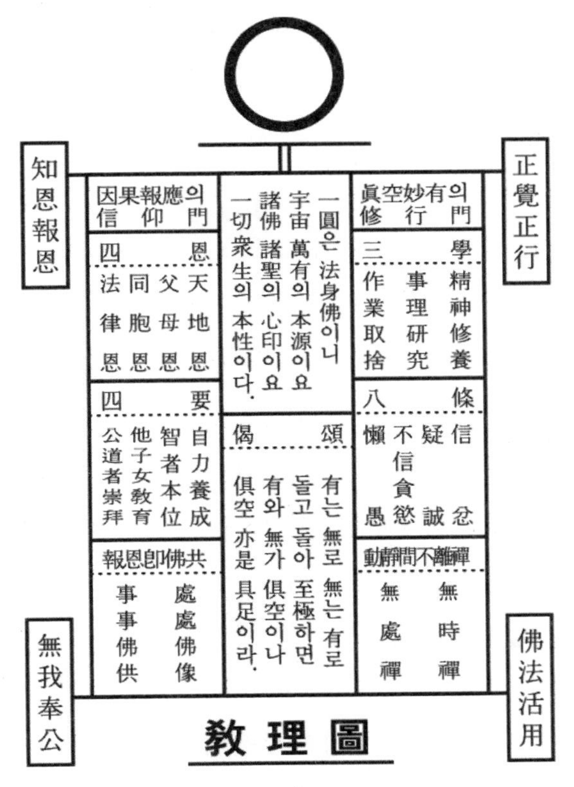

교리도

원불교 3대 종법사인 대산 종사는 "부처와 성현이 되는 길은 삼학팔조 공부요, 일체 생령의 복문을 여는 길은 사은사요 실천이라, 이를 원만히 이루려면 훈련으로 단련을 해야 하나니, 나날이 때때로 자신훈련과 교도훈련과 국민훈련과 인류훈련으로 참 사람을 만들고 참 부처를 만들어 가야 하느니라"(「대산종사법어」, 훈련편 14장)고 당부하십니다. 원불교는 훈련이라야 참 사람 참 부처를 만들 수 있다고 보았으며, 원불교의 국한을 넘어서서 국민훈련과 인류훈련까지도 주체적으로 실시해야 한다고 강조한 것이 특징입니다. 종교가 사실적인 훈련을 통해서 인간됨의 근원인 자성을 회복하며 구심력을 키워가는 종교적인 수행이 강조되었다고 볼 수 있겠습니다.

3. 삼학수행과 유무념 공부

우리가 원만한 인격을 이루고, 현실 생활 속에서 타인과 더불어 행복한 삶을 살기 위한 수행은 마음공부가 근본이 됩니다. 원불교에서는 마음공부를 통해 삼학(精神修養, 事理硏究, 作業取捨)의 힘을 얻으라 가르쳐 줍니다. 소태산 대종사는 삼학공부의 힘을 쌓기 위해 훈련법을 지도해 주셨다고 할 수 있는 것입니다.

그렇다면 훈련법이 지향하는 삼학수행이 무엇을 지향하는지를 살펴보겠습니다. 소태산 대종사는 신앙인은 정신精神의 세 가지 힘, 즉 일심과 알음알이, 그리고 실행의 힘이 있어야 비로소 육신肉身의 의식주를 잘 얻을 수 있고, 원만한 인격을 이룰 수 있으며, 생사의 도와 인과의 이치를 터득하여 혜와 복을 얻을 수 있다(『대종경』 교의품

19장)고 하십니다. 즉 삼학공부는 훈련을 통해 의식주와 원만한 인격, 그리고 혜와 복을 얻는 것이라고 할 수 있겠습니다.

따라서 삼학은 수행자가 정신을 단련하여 원만한 인격을 이루는 데에 필요한 법이며, 잠깐도 떠날 수 없는 법(『대종경』 교의품 18장)이라 할 수 있습니다. 소태산 대종사는 일원상의 수행에 대한 제자의 질문에 대해, "일원상을 수행의 표본으로 하고 그 진리를 체 받아서 자기의 인격을 양성하고, 이 공부를 지성으로 하면 학식 있고 없는 데에도 관계가 없으며 남녀노소를 막론하고 다 성불함을 얻으리라"(『대종경』 교의품 5장)고 말씀하십니다.

삼학수행, 즉 훈련을 하고자 하는 것은 원만한 인격을 이루고 부처를 이루는 데 그 목적이 있습니다. 그럼 여기서 잠간 인격의 의미를 살펴보도록 합시다. 일반적으로 인격이란 각자가 개성과 주체성을 지니면서 삶을 개척하며(identity), 객관적으로 자신을 인식·실현하며(self realization), 좋은 인간관계를 유지하고, 자기의 삶의 철학을 갖고 창조적으로 사는 자세(philosophy of life) 등을 견지하는 일관성 있는 경향성을 말합니다. 따라서 인격이라는 것이 한 개인의 존재에 국한해서 사용되는 것이 아니라 다른 사람과의 '관계'를 전제하고 있다는 사실을 의미 있게 파악해야 합니다. 왜냐하면 원불교 삼학수행도 원만한 인격완성을 하기 위한 것이지만, 개인적인 차원의 인격완성을 넘어선 사회적인 차원의 인격, 더 나아가 일체생령을 구제하고 낙원세계를 건설하는 우주적인 차원의 인격을 제시합니다.

원불교적 인격의 의미를 다시 한 번 살펴보겠습니다. 소태산 대종사는 일원상의 진리를 신앙하는 동시에 수행의 표본을 삼아서 일원상과 같이 원만구족하고 지공무사한 각자의 마음을 알아서 양성하고 사용하는 사람(『정전』 제2 교의편, 일원상의 수행)을 강조하십니다.

이것은 원불교 『정전』 삼학의 각 목적에도 잘 표현되어 있습니다. 정신수양은 천지만엽으로 벌여가는 욕심을 제거하고 온전한 정신을 얻어 자주력을 갖춘 인격양성을 목적합니다. 사리연구는 천조의 난측한 이치와 인간의 다단한 일을 미리 연구하였다가 실생활에 밝게 분석하고 빠르게 판단하여 아는 인격양성을 목적합니다. 작업취사는 정의는 기어이 취하고 불의는 기어이 버리는 실행을 겸비한 인격을 갖추도록 하는 것을 목적한다고 밝히고 있습니다.

1) 정신수양

원불교에서 정신수양精神修養은 일원의 속성이 나타나 있는 면모인 동시에 그에 합일하는 길입니다. 특히 정신수양은 성품의 고요한 측면에 도달하자는 것입니다. 소태산 대종사는 "정신이라 함은 마음이 두렷하고 고요하여 분별성과 주착심이 없는 경지를 이름이요, 수양이라 함은 안으로 분별성과 주착심을 없이 하며 밖으로 산란하게 하는 경계에 끌리지 아니하여 두렷하고 고요한 정신을 양성함을 이름이니라"(『정전』 정신수양의 요지)고 하셨습니다. 즉 분별심과 주착심을 다스려 본래의 두렷하고 고요한 성품의 본성에 합일하고자 하는 것이라고 할 수 있겠습니다.

따라서 소태산 대종사는 사람에게 정신수양이 없으면 "자기에게 있는 권리와 기능과 무력을 다하여 욕심만 채우려 하다가 결국은 가패 신망도 하며, 번민 망상과 분심 초려로 자포자기의 염세증도

나며, 혹은 신경쇠약자도 되며, 혹은 실진자도 되며, 혹은 극도에 들어가 자살하는 사람까지도 있게 된다"(『정전』 정신수양의 목적)라고 보신 것입니다. 이러한 헛된 욕심을 제거하는 것이 정신수양의 중요한 목적이 되는 것입니다.

정신수양에는 크게 두 가지 방법이 있습니다.

첫째, 염불과 좌선 등을 통하여 분별성과 주착심을 없애 일정심一定心을 키우는 정定할 때의 수양방법입니다.

소태산 대종사는 "염불은 천지만엽으로 흩어진 정신을 주문 한 귀에 집주하되 천념 만념을 오직 일념으로 만들기 위함이요"(『정전』 염불법), "좌선은 한 생각이라는 주착도 없이 하여, 오직 원적 무별한 진경에 그쳐 있도록 함이니, 이는 사람의 순연한 근본정신을 양성하는 방법"(『정전』 좌선법)인 것입니다.

좌선은 한 생각이라는 주착도 없는 두렷하고 고요한 진경에 머물도록 하는 수양입니다. 소태산 대종사는 좌선에 대하여 다음과 같이 부연하십니다. "마음에 있어 망념을 쉬고 진성을 나타내는 공부이며, 몸에 있어 화기를 내리게 하고 수기를 오르게 하는 방법이니, 망념이 쉰즉 수기가 오르고 수기가 오른즉 망념이 쉬어서 몸과 마음이 한결같으며 정신과 기운이 상쾌하리라."(『정전』 좌선법) 망념을 쉰다는 것은 분별성과 주착심을 없이 한다는 것이며 진성을 나타낸다는 것은 두렷하고 고요한 성품을 발현시킨다는 것입니다. 이와 같이 좌선은 염불과 아울러 정할 때 정신수양 공부의 기본적인 방법이라 할 수 있습니다.

둘째, 동할 때는 산란하게 하는 경계에 끌리지 아니하는 부동심不動心을 기르는 것이 중요한 요지입니다. 소태산 대종사는 약을 달이는 것과 바느질하는 것을 함께하는 공부에 대하여, "열 가지 일을 살피나 스무 가지 일을 살피나 자기의 책임 범위에서만 할 것 같으면 그것은 방심이 아니고 온전한 마음이며, 동할 때 공부의 요긴한 방법이니……, 자기의 책임만 가지고 이 일을 살피고 저 일을 살피는 것은 비록 하루에 백천만 건을 아울러 나간다 할지라도 일심 공부하는 데에는 하등의 방해가 없다"(『대종경』 수행품 17)라고 말씀하십니다.

그 일 그 일에 일심을 집중하여 일심의 정력을 쌓음과 아울러, 그 일을 성공하게 하는 것이 생활 속에서 수양력을 기르는 방법이 된다는 것입니다. 지금까지의 전통적인 정신수양의 방법은 염불이나 좌선 등으로 정력을 얻고자 하는 것이 중심이 되어 왔습니다. 그러나 원불교의 정신수양은 염불과 좌선 등으로 큰 정력을 얻음과 아울러 그 수양력을 실지 생활에 활용하여 그 일 그 일에 일심을 기르는 공부가 중시됨이 특징입니다.

2) 사리연구

소태산 대종사는 "일원상을 수행의 표본으로 하고 그 진리를 체 받아서 자기의 인격을 양성하나니, 일원의 원리를 깨닫는 것은 견성이요, 일원의 체성을 지키는 것은 양성이요, 일원과 같이 원만한 실행을 하는 것은 솔성인 바, 우리 공부의 요도인 정신수양·사리연구·작업취사도 이것이요(『대종경』 교의품 5장)"라고 하여 일원상 진리의 세 가지 측면이 곧 삼학수행의 표준임을 말하고 있습니다. 따라서 사리연구事理研究는 일원의 속성이 나타나 있는 면모인 동시에 그에 합일하는 길입니다.

사리연구의 목적은 대소유무의 이치에도 걸림이 없고 시비이해의 일에도 걸림 없이 아는 지극히 밝은 반야지혜를 지향하자는 것입니다. "사事라 함은 인간의 시비이해를 이름이요, 이理라 함은 곧 천조의 대소유무를 이름하며, 대大라 함은 우주만유의 본체를 이름이요, 소小라 함은 만상이 형형색색으로 구별되어 있음을 이름이요, 유무라 함은 천지의 춘하추동 사시 순환과 풍운우로상설과 만물의 생로병사와 흥망성쇠의 변태를 이름"(『정전』 사리연구의 요지)이라 하였습니다.

또한 "연구硏究라 함은 사리를 연마하고 궁구함을 이름이라"고 했습니다. 곧 사리연구라 함은 대소유무의 이치를 연마하고 궁구하며 시비이해의 일을 연마하고 궁구함을 말합니다. 이에 대하여 소태산은 만약 "이치의 대소유무를 모르고 산다면 우연히 돌아오는 고락의 원인을 모를 것이며, 생각이 단촉하고 마음이 편협하여 생·로·병·사와 인과보응의 이치를 모를 것이며(『정전』 사리연구의 요지)"라고 하였습니다.

사리연구의 방법을 살펴보겠습니다. 먼저, 정기훈련을 통하여 사리연구를 하게 합니다. 정기훈련 과목으로 경전·강연·회화·의두·성리·정기일기 등의 과목이 있습니다. 경전은 우리의 지정교서와 참고경전 등을 공부하는 것입니다. 강연은 사리 간에 어떠한 문제를 정하고 그 의지를 해석시켜 대중의 앞에서 격을 갖추어 그 지견을 교환하며 혜두를 단련하는 공부이며, 회화는 각자의 보고 들은 가운데 스스로 느낀 바를 자유로이 말하게 하여 구속 없고 활발하게 의견을 교환하며 혜두를 단련시키는 공부법입니다.

의두는 대소유무의 이치와 시비이해의 일이며 과거 불조의 화두

중에서 의심나는 제목을 연구하여 감정을 얻게 하는 공부이며, 성리는 우주만유의 본래이치와 우리의 자성원리를 해결하여 알자는 공부법입니다. 정기일기는 당일의 작업시간 수와 수입·지출과 심신작용의 처리건과 감각감상을 기재시켜 지견을 키워가는 공부법입니다.

둘째는 그 일 그 일에서 알음알이를 구하는 것입니다. 소태산은 일 속에서 알음알이를 구하는 방법에 대하여 다음과 같이 말합니다. "첫째는 인간 만사를 작용할 때에 그 일 그 일에 알음알이를 얻도록 힘쓸 것이요, 둘째는 스승이나 동지로 더불어 의견 교환하기를 힘쓸 것이요, 셋째는 보고 듣고 생각하는 중에 의심나는 것이 생기면 연구하는 순서를 따라 그 의심을 해결하도록 힘쓸 것이요."(『대종경』 수행품 2) 이처럼 현실 생활에서 모든 일을 할 때에 그 일 그 일에서 이치와 일을 깨치도록 연마해야 한다는 것입니다.

> 일을 당하기 전에는 미리 연마하고, 일을 당하여서는 잘 취사하고, 일을 지낸 뒤에는 다시 대조하는 공부를 부지런히 하며, 비록 다른 사람의 일이라도 마음 가운데에 매양 반조하는 공부를 잘하면, 점점 사물에 능숙하여져서 모든 응용에 걸리고 막히지 아니하리라.(『대종경』 수행품 24)

연마·취사·반조의 공부가 실생활에서 사리연구하는 방법이 됨을 알 수 있습니다. 대소유무의 이치를 깨친다는 것은 원래 갖추어져 있는 반야지의 능력을 발현시키는 것이며, 시비이해의 일을 잘 판단한다는 것은 인간의 모든 일을 바른 분석과 빠른 판단에 의거해서 활용하자는 것입니다.

3) 작업취사

작업취사作業取捨는 원불교 진리의 속성이 나타나 있는 면모인 동시에, 모든 일을 할 때 취할 것과 버릴 것을 잘 분별하여 행하여 그에 합일하는 길을 말합니다. 즉 작업취사는 원만구족圓滿具足하고 지공무사至公無私한 취사력을 얻는 공부를 말합니다. "작업이라 함은 무슨 일에나 안·이·비·설·신·의 육근을 작용함을 이름이요, 취사라 함은 정의는 취하고 불의는 버림을 이름이니라."(『정전』 작업취사의 요지) 정의는 죽기로써 실행하고 불의는 죽기로써 하지 말자는 것입니다. 정의를 실행한다는 것은 원래에 갖추어진 원만구족하고 지공무사한 실행력을 사회에 발현시키는 것입니다.

작업취사의 방법은 두 가지가 있습니다. 첫째, 정기훈련을 통해 작업취사 공부를 하는 방법입니다. 정기훈련법에는 상시일기·주의·조행 등의 공부법이 있습니다. 상시일기는 당일의 유무념有無念 처리와 학습상황과 계문의 범과유무를 기재시킴이며, 주의는 사람의 육근을 동작할 때에 하기로 한 일과 안 하기로 한 일을 경우에 따라 잊어버리지 아니하고 실행하는 마음을 말합니다. 조행은 사람으로서 사람다운 행실 가짐을 지칭합니다. 이 모든 공부들은 사람으로 하여금 그 공부를 무시로 대조하여 실행에 옮김으로써 공부의 실 효과를 얻게 하기 위함입니다.(『정전』 정기훈련법) 이 공부법들은 정기훈련 중 작업취사에 해당하는, 실행력을 기르는 공부입니다.

둘째, 실생활 속에서 정의는 취하고 불의는 버리는 공부입니다.

작업취사는 수양력과 연구력을 사회생활에서 효과적으로 발현시키자는 목적이 있습니다. 소태산 대종사는 수양·연구의 실효과적인 측면으로 작업취사를 언급하며, “정신을 수양하여 수양력을 얻었고, 사리를 연구하여 연구력을 얻었다 하더라도, 실제 일을 작용하는 데 있어 실행을 하지 못하면 수양과 연구가 수포에 돌아갈 뿐이요 실 효과를 얻기가 어렵나니”(『정전』 작업취사의 목적)라고 하였습니다. 곧 작업취사란 수양력과 연구력을 사회생활에서 효과적으로 적용하는 것이므로 개인의 마음공부가 사회 참여의 방법임을 확인시켜 주신 것입니다.

소태산 대종사는 “우리는 정의어든 기어이 취하고 불의어든 기어이 버리는 실행공부를 하여, 싫어하는 고해는 피하고 바라는 낙원을 맞아 오자는 것이니라”(『정전』 작업취사의 목적)라고 그 대의를 밝혀주십니다. 곧 작업취사의 핵심은 불의를 제거하고 정의를 실행하는 것으로 이는 바로 올바른 사회를 만드는 원동력이 되는 것입니다. 불의를 제거하는 방법으로 30계문을 들 수 있습니다. 계문을 지키는 것을 통하여 신·구·의 삼업을 청정히 하여 자신의 몸과 마음을 바르게 함과 동시에 사회생활을 바르게 하는 기반을 다지는 것입니다.

정의를 실행하는 방법으로는 원불교에서는 솔성요론이 대표적입니다. 솔성요론 16조항은 정의를 실행하는 구체적인 방법입니다. 특히 “정당한 일이거든 아무리 하기 싫어도 죽기로써 할 것이며, 부당한 일이거든 아무리 하고 싶어도 죽기로써 아니할 것이요”(『정전』 솔성요론 13, 14조)라는 조항은 작업취사의 이념을 잘 나타내고 있습니다. 작업취사는 넓은 의미로 보면 사은사요를 실천하는 것입니다. 사은에 보은하고 사요를 실천하는 것이 사회적 불의를 제거하고 정의를 실현하는 기본이 되기 때문입니다.

4) 유무념 공부

삼학-정신수양, 사리연구, 작업취사를 적합하게 보편화시켜 모든 사람들이 각자의 처지에서 쉽게 실천할 수 있도록 하는 것은 원불교에서 중요합니다. 소태산은 그 사실적인 방법으로 모든 일을 대할 때마다 '유념有念'과 '무념無念'을 대조하는 주의심을 챙기도록 하였습니다. 모든 일을 당하여 이렇게 스스로의 마음을 바라보며 신앙과 수행을 심화시키도록 훈련시키는 것은 원불교 공부법의 핵심이라 할 수 있습니다.

원불교의 2대 종법사 정산 종사는 "수도하는 동지들이여! 유념 가운데 무념의 공부가 있고 무념 가운데 유념의 공부가 있음을 잘 해득하여, 유념할 곳에는 반드시 유념을 잊지 말고 무념할 곳에는 반드시 무념을 잊지 말아서, 유무념有無念의 참된 공덕을 일일이 다 수용하도록 하라. 만일 이 유념과 무념의 길을 알지 못하면 유념할 곳에는 무념을 주장하고 무념할 곳에는 유념을 주장하여 유념과 무념이 한 가지 죄업을 지으며 무궁한 저 고해에 길이 침몰하게 될지니 어찌 한심치 아니 하리요, 공부하는 사람은 모름지기 여기에 잘 주의하여야 할 것이니라"(『정산 종사 법어』 경의편 27장)라고 당부하셨습니다. 이처럼 유무념 공부는 원불교가 종교적 인격을 만드는 데 있어 실천공부의 핵심이며 범사회적으로 정신개벽의 주인공을 양성하는 데 있어 구체적인 실현방안이라 할 수 있겠습니다.

유무념 공부 방법을 살펴보면, 그 첫 번째는 우리가 심신心身을 작용할 때 유념으로 처리했는지 무념으로 처리했는지의 마음챙김이 시작단계입니다. 매 순간 스스로의 마음을 대조하는 공부법인 것입니다. '유념' 또는 '무념'으로 마음을 사용한 번수를 조사하여 당일의 일기에 기재하게 함으로써 일상의 삶을 얼마나 원불교의 표준 인격에 맞도록 살았는지를 멈추며 뒤돌아보게 하는 것입니다. 일상의 경계(일상생활 속에서 부딪치게 되는 모든 일들, 곧 나와 관계되는 일체의 대상을 지칭함)를 대하여 마음을 멈추어 생각하고 취사했으면 유념, 멈추지 않고 생각할 여유도 없이 되는대로 처리했으면 무념으로 기재합니다.

종교 신앙생활을 하는 사람이 매 순간 스스로의 마음을 얼마나 종교심으로 챙기며 살고 있는지를 바라보게 하는 공부법입니다. "착심 없는 곳에 신령하게 알고 바르게 행함이 유념이니 이는 생각 없는 가운데 대중 있는 마음이요, 착심 있는 곳에 미혹되어 망령되이 행함이 무념이니 이는 생각 있는 가운데 대중이 없는 마음이니라."(『정산종사 법어』 경의편 24장) 따라서 늘 스스로를 성찰하는 주의심을 가지고 각자의 마음을 바라보며 챙기는 자세는 원불교 수행의 기본이라 할 수 있겠습니다.

유념·무념은 모든 일을 당하여 유념으로 처리한 것과 무념으로 처리한 번수를 조사 기재하되, 하자는 조목과 말자는 조목에 취사하는 주의심을 가지고 한 것은 유념이라 하고, 취사하는 주의심이 없이 한 것은 무념이라 하나니, 처음에는 일이 잘 되었든지 못 되었든지 취사하는 주의심을 놓고 안 놓은 것으로 번수를 계산하나, 공부가 깊어 가면 일이 잘 되고 못 된 것으로 번수를 계산하는

것이요.(『정전』 수행편, 제6장 일기법)

이렇게 유무념 마음 대조를 시작한 사람은 스스로의 마음을 바라보는 자세를 가지게 됩니다. 이 공부자세가 깊어지면 두 번째로 일이 잘 되고 못 된 것을 표준으로 그 목표가 상향됩니다. 마음 바라보기가 된 사람은 '온전한(정신수양) 생각으로(사리연구) 취사하는 것이(작업취사)' 잘 되고 못 되는지를 챙기게 되는 것입니다. 멈추는 공부가 되면 하자고 하는 조목과 말자고 하는 조목을 표준으로 그 깊이를 살피고 일기 등에 기재하며 신앙수행의 정도를 파악하게 하는 것입니다.

유념 공부에 대하여 말씀하시기를 "유념의 공부는 곧 일용행사에 그 마음 대중을 놓지 않는 것이니, 이른바 보는 데에도 대중 있게 보고 듣는 데에도 대중 있게 듣고 말하는 데에도 대중 있게 말하고 동할 때에도 대중 있게 동하고 정할 때에도 대중 있게 정하여 비록 찰나간이라도 방심을 경계하고 정념正念을 가지자는 공부니라. 그러므로 대종사께서 상시훈련법으로 공부인의 정도를 따라 혹은 태조사를 하게 하시고 혹은 유무념을 대조케 하시고 혹은 일기를 대조케 하시니, 이것이 비록 명목은 다르나 모두 이 유념 하나를 공부케 하신 데 지나지 않나니라."(『정산 종사 법어』 경의편 23장)

원불교인들은 마음공부가 순숙되면 그 일의 결과가 잘되고 잘못된 것까지를 성찰 기준으로 잡습니다. 이러한 성찰 과정은 계문, 솔성요론, 일상수행의 요법, 상시응용 주의사항 등 원불교의 신앙과 수행이 표준이 되며, 각자가 얼마나 그 표준에 도달하는 삶을 살고 있는지를 확인하며 스스로의 삶을 교정하게 하는 것입니다.

말씀하시기를 "이제 몇 가지 조항으로 유념 공부의 실례를 들어본다면 ①사람이 어떠한 사업을 성공하자면 먼저 그 마음이 오로지 그 일에 집주되고 그 생각이 그 일을 연마하는 데 있어야 할 것이요, ②어떠한 사업을 성공한 후에 그 사업을 영원히 유지하기로 하면 모든 것을 무심히 하지 말고 마음을 오로지 그 일에 집중하여 연마하는 생각이 있어야 할 것이요, ③마음이 경계를 당하여 넉넉하고 급함이 골라 맞아서 군색과 실패가 없기로 하면 미리 연마하는 생각이 있어야 할 것이요, ④모든 일을 응용함에 시비를 잘 분석하여 매사에 중도를 행하기로 하면 항상 취사하는 생각이 있어야 할 것이요, ⑤모든 일을 지낸 뒤에 장래의 보감을 얻기로 하면 항상 반성하는 생각이 있어야 할 것이요, ⑥공간 시에 처하여 망상이나 혼침에 빠지지 않기로 하면 그 망상을 제거하는 한 생각이 있어야 할 것이요, ⑦무슨 직무를 담당하여 그것을 잘 이행하기로 하면 항상 책임에 대한 관념이 깊어야 할 것이요, ⑧모든 은혜를 입은 후에 반드시 그 은혜를 갚기로 하면 먼저 피은에 대한 생각이 깊어야 할 것이요, ⑨무슨 서약을 이룬 후에 반드시 그 서약을 실행하기로 하면 항상 신의를 존중히 하는 생각이 있어야 할 것이니, 만일 이상에 말한바 모든 생각이 없이 당하는 대로 행동한다면 일체 행사에 실패와 배은과 불신을 초래하여 필경은 세상에 배척자가 되고 말 것이니라. 세상만사 어느 일이 유념이 아니고 되는 일이 있으리요. 과연 크도다, 유념의 공덕이여."(『정산 종사 법어』 경의편 24장)

이와 같이 원불교인은 마음공부가 더욱 순숙되면 각자의 심계心戒를 정하여 세밀한 마음의 작용과 취사의 결과를 대조하여 자신의 인격을 완성해 갑니다. 결과적으로 오래 오래 유무념 공부를 계속하면 동정動靜이 한결같은 공부를 성취하여 마음의 자유를 얻을 수 있다고 보는 것입니다.

그래서 이 유무념 공부는 마음을 잘 쓰는 공부인 동시에 본인과 관계된 일과 사람 간의 사회생활도 잘하도록 이끌어 주는 공부법이기도 합니다. 종교인은 매 순간 깨어 있어야 합니다. 그래서 나와 우리의 모든 시비와 고락, 더 나아가 가슴 아픈 일들의 원인들이 매 순간 유념하지 못해서, 즉 한 마음을 챙기지 못해서 일어난 것들임을 성찰하고 책임 있는 삶을 살 줄 알아야 합니다. 이렇게 볼 때 이 유무념 공부는 원불교인이 부처를 이루는 공부법임과 동시에 원만한 인격을 갖추는 사회 참여에도 매우 요긴한 공부 방법임을 알 수 있겠습니다.

4. 사회 참여를 위한 마음공부의 함의

마음공부 유·무념 체크

유·무념 실천 조항 요일	월		화		수		목		금		토		일	
	유	무	유	무	유	무	유	무	유	무	유	무	유	무
1. 물 아껴쓰기	○		○		○		○		○		○		○	
2. 쌀뜨물로 설거지 하기	○		○		○		○		○		○		○	
3. 쓰레기 분리 수거 & 재활용 하기	○			○	○		○		○		○		○	
4. 실내 온도 유지 & 플러그 뽑기	○		○		○		○			○		○		○
5. 음식물 남기지 않기		○	○		○			○		○		○	○	
6. 대중교통 이용하기	○		○			○	○		○		○		○	
7. 사람들에게 환경 알리기		○	○			○		○	○			○		○
	유념(35) / 무념(14)													

느낀점 : 내가 환경을 지키지 않은 부분이 많다는 것을 알게 되었다.
그럼으로써 환경에 대한 관심이 많아졌다.

사회는 정치, 문화, 제도적으로 독자성을 지닌 공통의 관심과 신념, 이해에 기반한 대중의 개인적 집합, 결사체입니다. 그래서 구성원들의 개별적인 성숙이 중요합니다. 따라서 마음공부란 자기 안의 '참된 자아'를 자각하고, 깨어나 사회활동으로 확산시키는 데 중요한 요소라 할 수 있겠습니다.

그러므로 원불교는 우리의 삶 속에서 부딪치는 내외의 현상에 직면하여 부단하게 자신의 인격을 닦는 마음공부를 강조하였다고 생각합니다. 이는 '경계를 따라 일어나는 마음을 멈추고 원래 요란하지도 않으며 어리석음도 그름도 없는 본래마음을 되찾아가는 공부'를 삶의 필수영역으로 챙기는 일이라 할 수 있겠습니다. 사회생활에서 발산되는 감정들, 즉 예쁘고 밉고 좋고 나쁘고 하는 분별의 마음을 반조하고 원불교의 가르침에 의거하여 종교인의 삶으로 거듭나는 생활을 하자는 것입니다.

정산 종사는 "성불하고 성인되는 길이 멀고 다른 데에 있는 것이 아니요 가까이 내 마음으로 공부하기에 달린 것"(『정산 종사 법어』 권도편 27)이라 하셨습니다. 즉 마음공부는 시간과 처소, 환경과 처지에 관계없이 누구나가 성숙된 종교인의 행을 할 수 있다는 믿음과 직접적인 수행을 지칭한다고 볼 수 있겠습니다.

> 본래 선악 염정이 없는 우리 본성에서 범성과 선악의 분별이 나타나는 것은 우리 본성에 소소영령한 영지가 있기 때문이니, 중생은 그 영지가 경계를 대하매 습관과 업력에 끌리어 종종의 망상이 나고, 부처는 영지로 경계를 비추되 항상 자성을 회광반조하는지라 그 영지가 외경에 쏠리지 아니하고 오직 청정한 혜광이 앞에 나타나나니, 이것이 부처와 중생의 다른 점이니라.(『정산 종사 법어』 원리편 11장)

돌이켜보면 인류는 현대 세계관의 바탕 위에서 현대문명 건설에 진력해 왔고, 커다란 성취를 이루어 왔습니다. 그러나 현실을 돌아보면 현 인류의 고통과 문명의 위기에 직면하곤 합니다. 누군가는 진화론적인 관점에서 역사를 바라보며, 현대문명은 이상사회에 근접한 모습이라고도 높이 평가하기도 합니다. 그러나 대부분의 인류는 물질문명의 발전과 인간의 행복지수의 편차가 보여주듯이 녹녹치 않은 당면 고통들을 이야기하곤 합니다. 현대사회의 위기를 극복하고 우리 시대에 인간의 궁극적인 행복을 실현하기 위해서는 인간과 세계를 바라보는 종교관에도 대전환이 요청되는 이유입니다. 우리 시대에 인간을 긍정하고 회복하는 범종교적인 노력들이 사회를 변화시키는 변화요인이 되도록 더욱 고민을 해야겠습니다.

결국 원불교는 "물질이 개벽되니 정신을 개벽하자"는 과제를 짊어졌습니다. 물질문명은 인류사회를 편리하고 화려하게 바꾸었지만, 그에 따른 사람의 정신은 점점 쇠약해져 가게 됨으로 마음공부를 통해 정신의 주체를 세우는 것이 우리 시대에 가장 시급한 일이라고 파악한 것입니다.

소태산 대종사는 "나는 모든 사람들의 마음 작용하는 법을 가르친다고 할 것이며, 거기에 다시 부분적으로 말하자면 지식 있는 사람에게는 지식 사용하는 방식을, 권리 있는 사람에게는 권리 사용하는 방식을, 물질 있는 사람에게는 물질 사용하는 방식을, 원망생활 하는 사람에게는 감사생활 하는 방식을, 복 없는 사람에게는 복 짓는 방식을, 타력생활 하는 사람에게는 자력생활 하는 방식을, 배울 줄 모르는 사람에게는 배우는 방식을, 가르칠 줄 모르는 사람에게는 가르치는 방식을, 공익심 없는 사람에게는 공익심이 생겨나는 방식을 가르쳐 준다고 하겠노니, 이를 몰아 말하자면 모든 재주와 모든 물질과 모든 환경을 오직 바른 도로 이용하도록 가르친다 함이니라"(『대종경』 교의품 29)고 원불교의 방향을 제시해 주셨습니다.

우리 시대의 종교는 마음 작용하는 법을 배워 마음을 바르게 사용하도록 지도하고, 그에 의해 인간의 모든 문명이 바른 도道를 활용하도록 가르쳐야 할 의무가 있습니다. 마음공부를 통해 인류가 존재의 가치를 자각하게 되면 자신과 관계된 세계를 깊이 사랑하며 확장하는 우주적 인 세계관을 가질 수 있습니다. 인간은 온 우주를 품고 있는 위대한 존재이며, 모든 것을 사랑할 수 있는 아름다운 존재입니다. 모든 종교는 인간의 세계관을 일깨우며 미래지향적인 방향을 제시하는 노력에 온 힘을 기울여야 할 것입니다.

그러나 이러한 마음공부의 필요성을 인지했다 할지라도 실지로 활용하지 못하면 그것은 무의미한 일입니다. 그래서 까닭 있게 마음 대중을 잡고 챙기며 지속 가능하도록 훈련을 하는 것은 우리 시대의 절대가치이기도 합니다. 하자는 조목과 말자는 조목에 마음을 기울이는 유념 공부와 스스로의 신앙과 수행의 됨됨이를 주의 깊게 성찰하고 지속 가능한 사회를 만들어 가는 모습이 오늘의 종교적인 과제라 할 수 있겠습니다. 원불교도 마음공부의 목적과 방향에 근거한 적절한 훈련 프로그램을 더욱 보편화시키고 사회에 보급하여 다양한 사회구성원들이 쉽게 참여할 수 있도록 노력해야 할 과제가 있습니다. 그 과정에서 모든 종교와의 참여와 연대가 확산되기를 희망합니다.

참여와 명상, 함께 가능한가?

사회: 최현민 / 토론자: 미산, 이정배, 최일범

이 토론은 2017년 12월 18일 씨튼영성센터에서 진행되었는데, 그동안 강의를 진행했던 분들 중 미산 스님, 이정배 목사, 최일범 교수, 최현민 수녀, 네 사람이 모여 발표 주제에 대한 질문과 답변의 형식으로 종합 토론한 내용을 정리한 것이다.

사회자_ 올 한 해 강좌의 종합 토론 시간이 되었습니다. 작년 이맘때가 생각이 납니다. 각자 생각나시는 것들이 다르겠죠. 저는 작년 이맘때 광화문 광장에서 있었던 촛불집회가 떠오릅니다. 사실 올해 참여와 명상 주제를 결정하게 된 계기도 광화문 촛불집회와 무관하지 않습니다. 촛불집회는 제 삶에서 굉장히 특별한 체험이었습니다. 전국에 드리운 급박한 위기 속에서 저는 절박함으로 나갔고, 추운 날씨만큼 어두움 짙은 시간이었는데, 제가 나가서 함께한 시간은 전에 시위했던 경험과는 전혀 다른 축제의 느낌이었습니다. 어떤 종교에서도 맛볼 수 없었던 종교적 체험이었어요. 정말 특별한 체험이었다는 느낌이 들면서, 다른 한편으로 한국사회가 이렇게 변할 때까지 종교인들은 어떻게 살아왔나 성찰하게 되었고, 이런 성찰이 종교의 두 축이라고 할 수 있는 명상과 참여란 주제를 가지고 1년 강좌를 준비하는 계기가 되었습니다.

1년간 다섯 종단에서 여덟 분의 강사님들을 모시고 강좌를 진행해 왔고, 오늘은 그 중 세 종단의 교수님을 모시고 종합 토론을 진행하게 되었습니다. 그리스도교를 대표해서 이정배 교수님을 초대했고, 불교 쪽에는 미산 스님, 유교 쪽에는 최일범 교수님을 모셨습니다.

오늘 준비된 질문을 먼저 드리고, 이후에 자유 토론을 하는 시간을 갖도록 하겠습니다. 먼저 첫 번째 질문을 세 분께 드리겠습니다.

1. 전통적으로 '영성' 하면 개인의 내면을 중심으로 한 측면이 강조됐습니다. 그러나 인간의 삶은 개인을 넘어 사회적 관계로부터 깊은 영향을 받고 있습니다. 특히 현대 글로벌 사회에서는 각 개인에게 미치는 사회적 영향이 더욱 막대해져 가고 있습니다. 따라서 인간의 내면을 중심으로 한 영성만이 아니라 사회적 영성이 앞으로 더욱 필요하리라 봅니다. 오늘날 각 종단에서는 사회적 영성에 대해 구체적으로 어떤 성찰이 이루어지고 있는지요? 또 앞으로 이와 관련하여 종교가 나아가야 할 방향에 대해서 말씀해 주십시오.

미산_ 불교가 어느 시점에서 자기 수행 쪽으로 기울어서 사회 참여가 이웃 종교에 비해서 강조되지 않은 면이 많이 있다고 봅니다. 그런 각성들이 있었기에 불교 자체 내에서도 참여 불교에 대한 이야기가 나오고, 지난 종단에서는 '화쟁'이라는 주제를 가지고 조계종 화쟁위원회 위원장이신 도법 스님께서 사회적 약자들을 위한 여러 가지 프로그램을 만들어서 어느 정도 성과를 보긴 했지만, 그게 불교 전체의 공감대를 만들어 냈느냐 하면 개인적으로는 그렇지 못했다고 생각합니다. 불교 전체 대중들에게 그러한 참여가 진정성이 있는 참여였느냐는 비판을 받고 있고, 그래서 더 많은 논의를 해야 하는 시점에 와 있는 것 같습니다. 우리나라뿐 아니라 다른 나라의 불교에서도 참여 문제에 관해 이야기하고 있고, 태국을 중심으로 싱가포르나 대만에서도 사회 참여에 관한 큰 모임이 있거든요. 한국도 종단 차원에서가 아니라 참여불교운동을 하시는 분들이 그 모임에 가셔서 참석하고 오셨습니다. 달라이라마 스님이나 틱낫한 스님을 중심으로 한 참여불교운동이 세계적으로 사회 참여의 흐름을 만들어 가고 있고 그 영향이 한국에도 미쳤지만, 아직 미미하다고 저는 평가하고 있습니다. 자기 수행과 사회 참여가 둘이 아니어야 하는데, 자기 수행만 하면 예전에 소승이라고 비판했던 것처럼 반쪽이 되고 맙니다. 진정한 사회 참여가 수반됐을 때 자기 수행도 깊어지고 올바른 길로 간다고 생각합니다.

이정배_ 조금 전 수녀님께서 말씀해 주신 것을 이어서 해보겠습니다. 작년 이맘때는 "이게 나라냐"라는 외침을 했고, 나라를 바로 세우기 위해서 애를 썼었지요. 2017년은 개신교에게 있어서 종교개혁 500년을 기념하는 중차대한 해였습니다. 하지만 이 해에 접어들며 교회의 온갖 적폐가 다 드러나고 말았습니다. 교회가 이렇게까지 타락할 수 있구나 하는 것을 보여준 한 해였지요. 그래서 많은 사람이 "이게 종교냐"라고 묻기 시작했습니다. "이게 나라냐"라는 물음에 답하기 위해 많은 사람이 촛불을 들고 일어섰으나 "이게 종교냐" 하는 물음에는 교파를 막론하고 책임 있게 행동하는 분들을 찾기 어려웠습니다. 세계적으로 유명한 과정신학자 존 캅Cobb이란 분이 있습니다. 그는 진보적으로 신학을 하면서도 교회를 사랑하는 학자였습니다. 그분이 쓴 책 중에 『영적인 파산』이라는 책이 번역되었습니다. 우리의 경우 미국교회만 쳐다보고 있으나, 정작 그는 미국교회가 영적 파산을 했다고 말합니다. 미국교회가 성서의 가르침을 심리학과 상담학으로 축소하고 사회성을 잃어버리고 있다는 겁니다. 소위 사회적 영성은 없어지고 개인의 심리 상담으로 기업화, 상업화되는 현실에 대한 일침이었습니다.

이런 맥락에서 저는 한국교회를 바라보며 영적 파산의 의미를 다음 세 가지로 부언할 생각입니다. 우선 한국교회는 자신의 정체성인 예수의 정신을 잃어버렸기에 '영적 치매'에 걸렸습니다. 자기가 어디서 왔는지, 뿌리가 뭔지를 잃어버린 것입니다. 예수의 정신은 예수가 선포했던 하느님 나라 사상에서 옵니다. 예수는 "종교는 사람을 위해 있는 거지 종교를 위해 사람이 있는 게 아니다"라고 말씀하셨지요. 예수는 주기도문에서 하늘 뜻이 이 땅에서 이뤄질 것을 가르쳤습니다. 초월과 내재, 내면과 외적인 문제를 늘상 함께 아우르셨습니다. 하지만 오늘의 교회는 균형을 잃었습니다. 약자들 편에 섰던 예수의 정신을 잊어버렸습니다. 한국교회는 세상과 소통하는 힘을 잃어버려 '영적 자폐'에 걸렸다고 볼 수 있습니다. 자기들의 언어로, 자기들만의 문법으로 자기들끼리 생활하는 자폐 공동체가 된 것입니다. 그렇기에 세상과 관계 맺는 힘을 잃어버린 겁니다. 바깥이 어렵고 힘들어도 자기들만 편안하고 행복하면 된다고 생각하며 세상과 소통하지 않았습니다. 아울러 거룩함을 빌미로 하느님 이름을 들먹거리면서 세상보다 더한 권력을 추구하는 '영적 방종'을 일삼고 있습니다. 종교의 외피를 쓰고 세상보다 더 자본화된 오늘의 교회는 실질적 무신론자의 집단이 되어버렸습니다. 이렇듯 '영적 치매', '영적 자폐', '영적 방종'의 모습으로 종교개혁 500년 되는 올해를 지나고 있습니다. 바로 이것이 앞서 말한 영적 파산의 한국적 모습이 아닌가 싶습니다. 이를 생각하면 '참여와 명상'이라는 근엄하고 존귀한 언어를 한국교회에 가져다 붙이기도 어려울 듯싶습니다. 그만큼 한국교회는 자기 안에 갇혀 사회와 관계를 잃어버렸고 예수께서 다시 오셔도 교회 문을 걸어 잠그고 말 것입니다. 주기도문에서 말하듯 명상과 기도는 세상의 삶과 연결되는 일이고 예수의 정신과 만나는 것인바, 그렇게 한다면 예수처럼 가난해지고 권력을 탐하는 일도 사라질 것입니다. 하지만 명상과 기도, 자신을 비우는 이런 종교행위의 참뜻을 잃고 자신의 안위만을 구하는 기복적인 것으로 변질된 탓에 사회적 참여는 생각조차 할 수 없습니다. 오히려 이런 일을 하는 실천가를 욕하고 비기독교적이라 폄하하고 있으니 걱정스럽습니다. 그럼에도 종교개혁 500년 해에 기독교의 못난 모습이 세상에 적나라하게 드러난 것이 어쩌면 다행이라고 생각합니다. 참여와 명상이라는 주제를 본격적으로 시작해 볼 수 있는, 가장 나쁠 때 좋은 걸 생각할 수 있는 계기가 되었기 때문입니다.

최일범_ 정말 1년 전을 되돌아보면서 뜻 깊은 말씀을 해주셨습니다. 올해 강좌의 주제가 명상과 참여인데요. 대의를 가지고 참여에 대해 말할 수도 있겠지만, 오늘 우리의 만남도 참여이고, 누군가와 만나선 눈짓을 교환하는 것도 참여이고, 한 공간에서 호흡하고 있다는 것도 참여이지요. 그런 의미에서 유교의 교의로서 말씀드리자면, 『논어』에 이런 구절이 생각났습니다. "배움만 있고 사유하지 못하면 공허하고, 사유만 하고 배움이 없다면 위태롭다." 저는 여기서 배움과 사유에 명상과 참여를 대입시켜 보겠습니다. "명상만 있고 참여가 없으면 공허하고, 참여만 하고 명상이 없다면 위태롭다." 이렇게 말하고 싶네요. 명상하는 건 참여를 올바르게 하기 위해서입니다. 명상은 궁극적으로 참여를 지향한다고 말할 수 있겠죠. 18세기의 실학자 중에 이덕무李德懋라는 분이 있습니다. 그분이 박학다식한 분이라 저서가 많은데 그중에 『사소절士小節』, 즉 '선비의 작은 예절'이라는 책이 있습니다. 그분은 이 책을 쓰면서 서문에 "소절小節이라는 개념은 대의와 상대되고, 소절을 실천 못 하면 대의를 실천할 수 없다. 그런데 모두 대의를 말하지 소절을 말하지 않아서 나는 소절을 말한다"라는 내용을 쓰셨습니다. 그 내용은 정말 시시콜콜합니다. 책에는 18세기 조선인의 생활이 그대로 드러나는데, 그분 자신이 서출庶出이기 때문에 서출이 겪는 사회적 행태, 지독히 가난한 집에서 태어나서 양반이 어떻게 몸가짐해야 하는가 등을 강조해서 이야기합니다. 저는 그 책을 읽으면서 오늘 명상과 참여라는 연관된 주제를 어떻게 봐야 할 것인가 생각해

봤습니다. 작게 보면 한 사람 한 사람, 심지어 자연물이나 동물과의 만남 하나하나가 참여입니다. 유교에는 지선至善, 지극한 선이라는 말이 있는데 이 만남을 어떻게 이 지선으로 이끌어 가는가가 명상의 기본적 목표가 아닌가 생각을 해봤습니다. 참여 없는 명상은 공허하다는 말씀을 드리고 싶고, 명상이 신비하거나 특출한 것이 아니라 일상생활에서 의미 있는 삶을 살기 위한 과정이라고 유교적 관점에서 말씀을 드리고 싶습니다.

사회자_ 세 분의 말씀을 들으면서 명상과 참여가 종교인 각자의 삶 안에서 어떤 상관관계를 가져야 할지, 그리고 자신과 주변(이웃), 더 나아가 세상과의 관계 속에서 어떤 역동성으로 작용해야 하는지를 깊이 성찰하게 만든다는 생각이 듭니다. 종교 내 두 측면과 상관관계가 있다고 정리할 수 있었습니다. 이제 구체적으로 한 분 한 분께 질문 드리도록 하겠습니다.

2. 3월 강좌에서 이정배 교수님께서는 '고독, 상상, 저항'이라는 주제로 그리스도교의 관점에서 명상(기도)과 참여의 문제를 풀어가셨습니다. '고독, 상상, 저항'을 올해 강좌 주제인 '명상과 참여'의 관점에서 바라본다면 고독과 상상은 명상에, 저항은 참여에 해당한다고 볼 수 있습니다. 사회적 영성의 관점에서 볼 때 명상과 활동, 종교적 신앙생활과 일상적 사회생활, 종교와 정치의 이원론은 이미 그 의미를 상실해 가고 있습니다.

이 교수님은 명상과 기도를 통해 키워낸 내적 에너지 없이는 하느님의

의를 구현할 사회 참여는 불가능하다고 말씀하셨습니다. 그렇다면 사회적 영성을 살아갈 힘을 길러내기 위해 그리스도인들이 구체적으로 어떻게 해야 하는지 그 방법론에 대해 말씀해 주셨으면 합니다.

이정배_ 제 강의 때 참여와 명상을 고독, 상상, 저항이라는 단어로 풀어내는 시도를 하였습니다. 그때 드렸던 말씀을 다시 간단하게 풀어 설명해 보겠습니다. 주지하듯 여러 종교 중에서 개신교는 상대적으로 침묵과 친하지 않는 듯합니다. 새벽기도 시간조차도 명상하고 기도하기보다는 30분 이상 목사의 설교를 일방적으로 들어야 합니다. 고독, 즉 자신의 내면으로 깊게 침잠하는 시간이 주어지지 않습니다. 종교 신앙의 핵심이 하느님과의 내밀한 관계일 텐데, 과연 개신교적인 방식으로 내밀한 관계인 고독이 가능할지 의심이 듭니다. 불교나 천주교의 성직자들을 수행자라 일컫는 데 반해서 개신교 내에선 수행자라는 개념이 없는 것도 이런 제 고민을 부추깁니다. 자신의 욕망을 투사할 줄은 알지만, 자신의 내면에서 속삭이는 하느님 소리를 들을 수 있는 힘을 기르지 못한 까닭입니다.

저는 자신 내면에서의 하느님 체험을 고독의 경지라 여깁니다. 다른 가능성을 허락하지 않기 때문입니다. 자기만의 길을 가도록 하는 까닭입니다. 이 길 저 길을 기웃거리지 않게 만듭니다. 따라서 고독은 외로움과는 구별되지요. 외로움은 자신의 길에 대한 신뢰가 없는 감정인 탓입니다. 우물을 깊이 파면 깊은 곳에서 땅속 모든 물과 만나는 것처럼 명상을 통해 고독은 하느님을 삶 속에 현존시킵니다. 바로 이 하느님이 당신이 만든 세상으로 우리를 내몰지요. 선불교의

「십우도」 마지막 단계인 '입전수수' 역시 이를 일컫습니다. 명상이란 세상 시끄러움 한가운데서 세상을 위해 존재할 수 있도록 하는 내적인 힘입니다. 명상과 기도는 하늘 뜻을 이 땅에서 이루는 데 그 목적이 있습니다.

하지만 저는 자주 신도들의 꿈이 너무 작고 상상력이 빈곤하고 때로는 부패했음을 느끼고 있습니다. 물질적인 축복을 바라고 가족들 잘되는 게 종교생활의 목적이 되었기 때문입니다. 고독 속에서 만나는 하느님은 우리에게 있어서 어마어마한 꿈이자 상상력입니다. 고독 속에서 만난 하느님은 우리에게 당신이 이룰 나라, 곧 하느님 나라를 말하고 있는 까닭입니다. 그렇기에 하느님 나라는 이 세상에서 감히 이룰 수 없는 꿈이지만 신앙인이 갈망해야 할 과제라고 봅니다. 하지만 이렇듯 체제 안에서는 불가능한 엄청난 꿈을 꾸고 상상케 하는 것이야 말로 우리에게 '은총'이 아닐까요. 이런 생각을 품고 세상을 살도록 우리를 이끄시는 분, 바로 그가 예수님이라 생각합니다.

세월호 이후를 사는 우리는 내 자식 잘되게 해달라고, 교회가 크게 해달라고 기도할 수 없게 되었습니다. 왜 이런 현실이 우리에게 발생했는지 치열하게 묻는 것이 우리들 할 일입니다. 이와는 전혀 다른 세상을 상상하고 꿈꾸는 것이 신앙의 과제이자 하느님의 은총이 아닌가 싶습니다. 하느님 은총을 받은 사람들은 세상을 다르게 만들려는 노력을 시작해야만 합니다. 저는 그것을 저항, 사회적 영성이라고 표현하였습니다. 은총, 곧 새롭게 상상하기에 저항할 수 있습니다. 저항하지 않으면 세상은 한순간도 바뀌지 않을 것입니다. 촛불을 들었던 이유는 우리에게 꿈이 있었기 때문이었겠지요. '이것이 종교인가?'를 질문했던 종교인들에게 중요한 것 역시 자기의 꿈이 타락했고 상상력이 부패한 것은 아니었는지를 살펴보는 일이겠습니다. 이렇듯 고독과 상상과 저항은 신앙의 이름으로 삶 속에서 끊임없이 반복되어야 할 필요가 있습니다. 깊게 고독할 때 하느님 꿈을 꿀 수 있습니다. 하느님 나라는 아직 오지 않았지만 그걸 사회에서 살아내는 것이 사회적 영성의 표현이라고 생각합니다. 자기가 행한 것만큼 안다는 것이 동양적인 지혜라고 한다면, 우리의 믿음이 살아 있는 믿음이 되기 위해서 고독, 상상, 저항은 내면화되고 반복되어야 합니다. 이것을 저는 사회적 영성의 핵심이라고 생각합니다.

청중 질문_ 저항의 형태로 촛불 민심이 일어났고, 지금은 그 결과로 '적폐청산'이라는 폭력적인 형태가 구현되는 것 같습니다. 저항과 폭력의 기준점이 있다면 무엇일까요?

이정배_ 적폐청산도 어떻게 이해하느냐에 따라 폭력적일수도, 아닐 수도 있겠습니다. 기독교인의 입장에서 보자면 '우는 자들과 함께 울라'는 말씀이 그 기준이 될 것 같습니다. 그 적폐청산이 우는 자의 눈물을 씻겨주는 것이라면 과감하게 행해져야 할 것입니다. 그렇지 않고 신구정권 간의 권력싸움의 징조가 보일 경우, 그만하라는 사인을 보내야 할 것입니다. 지금 진행되는 적폐청산 과정을 지켜보면서 과한 부분이 있다면 지적해야 합니다. 저항만이 능사는 결코 아닐 것입니다. 적폐청산 과정에서 칼자루를 진 정치인들이 더욱 자신들을 바라볼 수 있도록, 눈물을 씻기는 일을 할 수 있도록 엄정한 감시자의 역할도 우리의 몫이라 생각합니다. 하느님 나라의 비전을 갖고 있기에 우리는 적폐청산의 명암을 잘 헤아릴 수 있다고 생각합니다.

촛불 이야기가 계속 나오고 있는데, 이제는 종교를 위해서 촛불을 들어야 할 때가 아닌가 싶습니다. 한국사회의 어두운 면 때문에 촛불을 들었다면, 이제 종교가 만든 적폐, 우리들 자신의 적폐청산을 위해 촛불을 들 때가 되었다고 생각합니다.

미산_ 관련해서 말씀드리자면, 조계종에서 지난 몇 달 동안 촛불을 들었습니다. 물론 불교에 국한된 문제와 관련했던 것이었지만 그 촛불이 국민들이 들었던 촛불과는 다르다고 느꼈습니다. 불교 내에서는 성직자에 대한, 자기 스승에 대한 개념이 일반 사람과는 다르거든요. 그래서 참여부터가 저조하고, 그 권위를 넘어서기가 어려웠습니다. 또 이웃 종교에서도 함께 참여했는데, 오히려 이것에 대해 불교 내에서는 무척 불쾌해하고 반발이 있었습니다. 이런 복잡한 문제 때문에 종교의 촛불은 광화문의 촛불과는 다르고, 만약 성공한다면 엄청난 파장이 있을 겁니다.

사회자_ 그럼, 미산 스님께 이어서 계속 질문을 드리겠습니다.

3. 혹자는 "한국 선 수행을 일종의 상승근기를 위한 가르침 혹은 전생의 인연이나 업보에 따른 특별한 능력을 지닌 이들의 수행이라고 말한 바 있습니다.(심재룡, 「한국선, 무엇이 문제인가」, 『불교평론』 제2권 1호 참조) 미산 스님께서 제시한 하트스마일명상법은 이러한 한국

선 수행의 특수성에서 벗어나, 대중들도 쉽게 접근할 수 있는 수행법이라고 볼 수 있습니다. 그렇다면 한국불교 안에서 하트스마일명상법을 보다 대중화하기 위해서 앞으로 어떤 계획을 갖고 계시는지요? 또 자비 명상을 통해 어떻게 구체적으로 일상에서 자비를 실천할 수 있게 될 수 있을까요?

미산_ 저는 하트스마일명상을 개발할 때 불교를 믿는 사람들을 벗어나서 종교가 없는 사람들도 염두에 두었습니다. 일단 선은 중국에서 발달한 마음 수행법입니다. 그런데 중국에서 하루아침에 뚝 떨어져서 선이 발달한 것이 아니라 인도에서 중국으로 불교가 전해진 후 4, 5백 년 동안 현지화, 토착화 작업을 끝난 시점에 인도의 달마 스님이 오셔서 중국 체질에 맞는 새로운 행법이 개발된 거거든요. 그 이전에 교학적인 행법과 관련해 정리된 체계가 있었어요. 천태지자 선사가 6~7세기경에 불교 교의를 체계화하고 조직화해서 이것을 선으로 통합하면서 선이 모든 문화를 통합하는 역할을 했습니다. 한국의 경우 조선왕조 오백년 동안 불교가 탄압받았는데, 조선 말기에 경허 스님이라는 분이 다시 불교를 부흥시키면서 선불교가 조계종의 중심인 것처럼 여겨왔습니다. 그렇지만 기라성 같은 선불교의 종장들이 다 떠나시고 송담 스님, 진제 스님 두 분이 남아 계십니다. 선은 아무리 이야기를 해도 어렵게 들립니다. 들어봐도 무슨 말인지 일반인들은 도통 알 수가 없습니다. 전문가들만 아는, 아까 이정배 교수님이 말씀하신 것 같은 '영적 자폐'가 극대화된 겁니다.

그런데 천태 선사 당시 선에 대해 강조할 때 누가 이런 질문을 합니다. 자기 성찰을 위해서 산중에서 수행하고 정진하면 누가 고통받는 사람을 구제할 수 있냐고 하니, 선이라는 약을 먹고 중생을 구제하기 위해서, 이정배 교수님 말씀을 빌리면 고독과 상상을 통해 깊은 자기 성찰을 하는 겁니다. 그런데 이 깊은 자기 성찰을 하는 동안에 한시도 중생의 아픔을 놓치지 않는 겁니다. 나도 지금 아프니까 선이라는 약을 먹고 있지만, 치유가 되면 곧바로 뛰쳐나와서 중생과 함께한다는 게 철저하게 정리가 돼 있거든요. 저는 그걸 보면서 이 시대에 자비를 강조해서 지혜가 드러나게 하는 게 훨씬 잘 맞겠다고 생각했습니다. 그러나 선불교 안에는 이런 구체적인 자비 행법이 없습니다.

그런데 다행히 천태에서 정리된 자비 행법이 있어 저는 그것을 현대적 언어로 바꾸는 작업을 했습니다. 요즘은 현대적 언어로 바꾼 것만으로는 소통이 되지 않기에 이를 뇌과학이나 신경과학으로 설명해 보고자 시도하고 있습니다.

명상이 빠른 속도로 전파되고 있는데, 이정배 교수님 말씀대로 심리학이 명상과 결합하면서 자기 치유 쪽으로 치우쳐 있습니다. 그래서 명상이 어떻게 사회적 영성으로, 자비의 실천으로 연결될 것인가에 대한 고민을 서양의 명상가들도 많이 하고 있습니다. 미국과 유럽에서 최근에 자비 프로그램이 10개가 넘게 만들어졌습니다. 자비심 수행을 한 사람들은 사회적인 시각이 열려서 어떤 봉사를 해야 할까 생각을 합니다. 제가 인터뷰를 해봐도 하트스마일명상을 하고 봉사활동을 하러 다닌다는 불자들이 많습니다. 봉사를 하니 마음이 따스해지고 삶에 대한 보람을 느끼게 되어 삶의 태도가 바뀌고 행복해진다고 이야기합니다.

진정한 자비는 지혜가 없이는 발현되지 않기 때문에 지혜가 나올 수밖에 없고, 자비가 지혜와 자기 성찰을 만들고 순환을 만들어냅니다. 불교가 지금까지 자기 수행에 치우쳐 지혜 개발은 된 것 같은데, 이렇게 한쪽 날개만 진화되고 다른 쪽 날개는 퇴화하여 날지 못하는 상태가 된 것이 아니었나 싶습니다. 저는 제가 시도한 자비 명상을 계속해 나가다 보면 제가 몸담고 있는 교단에서도 영향을 끼칠 수 있지 않을까 희망하고 있습니다.

최현민_ 스님께서 해외를 중심으로 활동하고 명상을 보급하고 계시는데, 이보다 시급한 것은 한국불교계 안에 자비 명상이 보급되는 것이 아닌가 싶습니다. 스님께서 개발하신 자비 명상이 한국불교의 수행체계를 변혁할 수 있는 원동력으로 작용할 수 있다면 얼마나 좋을까 희망을 가져봅니다.

4. 다음으로 최일범 교수님께 질문 드립니다. 유교에서는 인간의 본성을 감정으로 보며 그것을 구체적으로 사단四端이라고 말합니다. 이렇듯 감정적 차원에서 인간의 본성을 바라보는 유교적 관점에서는 기본적으로 인간의 선한 마음을 보존하고 함양하는 것을 수양론의 핵심으로 삼습니다. 그러나 유교 역시 자기 닦음에 머물지 않고 수기修己를 통해 치인治人으로 나아감을 지향합니다. 곧 수기가 명상과 관련이 있다면 치인은 '참여'와 연관성을 지닌다고 할 수 있습니다. 오늘날 한국사회에서 유교는 하나의 종교로서의 영향력이 많이 감소하였습니다. 그런데도 유교 정신은 아직 한국인의 의식 속에 깊숙이

잠재해 있으며, 유교 문화 역시 우리 생활 속에 아직 많은 흔적을 남기고 있습니다. 이는 유교가 지닌 잠재력이 그만큼 큼을 말해 줍니다. 따라서 유교가 지닌 이 잠재력을 다시 불러일으킨다면 한국사회에 큰 영향을 줄 수 있으리라 봅니다. 이런 관점에서 현대 자본주의 사회 안에서 유교적 본령인 수기와 치인을 구체적으로 실천하며 살아갈 방안에 대해 말씀해 주십시오.

최일범_ 현대 자본주의 사회에서 유교가 무슨 역할을 할 수 있겠는가 생각해 볼 수 있겠습니다. 스님이 자비 명상을 말씀하셨는데 유교를 포함해서 모든 종교에 통한다고 봅니다. 유교에도 명상이 있는데 맹자는 그것을 '측은 명상'이라고 했습니다. 명상이라는 말은 제가 붙인 거지만, 측은지심은 어린아이가 위태로운 걸 보고 모든 사람이 느끼는 감정입니다. 저는 불교의 자비 감정도 유교가 갖는 측은의 감정과 통한다고 봅니다. 기독교도 같은 맥락을 가진다고 봅니다. 그러면 자비라고 해도 좋고 측은이라고 해도 좋은데, 그런 명상은 인간의 삶 속에서 어머니를 바라볼 때와 연결됩니다. 어머니는 자비의 상징, 측은의 상징이지 않습니까. 유교가 현대사회의 문제를 어떻게 이끌어 나갈 수 있냐 묻는다면 이는 올바른 가정이라고 말할 수 있습니다. 유교에 부모는 부모답고 자녀는 자녀다워야 한다는 말이 있습니다. 그런 가족공동체가 이루어질 때 사회의 모든 문제가 해결될 수 있는 단초가 열릴 것이라고 합니다. 유교와 불교는 동아시아 전통에서 1,500년 이상을 서로 교섭하면서 함께 성장해 왔습니다. 그 과정에서 유교가 불교를 바라볼 때 불교는 중생의 고통을 해소하기 위한 약을 제공한다고 생각합니다. 유교는 약이 아니라 밥입니다. 유교는 유교를 '일용평상지도日用平常之道'라고 설명합니다. 날마다 쓰는 평상한 길이 유교라는 의미입니다. 모든 인간은 가정을 이루고 자녀들을 키우고 가족 공동체의 공동선을 이루고 가족이 사회를, 사회가 국가와 세계로 이뤄지고 그 안에서 인간이 의미를 실현한다고 본다면, 올바른 가정의 실현이야말로 유교적 관점에서 제시할 수 있는 문제 해결책이라고 볼 수 있겠죠.

그런데 제가 강의 드릴 때 현실의 구체적인 것이 유교이기 때문에 주역을 통해 말씀드리겠다고 했고, 주역의 시時와 위位라는 개념을 알려드렸어요. 때가 중요하고 그때 내가 어떤 위치에 있는지 올바르게 성찰해야 역할을 바로 실천한다고 했습니다. 국가의 혼란을 접하고 나라를 바로 세우겠다고 인식하는 것도 때가 될 수 있습니다. 어쨌든 모든 것들은 인간이란 무엇인가 하는 문제인데 2,500년 전에 그에 대한 성찰을 이미 했던 것이거든요. 오늘날 21세기에 접어들어서 더더욱 이런 것들이 의미를 가진다고 할 수 있습니다. 종교 무용론을 말하는 사람도 많지만 우리가 과학문명에 근본적인 성찰을 하면서 다시 종교적 관점, 인간이 무엇인가 하는 문제로 되돌아와서 성찰하고 그걸 현실 생활에서 구체화하는 것이 21세기의 문제라고 말씀드리고 싶습니다.

5. 최일범 교수님은 유학의 사회 참여를 역학의 관점에서 설명하시면서 도道와 때(時)를 서로 의지하는 연기緣起 관계로 보십니다. 이처럼 때에 따라 도를 드러냄은 다른 말로 시중時中이라 할 수 있겠습니다.

최 교수님은 시중을 살아가는 것이 유학에서의 궁극적 삶의 모습임을 강조하면서, 바로 이 점에서 그리스도교와 유교와 차이가 있다고 보십니다. 다시 말해 현실세계를 보는 관점에서 그리스도교와 유교의 전통이 서로 차이가 있다는 것입니다. 유학에서는 인간의 삶 자체를 하느님의 역사라고 보는 데 반해, 그리스도교에선 이 세상(현실)을 그저 지나쳐가는 플랫폼으로 본다는 것입니다. 곧 유교에서는 종착지에 대해서 언급하지 않고 다만 현실(현재의) 삶을 그대로 하느님의 역사라고 말하는 데 반해, 그리스도교는 종착지를 현재의 삶보다 중시한다는 것입니다. 이러한 유학자의 관점을 그리스도교의 입장에서는 어떻게 보십니까?

최일범_ 목사님 말씀 듣기 전에 한마디만 덧붙이자면, 궁극적인 차이점이 아니라 일반적인 관점에서 볼 때 그렇게 인식을 하고 있다는 것이고, 신학적 관점에 따라서는 다를 수 있는 것 같습니다.

이정배_ 여러 종교들의 공통점이 있다면 자본주의가 종교의 본성과 인간의 본성마저 바꾸어놓았다는 사실이겠습니다. 종교가 많은 것처럼 보이지만 사실 '자본주의라는 종교 하나밖에 없다'는 말이 있을 정도가 되었고, 인간 본성도 그런 방식으로 변한 것입니다.

최근 고려대 경영학과 다니는 학생의 대자보가 논쟁이 된 적이 있었습니다. "나는 중고등학교 시절에 공부를 열심히 했고, 고대 경영학과에 입학하여 학점도 열심히 땄다, 나는 분명히 대기업에 들어갈 것이다, 나는 남들보다 봉급을 더 많이 받아야 한다. 나는 이것을 차별이라 생각하지 않는다. 이런 차이가 인정되지 않는 사회가 오히려 불공평한 사회이니, 나는 이런 식의 차별을 인정하는 사회를 원한다"라는 것이 대자보 내용이었습니다. 대자보를 통해 이에 대한 논쟁이 많았답니다. 그의 말이 틀린 것은 아니지만, 그 아이에게는 부모도 없었고 같이 놀았던 친구도 없었는지 묻고 싶습니다. 자기 노력으로만 지금껏 살아왔다는 말인지도요. 이렇게 생각하는 사람들에게 종교가 들어설 여지가 하나도 없죠. 불교, 기독교를 막론하고요. 집에 시간적으로 여유 있는 존재가 있어야 집안이 제대로 돌아갈 텐데, 아버지뿐 아니라 어머니까지 밖에서—더구나 비정규직으로 내몰리면서—돈을 벌어야 하는 현실, 이런 정황 속에서 어머니의 본성도 상처 입는 시대가 되었습니다. 누구 한 사람 여유롭지 않고 돈 때문에 경쟁에 내몰리는 현실에서 명상과 참여 문제가 중요해진 것입니다. 일반적인 의미로 명상과 참여를 이야기하면 그것은 공론이 되고 말겠지요.

기독교 입장에서는 이렇게 말할 수 있어요. 현실을 초월하는 가치가 현실을 비판하는 근거가 된다고 말입니다. 현실 속에서 체제를 비판하면 현실을 넘어서기가 어려운 부분이 있습니다. 하지만 기독교의 초월 개념은 현실을 비판하고 넘어설 여지를 줍니다. 기독교적 초월이 너무 강해 현실을 부정하여 역사적으로 누를 끼쳐오기도 했지만, 초월과 내재 간의 긴장을 설정하는 것은 필요합니다. 이때 말하는 초월은 흔히 말하는 내세와는 다른 의미일 것입니다. 기독교는 초월의 종교이겠으나 결코 내세의 종교는 아닙니다. 주지하듯 성탄절은 기독교가 '성육신'의 종교임을 적시합니다. 초월적인 존재인 신이 자신의 '초월'을 '초월'하여 인간이 되었기 때문입니다. 신이 자기를 초월해서 이 땅에서 인간이 되었습니다. 그런 점에서 기독교는 이 땅의 문제에 관심하는 종교지, 죽어서 가는 내세의 종교만은 절대로 아님을 '성육신'이 말해 준다고 봅니다.

조금 전 시중윤리를 이야기하셨는데, 저는 선한 사마리아인의 비유로 말씀드릴 수 있겠습니다. 선한 사마리아인 이야기는 영생이 무엇이냐는 물음에 대한 예수의 답변입니다. 여리고로 가는 길에 강도 맞은 사람이 있었는데, 레위인도 사제도 지나쳐 갔지만 사마리아 사람만이 이 사람을 구해줬다는 이야기입니다. 본 이야기의 의미를 이반 일리치라는 가톨릭 신부님의 글 '최선이 타락하면 최악이다'로 요약 설명해 보겠습니다. 제사장은 성직자 가운을 입고 예배를 드리러 가는 길이었습니다. 강도 맞은 이를 도와주면 예배에 늦으니까 빨리 간 것일 테니, 그 사람을 나쁘다고 하지 말라고 했습니다. 레위인도 평생 율법을 연구했는데 율법에 피는 부정하다고 나와 있고 자기 가르침에 충실히 하려고 빨리 지나갔으니 나쁘다고 말할 수 없다고 했습니다. 사마리아 사람 역시 원래 유대인들과 조상 대대로 철천지원수입니다. 그렇기에 같은 원리로 사마리아 사람 역시 강도 만나 죽게 된 유대인을 지나쳐도 문제가 없었습니다. 하지만 사마리아 사람은 원수임을 생각하지 않고 강도 맞은 사람에게 달려가서 그를 구했습니다. 바로 성탄절의 신비는 제사장이니까 예배에 가야 한다는 원칙, 레위인이니까 피를 보면 안 된다는 자기 원칙을 깨고 범할 수 없는 한계를 스스로 행했다는 데 있습니다. 철천지원수이지만 가서 그 사람을 살려냈습니다. 자신의 초월을 부정한 성육신의 신비는 이렇듯 자기 한계를 부정한 구체적인 삶의 현장 속에서 실현되지, 교리만으로는 알려지지 않는다는 것입니다. 원수라는 현실보다 중요한 것은 강도 맞은 사람의 현실이고, 그 현실 앞에서 모든 한계가 없어져야 한다는 게 '성육신'의 신비라고 강변했습니다. 이를 방해하고 억압하는 종교는 최악이며, 성육신의 신비를 현실에 적용하지 못하면 최선을 최악으로 만든다는 것입니다. 결국 유교에서 말하는 시중윤리는 현실 앞에서 종교가 원칙이나 규칙을 버릴 수 있느냐 입니다. 영생에 대한 물음의 답이 이것이었다면 시중윤리나 현장성을 강조하는 것이 크게 다르지 않다고 생각합니다.

사회자_ 결국 그리스도의 가르침 두 가지는 하느님 사랑과 이웃 사랑인데, 불이不二라는 표현이 여기에도 적용되는 것 같습니다. 사실 그리스도교가 종착지만 주장한다면 현실 속에서 신앙인으로 산다고 말하기는 어렵겠죠. 그럼 이어서 미산 스님께 질문 드리도록 하겠습니다.

6. 달라이 라마나 틱낫한 스님으로 대표되는 불교 지도자들은 각각의 고유한 역사적 문화적 맥락 속에서 독특한 참여불교의 전통을 만들어 내고 있습니다. 이에 반해 한국불교는 사회 참여에 소극적인 태도를 보여주지 않았나 싶습니다. 미산 스님께서는 자비 수행법을 통해 더욱 구체적으로 자비 수행을 할 수 있도록 촉구하고 계십니다. 앞으로 한국불교의 보다 적극적인 사회 참여가 이루어지기 위해선 어떤 노력이 필요하다고 보십니까?

미산_ 앞서 말씀드렸듯이 저는 한국불교가 사회 참여를 하려면 깨달음에서 자비로 가는 것이 아니라, 자비에서 깨달음으로 가는 것이 훨씬 더 효과적이고 이 시대에 적합하다고 봅니다. 다시 말하면 왜 깨달으려 하느냐에 대한 입장을 분명히 하고, 강조점을 자비의 사회적 실천에 두고 늘 점검해 보는 것입니다. 달라이 라마는 티벳불교 전통에서 보리심, 즉 깨달음의 마음을 설명할 때 대비심을 더욱 강조합니다. 생명이 괴로워하고 아파하기 때문에 그들을 돕기 위해 더욱더 큰 자비심을 내고, 그 자비심의 크기만큼 깨달음의 마음이 간절해지고 커진다는 것입니다. 사실상 한국의 선불교도 이런 견해가 있지만 지금까지는 너무 깨달음 쪽에 방점을 크게 찍고 있지 않았나 생각합니다. 그래서 저는 선불교의 중도 불이의 입장을 행법으로 연결하고 삶의 구체적인 현장에서 실천할 수 있는 행법을 현대인들의 정서와 요구에 맞게 프로그램을 계발하고 있는 것입니다. 현재 저는 승가 구성원들보다도 일반 대중들이 종교에 구애받지 않고 실천하고 서로 나눌 수 있는 프로그램으로 발전시켜 가고 있습니다. 물론 승가 내부의 변화가 있었을 때 바람직한 사회 참여가 효율적으로 이루어질 수 있겠지만, 개인적인 경험으로 볼 때 교단 구성원들의 인식 변화는 단시간에 바뀌지 않는다고 봅니다. 오히려 사회의 흐름이 변화하면 가랑비에 옷 젖듯이 바뀌어 갈 것이며, 언젠가는 한국불교도 교단 차원에서 적극적인 사회 참여를 통해서 긍정적인 역할을 할 수 있으리라 생각합니다. 참고로 한국불교 교단의 구성원들을 위한 자비 수행 프로그램은 조금 더 조건이 무르익을 때 개발하여 나눌 것입니다. 프로그램의 제목은 지어 놓았습니다. “텅 빈 충만, 염화미소의 자비 행법.”

사회자_ 그러면 그리스도교와 훨씬 더 만나는 폭이 풍요로워지지 않을까 생각이 듭니다.

청중 질문_ 현대 종교들의 문제 중 하나는 사람들을 기복신앙으로 이끄는 것이 아닐까 생각이 듭니다. 또 각 종교의 본질을 신자들에게 잘 전달하고 있는지 의문이 듭니다. 또 제가 가장 혼란스러웠던 것은 기독교나 유교에서는 옳은 것, 그른 것을 분간하더라고요. 그런데 불교에서는 옳은 것도 없고 그른 것도 없다고 가르치는데, 이게 너무 어려웠어요.

미산_ 불교에서 시비是非하지 말라는 말은 옳고 그름을 판단하지 말라는 말이 아닙니다. 피상적으로 들으면 옳고 그름이 둘이 아니라고 여길 수 있지만, 그건 불교를 잘못 이해하는 것입니다. 불교에서는 옳고 그름에 대한 판단을 분명히 하라고 합니다. 그리고 그것을 즐거운 마음으로 말하느냐, 그렇지 않으냐를 구분한 후에 말하라고 합니다. 옳고, 좋고, 그리고 즐겁다면 그것은 당연히 말해야 합니다. 옳고, 좋은데, 즐겁지 않아도 그 역시 말해야 합니다. 그렇게 문헌에 나와 있습니다. 그런데 어떤 차원에서 불이不二라는 말이 쓰이냐면, 더 깊은 명상에 들어가서 세상이 전부 연결되어 있다는 깨달음이 있을 때는 그 사람 입장에서 불이라는 말이 나올 수 있어요. 그런데 그 수행이 안 된 사람에게 그 말을 쓰니까 불교가 술에 술 탄 듯, 물에 물 탄 듯 인식이 된 것이죠. 그것도 명료하게 가르치지 못한 스승들에게 책임이 있는 것이겠지요.

이정배_ 기복적인 부분을 떠나면 종교가 성립이 안 되는 부분이 있습니다. 예컨대 우리 아들 대학 붙게 해달라고 기도해서 아들이 붙으면 누군가는 떨어져야 하죠. 그 마음을 누가 모르겠습니다만, 종교적인 신앙이 기복으로 일색이 되어 남의 형편을 헤아리지 못하고 자기식의 시각으로만 방향이 정해져서 신앙을 그렇게 이해하면 문제가 있다고 하는 겁니다. 제가 아까 세월호 이야기를 했던 것은, 자기 기복신앙만 말하기보다는 그런 현실이 왜 생겼는지에 대한 고통을 나누는 것이 우리 신앙의 한 표현이 되면 좋겠다는 취지로 말씀드린 것이지 종교 안에 있는 바람과 원함이 다 나쁘다는 이야기는 아니었습니다.

미산_ 입시 철이 되면 교회, 성당, 사찰 없이 다 기복화됩니다. 이것에 대해서 저도 재작년에 고민을 많이 했습니다. 대학입시 합격기원 백일기도 시작할 때 법문을 해야 하는데, 원래도 부처님이 합격시켜 줄 거라는 법문은 하지도 않았습니다만, 그날 아침에는 일어났을 때 이 사람들을 업그레이드시켜 줘야겠다는 마음이 간절했어요. 왜냐하면 어떤 친구가 교회 나가다가 합격이 안 돼서 절에 나왔는데도 합격을 못했대요. 그래서 그다음에 성당에 갔대요. 이 말을 듣고 이건 아닌데 싶어서 그날 아침에 일어나서 만든 명상법이 있습니다. 그것이 '하트스마일 행복명상'입니다. 그때는 '오대 광명 명상'이라고 했는데, 그 주요 내용이 뭐냐면 지금 여기에서 온전히 깨어 있으면 집중력이 생기고 마음이 따뜻해지고 훈훈해지며 머리가 맑고 명료해지며 결과가 풍요로움과 행복함으로 다가온다는 것입니다. 기도하는 사람의 마음이 지금 여기에서 온전히 깨어서 중심을 잡으면 기도하는 당사자가 차분해지고 긍정적인 기운으로 가득하게 됩니다. 그 긍정성이 수험생인 아들딸들에게 전달되어 좋은 결과를 만들어 내게 됩니다.

사회자_ 복을 기원하는 기복도 종교의 역할 중 하나라고 봅니다. 물론 기복신앙이 지닌 부정적인 측면도 있긴 하지만, 기복적인 면을 부정적으로만 보는 것은 종교인들의 현실적인 면을 외면하는 게 아닌가 싶습니다.

미산_ 그런데 그 기복을 업그레이드시켜 주는 것이 종교인의 의무라고 생각합니다.

사회자_ 올해 저희가 다루었던 '참여와 명상'이라는 주제도 그것을 업그레이드시키려 했던 것이고, 여전히 그 여정 중에 있다고 말씀드릴 수 있겠습니다. 앞으로도 또 어떻게 우리들의 신앙의 여정을 업그레이드시킬 수 있을까 고민하고, 업그레이드 된 모습으로 다시 여러분들을 찾아뵙도록 하겠습니다. 감사합니다.

책을 만든 사람들

—

최현민(씨튼연구원 원장)

이정배 목사(현장아카데미)

송용민 신부(인천가톨릭대학교 교수)

박태식 신부(성공회대 교수)

최일범(성균관대학교 유학대학 교수)

정은해(성균관대학교 철학과 초빙교수)

미산 스님(상도선원 선원장)

김종욱(동국대학교 불교학과 교수)

이공현 교무(은덕문화원장)

종교대화❸ 참여와 명상, 그 하나됨을 위한 여정

초판 1쇄 인쇄 2018년 4월 25일 | **초판 1쇄 발행** 2018년 5월 2일

지은이 이정배, 송용민, 박태식, 최일범, 정은해, 미산, 김종욱, 이공현

펴낸이 김시열 | **펴낸곳** 도서출판 운주사

(02832) 서울시 성북구 동소문로 67-1 성심빌딩 3층

전화 (02) 926-8361 | **팩스** 0505-115-8361

ISBN 978-89-5746-514-1 04210 값 13,000원

ISBN 978-89-5746-360-4 (총서)

http://cafe.daum.net/unjubooks 〈다음카페: 도서출판 운주사〉